영원 전 하나님의 작정을 품은 자
아담

지은이	정학영
초판발행	2025년 6월 23일
펴낸이	배용하
책임편집	윤찬란
등록	제364-2008-000013호
펴낸 곳	도서출판 대장간
	www.daejanggan.org
등록한곳	충남 논산시 매죽헌로 1176번길 8-54
대표전화	전화 : 041-742-1424 전송 : 0303-0959-1424
분류	기독교	교회	신학
ISBN	978-89-7071-754-8 (03230)

이 책은 저작권법에 의해 보호를 받는 출판물입니다.
기록된 형태의 허락 없이는 무단 전재와 복제를 금합니다.

 값 20,000원

영원 전 하나님의 작정을 품은 자
아담 אָדָם

정학영

아담[1])의 영적 의미를 묵상하면서…

바울은 "모든 사람이 죄를 범하였으매 하나님의 영광에 이르지 못하더니롬3:23"라고 진단했다. 확대성경AMPC은 이를 "모든 사람이 죄를 지었기 때문에 하나님이 부여하시고 받으실 명예와 영광에 이르지 못한다.Since all have sinned and are falling short of the honor and glory which God bestows and receives"라고 기록한다. 이는 아담으로 말미암아 죄가 세상에 들어오기 전에는 아담 자신이 하나님의 영광[2])과 위엄, 평판즉 명예를 지니고, 동시에 하나님께 영광을 돌릴 자란 의미를 강하게 시사한다.[3]) 눅4:6 그리고 로마서5:17과 창세기 1:26, 28로 보아 생명 안에서 땅을 다스리고 통치하는 곧 세상 임금신분으로

---

1) 이문범,『혼자서도 쉽게 배우는 성경 속 히브리어』,두란노, 2017, p123 : 아담(אדם)은 사람이라는 뜻을 가지기도 하고, 자체가 이름이기도 하다. 예수님이 자신을 '인자'라고 하셨는데 인자는 "벤 아담", 즉 "사람의 아들"이라는 뜻이다. 아담은 아돔에서 왔는데 아돔은 붉다는 뜻이다. 붉은 흙에서 취하여 그 이름을 아담이라고 했다.

2) 정학영,『말씀과 성령학교-기본코스(2)』,푸른미디어, 2020, p17 : '영광'이란 단어는 히브리어로 "כבוד 카보-드"는 '무겁다'라는 의미가 있다. 하나님의 현현 혹은 임재 가운데 나타나는 피조물이 느끼는 하나님의 위엄을 드러내는 말이다. 또 이는 만물과 모든 선과 악의 기준을 말하는 하나님의 공의를 내포하는 하나님 자신의 무게(이것을 종종 '명예'라는 뜻으로도 사용됨)를 드러내는 말이기도 하다. 그리고 헬라어로는 "δόζα 독사"라고도 하는데 이는 '견해' 또는 '평판'이란 뜻이 있다. 여기에서 명성, 명예, 칭찬이란 말이 파생되었다. 고로 '영광'은 바로 '위엄'이나 '명예'를 의미하는 것으로 하나님의 영광이 임한 곳에서는 바로 하나님의 위엄과 명예가 함께하는 것이다. 결코 가볍게 여길 수가 없고 거부할 수 없는 무게 그 자체, 하나님의 위엄과 권능 앞에 무릎을 꿇을 수밖에 없이 압도하는 경외의 하나님 자체이시다.

3) 눅4:6에서 "가로되 이 모든 권세와 그 영광을 내가 네게 주리라 이것은 내게 넘겨준 것이므로 나의 원하는 자에게 주노라"은 아담이 하나님을 떠나 하나님의 형상을 잃어버린 후, 영적으로 마귀의 영향 아래 들어갔을 때(창3:19 → 창3:14, 벧후2:19, 롬6:16), 아담에게 주어졌던 모든 권위와 영광이 마귀에게로 넘겨진 사실을 말하는 대목이다. 다시 말하면, 타락 전에는 하나님께서 모든 권세와 그 영광을 아담에게 주셨다는 것이다.(롬13:1) 아담의 타락으로 인해 세상 임금이 마귀가 되었지만(요12:31, 16:11), 타락 전에는 아담이 세상 임금 노릇을 했음을 알 수 있다.

왕노릇했음을 암시하기도 한다.4) 창세기에서 아담 창조 시에도 "우리의 형상에 따라 우리의 모양대로 우리가 사람아담을 만들고…창1:26"라 했고, "…생기를 그 코에 불어 넣으시니 사람이 생혼이 된지라창2:7 KJV ← 슥12:1"라는 말씀 속에는 많은 영적인 의미를 내포하고 있음을 성령을 통해 알고 있어야 한다. 하나님의 깊은 것까지도 통달하시는 성령께서는 하나님께서 교회에 은혜로 주신 것들을 가르치시고 알게 하심. 고전2:10,12-13, 요14:26, 요일2:27 즉 모세는 아담의 창조의 모습을 "우리의 형상을 따라 우리의 모양대로"라 했고, 누가는 "아담은 하나님의 아들이었다. 눅3:38 KJV"라는 분명한 선포 속에 숨어있는 영적 의미이다. 여기서 '우리'는 삼위일체 하나님이요, 형상과 그 모양은 각각 하나님 아들로서의 하나님의 닮음과 그 역할5)을 의미하는 바, 아담 창조에는 우리가 거듭나는 경우와 같이 분명한 성령곧 생기의 개입이 있었음도 분명하다. 요3:5-8, 시33:6, 104:30, 슥12:1

그렇다! 타락 전의 아담은 삼위일체 하나님을 닮은 자이는 신격으로는 아니지만 신성으로는 하나님 부류의 존재[an associate of the God-kind]로 묘사됨. 엡4:23-24, 5:1로 삼위일체 하나님과 함께 하며 하나님의 신성사도 요한은 이를 "하나님의 씨〈요일3:9〉"라고 표현했고, 베드로는 이를 "하나님의 신성과 영광〈벧후1:3-4, 고후3:18〉"에 참여한다고 표현했음을 지녀 그 영광에 매순간 참여하여, 세상에 이스라엘이 여호와의 증인으로, 교

---

4) **(롬5:17)** 이는 한 사람의 범죄로 말미암아 사망이 그 한 사람을 통하여 군림하였은즉 은혜와 의의 선물을 넘치게 받는 자들은 한 사람 예수 그리스도를 통하여 더욱더 생명 안에서 군림할 것임이라[KJV]

5) 첫 사람 아담은 마지막 아담되신 예수님의 모형으로 창조되었고(창1:26, 롬5:15하), 예수님과도 비교된다.(고전15:45) 여기서 모형은 태생적 닮음(곧 형상)에 따른 그 사역의 역할(곧 모양)의 의미도 품고 있음에 주목할 필요가 있다. 베드로 사도는 "이를 위하여 너희가 부르심을 입었으니 그리스도도 너희를 위하여 고난을 받으사 너희에게 본을 끼쳐 그 자취를 따라 오게 하려 하셨느니라(벧전2:21)"하여, 주님의 본을 따르는 아담은 사역 측면에도 주님의 것을 포함하고 있음을 기억해야 한다. 다시 말하면, 기본적으로 아담은 삼위일체 하나님과 "하나 oneness"됨의 모습으로 창조된 바, 이 '하나됨'의 의미는 영적 위치로는 태생적 닮음(형상, God-like)이요, 기능적으로는 사역적 사명(곧 동역자, 증인)의 의미를 지니고 있음을 기억해야 할 필요가 있다.

회가 주님의 증인이 되게 하신 것과 같이 하나님을 계시하며 그 명예를 선포하는 자였음을 암시한다. "세상으로 흘려보내고 알게하고 믿게 하며 선포한다"란 단어 선택의 의미에 주목할 필요가 있음, 요17:21하, 23하, 벧전2:9하, 요7:38, 창2:10-14, 계22:1-2, 겔47:8,12 또한 아담의 영성6)은 삼위일체 하나님의 충만함으로 충만했고창2:19-23, 하나님 아들로서 땅의 통치권을 가지고 하나님을 알고눅3:38 KJV, 마11:27, 엡1:17 하나님을 계시하며아담을 통하여 하나님의 영광을 볼 수 있었고 아담을 통하여 하나님의 실존을 확인할 수 있었음-이것은 동시에 하나님이 원하시는 진정한 교회의 모습이기도 함; 사43:7, 엡1:21-23하나님의 일에 동역하는 자리에 있었음을 충분히 유추할 수 있는 것이다.고전3:9, 고후6:1

(창 1:26) 하나님이 가라사대 우리의 형상을 따라 우리의 모양대로 우리가 사람을 만들고 그로 바다의 고기와 공중의 새와 육축과 온 땅과 땅에 기는 모든 것을 다스리게 하자 하시고

(창 2:7) 여호와 하나님이 흙으로 사람을 지으시고 생기를 그 코에 불어 넣으시니 사람이 생혼이 된지라[KJV]

(눅 3:38) 게난은 에노스의 아들이요, 에노스는 셋의 아들이요, 셋은 아담의 아들이요, 아담은 하나님의 아들이었느니라[KJV]

(마 11:27) 내 아버지께서 모든 것을 내게 주셨으니 아버지 외에는 아들을 아는 자가 없고 아들과 또 아들의 소원대로 계시를 받는 자 외에는 아버지를

---

6) 아담은 하나님의 지혜와 지식의 영으로 충만했다.(창2:19-23, 엡1:17, 8-9) 완전한 영성은 주님을 닮는 것이지만(엡4:13,15, 사11:2), 아담은 예수님의 모형으로 그 영성은 주님을 닮았다. 참고로 "발성과 계시"의 은사로 온전한 성도를 "영성(spiritual sense)이 깊다"고 하며, 능력의 은사들로 충만한 성도를 "영력(spiritual power)이 뛰어나다"라고 한다. Dr. A.L. Gill가 정의한 성령의 은사들을 참조하면 이해에 도움이 될 것이다.
  ① 발성의 은사들(gifts of vocal inspiration: speaking 말함) :각종 방언 말함(tongues), 방언 통역(interpretation of tongues), 예언(prophecy)
  ② 계시의 은사들(revelation gifts: hearing 들음) :영들 분별(the discerning of spirits), 지식의 말씀(the word of knowledge), 지혜의 말씀(the word of wisdom)
  ③ 능력의 은사들(power gifts: doing 행함) :믿음의 은사(the gift of faith), 치유의 은사(들)(the gifts of healing), 능력(기적)행함(the working of miracles)

아는 자가 없느니라

(엡 1:17) 우리 주 예수 그리스도의 하나님 곧 영광의 아버지께서 지혜와 계시의 영을 너희에게 주사 하나님을 알게 하시고[KJV]

(창 2:19-23) 여호와 하나님이 흙으로 각종 들짐승과 공중의 각종 새를 지으시고 아담이 어떻게 이름을 짓나 보시려고 그것들을 그에게로 이끌어 이르시니 아담이 각 생물을 일컫는 바가 곧 그 이름이라…21 여호와 하나님이 아담을 깊이 잠들게 하시니 잠들매 그가 그 갈빗대 하나를 취하고 살로 대신 채우시고 22 여호와 하나님이 아담에게서 취하신 그 갈빗대로 여자를 만드시고 그를 아담에게로 이끌어 오시니 23 아담이 가로되 이는 내 뼈 중의 뼈요 살 중의 살이라 이것을 남자에게서 취하였은즉 여자라 칭하리라 하니라

(겔 47:8) 그가 내게 이르시되 이 물이 동방으로 향하여 흘러 아라바로 내려가서 바다에 이르리니 이 흘러 내리는 물로 그 바다의 물이 소성함을 얻을지라

(겔 47:12) 강 좌우 가에는 각종 먹을 실과나무가 자라서 그 잎이 시들지 아니하며 실과가 끊치지 아니하고 달마다 새 실과를 맺으리니 그물이 성소로 말미암아 나옴이라 그 실과는 먹을 만하고 그 잎사귀는 약재료가 되리라

(고전 3:9) 우리는 하나님의 동역자들이요…

(고후 6:1) 우리가 하나님과 함께 일하는 자로서…

기억하건데, 우리는 로마서5:14에서 "…아담은 오실 분의 모형type, prefigure, pattern이라"했고, 누가복음3:38에서는 아담을 "하나님의 아들"로 묘사됨으로, 아담과 예수님의 관계성을 볼 수가 있는데, 이는 육적 관점이 아닌 영적 관점으로 살펴보아야 내포하고 있는 영적 깊이를 제대로 파악할 수 있다. 고후5:16, 요8:15 동시에 에베소서5:31-32에서와 같이 아담과 교회와의 관

계 설정에서도 그렇다. 다시 말하면 말씀이 육신이 되어 오신 예수님과 그의 몸된 교회에 대한 정보를 이미 아담이 고스란히 담고 있다는 사실에 우선적으로 주목해야 한다. 아멘!

> (롬 5:14) …아담은 오실 자의 표상이라
>
> (눅 3:38) 게난은 에노스의 아들이요, 에노스는 셋의 아들이요, 셋은 아담의 아들이요, 아담은 하나님의 아들이었느니라[KJV]
>
> (엡 5:31-32) 이러므로 사람이 부모를 떠나 그 아내와 합하여 그 둘이 한 육체가 될지니 이 비밀이 크도다 내가 그리스도와 교회에 대하여 말하노라
>
> (창 2:24) 이러므로 남자가 부모를 떠나 그 아내와 연합하여 둘이 한 몸을 이룰지로다

그런데 기존의 구속사관 아래서의 아담의 위치는 로마서5:12에서 언급한 것처럼 온 인류를 죄인 되게 한 원흉 그 이상의 의미로는 거의 다루지 않고 있다. 그래서 성경 전체의 개요에 해당하는 처음으로 하나님의 영원 전 계획을 실현하는 첫 관문인 창세기1, 2장에서 원래 아담이란 단어 속에 숨기시고 품고 계셨던 엄청난 영적 의미는 송두리째 무시 혹은 축소됨으로서 결과론적으로 아담 속에 담겨져있는 소중하고도 의미심장한 영적 의도[7]를 간과하고

---

[7] (제한적인 구속사관적 관점이 아닌 성경 전체 시각에서 보면)창세 전 하나님의 계획하심과 작정, 그리고 처음으로 이를 선포하는 창세기1-2장이 자연스럽게 연계되는 시각에서는, 예수님 오심은 이미 하나님께서 영원 전부터 약속된 사건(벧전1:20, 롬16:25-26, 고전2:7, 1:24, 골1:26-27, 딛1:2-3, 막1:1, 요일5:20)이었고, 동시에 하나님은 자신의 계획을 이루실 이 아들 예수님 오시는 길을 예비하고 그 모형으로 아담을 먼저 창조하셨다.(롬5:14) 그러나 사단(뱀)은 아담을 유혹하여 하나님을 떠나게 만들었고, 이로써 아담은 하나님의 형상과 원래 창조목적을 잃어 버리게 된다. 그러나 하나님은 범죄한 아담을 회복시킬 프로그램(창3:15,20-22: 십자가 사건이 결정된 원시복음)을 추가하셨으니 바로 십자가의 피흘림 사건이다. 이로써 타락한 아담의 후손은 회복되었고 사단은 심판받았다.(엡2:1, 고전15:45, 요5:24,26, 골2:12-15, 히2:14-15, 요12:28-33)

"내가 너로 여자와 원수가 되게 하고 네 후손도 여자의 후손과 원수가 되게 하리니 여자의 후손은 네 머리를 상하게 할 것이요 너는 그의 발꿈치를 상하게 할 것이니라(창3:15)"

말았다. 다시 말하면 모든 책은 그 첫 머리에 소개되는 '개요'를 통해 저자의 기록 의도와 목적을 말해주는 바, 성경 개요의 핵심에 해당하는 창세기1-2장을 의미있게 다루고 강조하는데 실패하고 말았다. 하여 기존 구속사관을 기반으로 하는 신학체계는 창세기3장 아담의 타락부터 시작하므로, 엄밀히 말하면 성경 개요를 온전히 선포하지 못하고 있는 실정이다. 이런 이유에서 "죄의 구속을 전제로 한 구속사관 신학을 제한적이다"라고 표현함 이런 맥락에서 구속사관적 관점에서는 창세 전에 작정된 하나님 자신의 뜻과 계획에 대한 주권도, 이와 관련된 예정과 선택문제도 아예 창세기3장 이후 아담타락의 문제를 해결하는 것에 주안점을 두고, 이를 창세 이전 시간 축으로 거슬러 올라가 성경을 다루게 되었다. 즉 영원 전에 인간 타락의 문제를 해결하시기 위하여 예수님의 오심과 십자가 죽음, 부활에 집중하고 있는 것이 신학의 현실로 보인다. 이로써 창세기1,2장에서 조차 십자가 사건을 스스럼없이 억지로 유추해내려는 이들의 시도가 역설적으로 이해는 된다. 사정이 이러하니 타락 전 아담에 대한 성경 말씀도 또 아담 전후로 전개되는 피조 세계영계와 물질계에 대한 창세 전에 뜻하시고 작정하신 하나님의 의도를 제대로 깨닫지 못하고 성경을 시작하고 해석하는 상황에 놓이게 된 것이다.

창세기1:1이 선포되기 전에는 피조물이 존재하기 전이요 영원부터 영원까지 홀로 스스로 계시는 삼위일체 하나님만 선재先在하시던 때였다. 그때는 만물이 존재하기 이전이기에 천사의 타락도 인간의 타락도 없는 상태이다. 죄가 있기도 전에 악이 세상에 관영하기도 전의 상태이다. 오직 하나님 만이 말씀과 함께 영원한 영광 중에 충만한 상태이다. 요1:1-2, 요일1:1-2, 요17:5, 딤전6:16 그러기에 하나님이 원하시지도 기대하지도 않으셨으며 더구나 계획하지도 않으신 천사의 타락과 인간의 타락을 전제로 타락한 천사를 심판하시고 이 세력 아래서 신음하는 만물과 인간을 구원하시는 일을 영원 전에 계획된 일로 해석해서는 안 된다. 이러한 구속사관적 경륜經倫, dispensation 관점으로 영원 전의 하나님의 주권과 이와 관련되어 정의되는 예정·선택하심을 서로 연결시켜 성경을 이해하다보면 성경의 개요인 창세기1장과 2장에 대한 이해와 그 피조 세계의 구조와 역할에 대한 깊은 하나님의 뜻을 이해하지 못하고 진정한 의미의 하나님 주권과 예정과 택정함8)을 모름으로 인해 십자가의 일을 이미 창세전에 정해졌다는 등 성경을 오해하기까지 이르게 된다. 그러나 우리는 모든 일을 자기 마음의 원대로 역사하시는 하나님은 자신의 뜻을 작정하시고 자신의 믿음에 따라 열심으로 일하시는 분이심을 먼저 알고 모든 피조물은 그러한 계획에 따라 쓰임받아 진행되는 영광스러운 도구임을 분명히 알아야 한다.9) 이는 시간적 흐름과 일의 순서를 보아도 하나님 아버지께서는 창조 후에 발생한 일들 곧 천사타락과 인간의 타

---

8) 정학영,『하나님의 계시적 경륜』,대장간, 2016, pp351-360 ; 예수님은 창세 전에 오시기로 예정되셨다. 다시 말하면 예수님은 하나님의 작정에 따라 계획된 목적과 뜻("하나님의 계시적 경륜"이라 부름)을 친히 이루실 분으로 택정되고 예정되셨다.(눅9:35, 마12:18, 벧전2:4,6, 1:20, 고전2:7, 골1:26-27, 롬16:25-26, 행3:20, 요12:49-50) 동시에 예수님과 하나가 되어 하나님의 경륜을 완성할 동역자로서의 교회에 대한 택정과 예정도 이미 창세전에 계획되어 있었다.(롬8:29, 엡1:4-5,9,11, 3:6)

9) 정학영,『하나님의 계시적 경륜』,대장간, 2016, p490
정학영,『하나님의 경륜과 피조 세계』,대장간, 2019, p16
; 이를 기존의 구속사적 경륜사관에 반하여 "(하나님의) 계시적 경륜사관"이라 말한다. 경륜은 원어적으로 "오이코노미아(οικουομία, 經倫, dispensation, stewardship, management, ruling)"이다. 이는 "오이코스(집)"와 "노모스(율법 곧 율례와 법도)"의 합성어이다. 이처럼 경륜은 "집과 하나님의 법"에 그 근본 의미를 둔다. "집마다 지은 이가 있으니 만물을 지으신 이는 하나님이시라(히3:4))"하신 말씀처럼, 집을 지은 이가 있듯 만물을 지으신 이는 하나님이시다. 집을 지을 때도 목적과 의도가 있는 것과 같이 만물의 창조도 동일하다. "하나님도 한 분이시니 곧 만유의 아버지시라 만유 위에 계시고 만유를 통일하시고 만유 가운데 계시도다.(엡4:6)"말씀에서와 같이 만물을 통치하시고 공급하시고 보존하시며 충만케 하시는 분은 하나님이시다. 만물은 만물을 충만케 하신 그 분 하나님을 스스로 계시한다.(롬1:20) 고로 하나님께서 영원 전부터 약속하신 언약에 따라 하나님의 뜻과 계획을 이루시는 무대(곧 집)가 피조 세계(곧 만물)임을 알아야 한다. 또한 경륜을 다른 의미로 표현하면, 위의 두 단어의 합성된 의미를 포함하는 바와 같이, "가사나 집안의 경영"이 하나님의 집(곧 피조 세계와 교회)안에서 영원부터 영원까지 하나님이 주권적으로 일하시는 경영이다. 특히 이 경륜 속에 하나님 자신을 가장 정확하게 계시할 목적으로 아들 예수님의 오심과 동시에 동역할 교회가 선택되고 예정되어 있었다. 여기서 하나님의 신성과 능력을 계시할 만물도 말씀이 육신이 되어 오시기 전에 이미 말씀(LOGOS) 안에 계획되어 있었고(골1:17, 롬11:36) 이를 아들 예수께 상속됨도 계획되어 있었다.(히1:2) 그리고 경륜의 동역자인 주님의 몸된 교회도 공동 상속자로 계획되어 있었다.(롬8:17, 엡3:6) 창1:1은 이 계획의 첫 단추를 여는 선포식이다.

락을 해결하시려고 미리 계획하시고, 예정하시어 말씀LOGOS이신 하나님곧 독생자 예수 그리스도을 이 땅에 보내신 것이 아니다. 만일 그러하다면, 하나님은 피조 세계의 형편과 여건에 따라 움직이시는 제한적인 하나님이 되시어, 하나님의 주권이란 개념은 의미가 없어지게 된다. 오히려 영원 전에 먼저 자신의 뜻과 계획곧 계시적 경륜을 세우시고 이를 이루시기 위해 아들 예수그리스도를 보내시며, 모든 피조물은 이를 위해 존재하며 협조해야 하는 것이다. 엡1:11, 계4:11 이것이 하나님의 주권혹은 주재권이요, 여기서 예정과 선택함이라는 개념이 자연스럽게 나오는 것임을 우리는 알아야 한다. 동시에 이를 위해 예정과 선택함을 받은 이에게는 하나님의 동역자와 상속자로서의 자격을 부여하시고 모든 것을 맡기시고위임되고[entrusted] 임명됨[appointed, ordained] ← 이를 "Anointed 기름 부음을 받았다"라고 표현함, 그 이름을 높이시고 영화롭게 하시어 롬8:30, 살후1:12 하나님을 계시하며 증거하는 영광의 통로가 되게 하시는 것이다.10) 이것이 진정한 은혜이를 "구속의 은혜"와 비교하여 "은혜의 경륜"이라 칭함, 엡3:2의 개념이 되는 것이다.11) 앞에서도 잠시 언급한 바대로 아담은 바로 오실 자 예수롬5:14와 그의 몸된 교회의 예표엡5:31-32, 창2:24로 나타난다.12) 창세

---

10) 이를 하나님께서 "사명과 사역"을 위해 "기름부으셨다.(anointed)"라고 표현한다.(고후 1:21) 하나님의 계시적 경륜을 이루시기 위해 먼저는 예수님께 기름부으셨고(곧 "그리스도"라 하심, 행10:38, 요3:34, 마16:16), 동역자인 교회 또한 기름 부음받은 무리인 '그리스도인'이 되게 하셨다.(행11:26)

11) 정학영,『하나님의 계시적 경륜』, 대장간, 2016, p371 ; 은혜(χάρις 카리스, grace, favour, thanks, pleasure)란 연약하고 제한적인 티끌과 같은 육체 위로 하나님의 생명을 불어넣으시어 하나님의 형상을 지니게 하셨고, 하나님의 영광, 이름, 명예를 위하여 여러 부족함과 범죄함에도 불구하고 회복시키시고 하늘의 것을 채우시고 경험하게 하사(요일1:3, 요17:3, 벧전2:9, 롬8:17) 하나님의 존재와 그 속성을 만방에 증거하게 하신 놀라운 하나님의 의도와 사랑을 말하는 것이다. 이 은혜에 따라 하나님의 선한 일을 위해 영광을 돌리며 하나님을 찬양하는 사명(οἰκονομια 오이코노미아, 경륜의 직분, 청지기 ; 눅 16:2, 3, 4; 고전 9:17)을 잘 감당해야 하는 것이다.

12) 참고로, 예수님과 교회의 공통단어 중 하나는 바로 '성전'이다. 주님은 성령으로 아버지께서 거하시는 성전이셨고(요2:21, 14:10-11), 교회는 성령으로 말미암아 삼위일체 하나님이 거하시는 성전이었다.(약4:5, 고전3:16) 나중에 신천신지에서는 새 예루살렘성 안에 성전은 하나님과 어린 양이 그 성전이 되신다.(계21:22-23)

기의 선포는 영원 전에 작정되고 정해진 하나님의 뜻과 의도, 목적의 실행을 위한 첫 선포식이기에, 만물의 창조 뿐만 아니라골1:17, 롬11:36, 마지막 창조물인 아담이 품고 있는 그 영적 의미 곧 오실 메시아 예수와 그의 몸된 교회에 대한 정보, 그리고 하나님이 통치하는 그의 나라에 대한 모든 것이 이미 영원 전 하나님의 작정 속에 정해졌던 사실임을 알아야 한다.이 모든 것이 하나님의 주권하에서 이루어지는 "예정과 선택" 개념 속에 포함되어 있음

고린도전서15장은 부활장이다. 부활에 참여하는 자는 자신의 믿음에 대한 최후의 확정이요 최대의 영광이다. 여기에서 첫 사람 아담과 마지막 아담되신 예수님이 비교 등장한다.고전15:45-51 타락 전 아담은 예수님의 모형으로서, 마치 부활한 성도의 완전한 모습을 그리고 있다. 비록 흙에 속한 자이나 하늘에 속한 자와 같은 상태를 상상하게 하는 것이다. 즉 죄가 없는 완전한 영-혼-육의 영생체 상태아담은 영-혼-육 전체 영생할 수가 있었음; 창2:16, 3:22, 온전한 성전으로서의 완전한 인간의 모습을 그리고 있는 것이다. 요2:21, 고전6:19-20 그리고 아담이 등장하는 또 다른 성경부분은 로마서5:12-21이다. 로마서5:12은 타락한 아담 이후의 인류에 대한 묘사이나 그 이후 로마서5:21절까지는 마지막 아담되신 예수님으로 인한 회복을 다루고 있다. 이는 바로 창세기3:22의 완성을 설명하는 부분이다. 다시 말하면, 하나님께서 "선악을 알게 하는 나무의 실과는 먹지 말라 네가 먹는 날에는 정녕 죽으리라…창3:17"하신 그 결과로 "여호와 하나님이 가라사대 보라 이 사람이 선악을 아는 일에 우리 중 하나 같이 되었으니 그가 그 손을 들어 생명나무 실과도 따먹고 영생할까 하노라…창3:22"라 말씀하셨다. 여기서 "선악을 아는 일"은 하나님과 함께 하나된 영광의 상태와 완전한 분리의 경험을 의미하는 것으로, 이를 경험한 삼위일체 하나님 중에는 오직 주님 뿐이시다! 이는 아담의 타락으로 인해 하나님과 분리된 온 인류의 죄를 지시고 십자가에서

하나님과 완전히 분리된 상태에서의 죽음을 뜻하는 것이다.13) 첫 사람 아담이 타락14)하는 순간 마지막 아담 예수님의 십자가형이 확정된 것이다!

말세에 서 있는 우리들에게 주님은 "밤이 깊고 낮이 가까웠으니 …롬13:12"의 말씀과 "그러므로 하늘과 그 가운데 거하는 자들은 즐거워하라 그러나 땅과 바다는 화 있을진저 이는 마귀가 자기의 때가 얼마 못된 줄을 알므로 크게 분내어 너희에게 내려 갔음이라…계12:12"의 말씀을 주신다. 어둠의 세력이 활개를 치며, 미혹하며 더 악랄하게 역사할 것을 미리 알려주시는 말씀이다. 그런데 주님은 천국 복음이 모든 민족에게 증거되며, 하나님

---

13) 정학영, 『망원경으로 보는 창세기』, 대장간, 2018, pp189-194 ; …또한 "우리 중 하나같이 되었으니"에서 우리는 당연히 삼위일체 하나님을 의미하며, 이 중 한 분이 바로 예수 그리스도이십니다. 이는 우리가 잘 알듯이 예수님은 하나님과 늘 함께 계셨으나(요1:18, 10:30, 16:32-33), 십자가 위에서 우리 대신 "죄(=악)와 저주"가 되심으로 하나님과 분리를 경험하셨고(고후5:21, 롬8:3, 갈3:13, 마27:46), 하나님은 아들 예수님을 부활시키심으로 죄 없는 하나님 아들임을 온 세상에 증거하셨습니다.(롬1:4) 이로써 온 인류는 하나님과 화해를 하게 된 것입니다.(골1:20, 엡1:10) 할렐루야! 아멘! 만약 선악을 아는 일을 "선악을 판단하는 일"로 해석하면, '우리'로 표현된 삼위일체 하나님 중 한 분 만이 선악을 판단한다는 의미가 되므로, 이는 삼위일체 하나님을 격하시키거나 인정하지 않는 일이 될 수도 있기에 각별한 주의를 요(要)하게 됩니다. 이처럼 주님의 십자가 사건은 바로 하나님의 영광을 경험하는 하나님 나라의 도래의 시발점이 되었습니다. 동시에 마귀는 심판받고, 그의 모든 권세는 박탈당하게 되며, 온 인류는 구원받는 사건이었습니다.(요12:27-31, 18:37, 골2:15)…

14) 아담의 타락을 호세아는 "저희는 아담처럼 언약을 어기고 거기서 내게 패역(패악+반역)을 행하였느니라(호6:7)"라며 이스라엘의 패역과 비유적으로 기록한다. 이는 "하나님을 사랑하라"는 명령의 거부를 의미한다.(신6:5) 그런데 선(善)과 악(惡)을 아는 열매를 먹는 것이 왜 하나님의 언약을 배반한 것과 연관되는가는 보다 깊은 고찰을 필요로 한다. 하나님의 진노와 심판은 하나님의 사랑을 거부한데서 비롯된다.(요3:16,18,19,36, 살후2:12) 하나님은 아담에게 선악을 아는(יָדַע 야다) 열매를 먹지 말라한 근본 이유는 "나를 떠나 (영적으로)죽지말라"는 명령이셨다. 이는 선과 악이 영적으로 하나님을 떠남과 함께 거함의 의미를 담고 있기에 그러하다.(렘2:13,19) 주님도 "나의 사랑 안에 거하라. 나를 떠나서는 아무것도 할 수 없다"하셨다.(요15:4-5,9) 이 명령은 바로 영원 전 하나님의 "영생언약"에 기초한다.(딛1:2) 곧 영생은 하나님과 함께 거하며 깊은 친밀한 가운데 체험하는 지식에 이르는 것을 말한다.(요17:3, 요일1:3, 벧후1:2-3, 3:18, 딤전2:4, 출29:42,45-46, 마1:23) 호세아 선지자가 "하나님을 알라 힘써 알라(호6:3)"하시고 "번제의 제사보다 하나님을 아는 것을 원한다.(호6:6)"라며 하나님께 돌아가자고 호소한 심정과 연결되어 나타남을 이해해야 한다.(호6:1) (성령으로)친밀한 가운데 경험하여 아는 이가 사랑에 강권되어 증인이 되듯(마11:27, 막3:14, 요15:26-27, 15:15, 고후5:14, 행1:8, 요일3:24, 고후13:5), 영생을 경험하는 자는 곧 증인의 삶을 살아가는 사명과 직분자가 되는 원리요 하나님을 사랑하는 적극적인 표현이 된다.(벧전2:9, 고전2:1, 계1:2, 12:17, 고전16:22, 요일4:8,21)

의 영광을 인정하는 것과 하나님을 아는 지식이 온 천하에 충만하게 될 바로 그 싯점에 다시 오신다.마24:14, 사11:9, 합2:14, 단2:44-45, 행3:21 이를 위해 주님은 몸된 교회에 영혼 추수 직전에 있을더 강력한 성령의 비를 내려주심으로 능히 이기며 끝까지 주의 이름을 부르는 등燈 곧 말씀, 시119:105, 계21:23과 기름곧 성령의 역사을 준비한 지혜로운 다섯 처녀들이 되길 원하신다.행2:17-21, 슥10:1, 마25:4,13 동시에 주님께서는 끝까지 성령의 음성을 들으며 이기는 몸된 교회에게는 감추었던 만나곧 성령으로 열린 깊고 온전한 의의 말씀; 계2:17, 히5:13, 요16:25, 단12:4를 주어 먹게 하시는 바와 같다. 다니엘은 주님 재림 직전의 영적 상황을 "그 때에 미가엘이 네 겨레를 지켜주려고 나설 것이다. 나라가 생긴 이래 일찍이 없었던 어려운 때가 올 것이다. 그런 때라도 네 겨레 중에서 이 책에 기록된 사람만은 난을 면할 것이다. 티끌로 돌아갔던 대중이 잠에서 깨어나 영원히 사는 이가 있는가 하면 영원한 모욕과 수치를 받을 사람도 있으리라. 슬기로운 지도자들은 밝은 하늘처럼 빛날 것이다. 대중을 바로 이끈 지도자들은 별처럼 길이길이 빛날 것이다. 너 다니엘아, 이 말씀을 비밀에 붙여 마지막 그 때가 오기까지 이 책을 봉해 두어라. 많은 사람들이 읽고 깨쳐 잘 알게 되는 날이 올 것이다. 그러나 갈팡질팡하는 사람도 많을 것이다.단12:1-4 공동번역"라 요약했는데, "많은 사람들이 읽고 깨쳐 잘 알게 되는 날이 올 것이다"란 말씀이 바로 감추어진 만나를 먹게되는 사실을 예언한 것이라 확신한다.

말씀이 성령으로 열려나가는 만큼 신학은 하나님께서 감추셨던 그 비밀을 더 확실하게 설명하는 학문으로 발전하게 될 것이다. 지금까지 하나님 보시기에 제한적인 구속사적 신학 아래에서도 하나님은 큰 일을 행하셨다. 분명히 주님은 "내가 진실로 진실로 너희에게 이르노니 나를 믿는 자는 나의 하는 일을 저도 할 것이요 또한 이보다 큰 것도 하리니 이는 내가 아버지께로 감이니라요14:12"하심으로, 주님은 아버지께 고하시어 성령을 보내주심으로 이땅에서 교회를 통하여 하나님의 영원하신 비밀의 경륜이 이루어지게 될 일을 말씀하셨다. 엡3:9-10, 1:8-11, 골1:25-27, 고전2:7 그러니 더 이상 비유로도 아닌 성령으로 영적인 깊은 실체를 드러내신다는 말씀이다. 요16:25, 고전2:13

"이것을 비사로 너희에게 일렀거니와 때가 이르면 다시 비사로 너희에게 이르지 않고 아버지에 대한 것을 밝히 이르리라요16:25"

"우리가 세상의 영을 받지 아니하고 오직 하나님께로 온 영을 받았으니 이는 우리로 하여금 하나님께서 우리에게 은혜로 주신 것들을 알게 하려 하심이라고전2:12"

"내가 교회 일군 된 것은 하나님이 너희를 위하여 내게 주신 경륜을 따라 하나님의 말씀을 이루려 함이니라 이 비밀은 만세와 만대로부터 옴으로 감취었던 것인데 이제는 그의 성도들에게 나타났고골1:25-26"

아멘!
할렐루야!

이렇게 도도한 역사의 물결 뒤로 밀려오는 영적 흐름 속으로 온 몸을 던져보려는 심정으로 저자는 창세기3장부터 시작될 수 밖에 없는 제한적 구속사적 경륜이 아닌, 영원 전부터 작정하시고 경영하실 하나님 자신의 뜻과 의도, 곧 삼위일체 하나님과 자신의 일을 계시하시려는 열정을 이해하려는 소박한 열심을 가지고 2016년에 『하나님의 계시적 경륜』이란 책을 세상에 소개했다. 본 책은 영원부터 영원까지 하나님의 계시적 경륜신학을 조직신학적 측면에서 다룬 것으로 "하나님은 자신을 위해 일하신다"란 부제를 달았다. 그리고 영계와 물질계로 구성된 피조 세계와 하나님의 경륜과의 상관관계를 다룬 내용을 2019년에 『하나님의 경륜과 피조 세계』이름으로 출간하였다.

이번 본서에서는 상기 두 책에서도 부분적으로 다룬 내용이지만, 하나님의 계시적 경륜을 이루어 나갈 그러나 구속사관 아래에서는 미처 다루지 못했던 예수님과 동역자 교회에 대한 상세한 정보를 지니고 있는 아담에 대해, 특히 기름부음을 받은 주님의 몸된 교회의 모습을 담고 있는 아담의 에덴 교회에 대한 영적 의미를 보다 상세하고도 통전적으로 다루어보고자 한다. 특히 아담에 담긴 영적인 하나님의 의도를 다양한 각도에서 다루어 볼 것이다.

비록 표현의 한계로 전체적인 글 모양이 부족해 보이더라도 이러한 영적 의도를 가지고, 본서의 마지막 부분까지 기도하며 애쓴 저자의 마음을 응원하는 심정으로 동참해 주시기를 갈망해 본다. 참고로 관련 본문에 연결된 다양한 각주도 인내하며 숙독해 주시기를 또한 바란다. 이는 해당 본문에서 미처 다루지 못한 내용이나 영적 배경을 설명했기 때문이다. 동시에 하나님 말씀이 영이되고 생명이 될 때까지 묵상이 요구되는 것 같이시1:2, 수1:8, 아담과 관련된 하나님의 의도가 마음에 닿도록 다양한 방법으로, 반복하듯 강조한 심정을 이해 주시길 바란다.

끝으로 본서가 완성되기까지 많은 이들의 직간접적 도움이 있었음을 고백한다. 무엇보다도 본서의 내용을 검토하며 교정해주기를 자신의 일처럼 섬겨주신 송동수 목사님, 영적으로 정신적으로 또 육체적으로 쉽지 않는 법조계의 길을 묵묵히 걸으며 마음으로 응원하며 아빠의 큰 기대인 기도하는 큰 아들 승화, 저자가 처음으로 부족한 책을 세상에 내놓을 때부터 지금까지 기도와 토론의 힘이 되어주며 지금도 동역하고 있는 둘째 준화 목사, 여러 기도해야 할 많은 지경 가운데서도 본 사역의 취지를 지지하며 더 넓은 주님의 영광을 위해 달려가고 있는 엄 전도사님, 먼 날을 준비하며 맡겨주신 사역에 충성을 다하고 계시는 강한중 목사님과 한사랑 교회 모든 지체들, 주님께서 맡겨주신 사역을 끝까지 잘 감당하라며 개척부터 지금껏 중보의 기도를 멈추지 않으시는 혈육인 형님과 손 위아래 권사님들, 마지막으로 본서의 제작과 출판을 맡은 이들에게 심심한 감사의 말씀을 드리며, 먼저 천국에서 주님의 품에서 안식하며 기다리고 있을 사랑하는 아내를 그리며…,

모든 영광 주님께 돌려드린다.

2025년 6월 여름문턱에서
저자 정학영 드림

아담의 영적 의미를 묵상하면서…	5
1장 • 들어가는 글	
1.1 하나님의 작정 곧 경륜	29
1.2 하나님의 주재권 Lordship	30
1.3 예정과 선택	35
1.4 구속사적 영생과 경륜사적 영생	40
2장 • 창조와 아담의 비밀	
2.1 "보시기에 좋았더라"	52
2.2 "하나님 아들"로서의 아담	57
3장 • 하나님의 성전 선포	
3.1 피조물의 형상으로 오신 이유	99
3.2 성전이란?	107
3.3 완전한 성전	111
3.4 경륜과 성전	118
3.5 아담의 위치와 성전과의 관계	130
3.6 성전인 교회의 역할 : 증인	154
4장 • 천국 삶과 증거의 예표	
4.1 의義	174
4.2 안식	182
4.3 자유	190

5장 • 영적 대칭과 성경구조

    5.1 태생의 유사성   198

    5.2 사역의 유사성   201

    5.3 하나님의 처소 성전   209

    5.4 하나님의 의도를 품는 성경 상세구조   216

6장 • 나가는 글

    6.1 나가는 말   256

부록

    [부록1 : 하나님의 계시적 경륜을 위해... 하나님 자신을 위하여]   270

    [부록2 : 구속사관 vs 계시적 경륜사관]   276

    [부록3 : 하나님의 의도를 품는 아담으로부터의 영성구조]   289

    [부록4 : 아담으로부터 하나님의 의도를 품은 전도지]   302

    [부록5 : 계시적 경륜신학교 안내서]   310

    [부록6 : "계시적 경륜학교"개강을 알리면서…]   318

그림 목록

[그림1. 피조 세계의 존재이유]
[그림2. 창세기 1장의 창조 순서와 영적 의미]
[그림3-1. 성전의 모형과 실체]
[그림3-2. 예수님의 모형 아담과 예수님의 증인 교회]
[그림3-3. 예수님 오심의 통로요 모형인 아담]
[그림3-4. 교회의 성격과 위치(엡1:21-23)]
[그림3-5. 새 예루살렘 성과 성소, 그리고 법궤(言)]
[그림4-1. 의(義)의 흐름과 완성도]
[그림5-1. 하나님의 경륜 공동 이행자 관점]
[그림5-2. θ 경륜을 위한 맡기심과 채우심, 증거하심]
[그림5-3. 하나님 경륜의 수행 경로]
[그림5-4. 하나님의 계시 장소 : 3층 하늘 → 우주 → 교회]
[그림5-5. 시간 축에서 본 성경의 흐름(위,아래)]
[그림5-6. 인간 타락사와 하나님 나라 세워지는 과정]
[그림5-7. 하나님의 열심, 큰 민족의 형성 과정]
[그림5-8. 경륜관점으로 본 성경의 구조(Ⅰ)]
[그림5-9. 경륜관점으로 본 성경의 구조(Ⅱ)]
[그림6-1. 삼위일체 하나님과 교회(아담)과의 하나됨의 관계성]
[그림6-2. 땅의 예루살렘(모형)과 하늘 예루살렘(실체)]
[그림 부록1-1. 레마적 예언 및 선포]
[그림 부록1-2. 영의 통로와 영 분별]
[그림 부록1-3. 영의 흐름과 예언]
[그림 부록1-4. 어떻게 분별할 것인가?-고전2:13-15,5:3-4]
[그림 부록2. 아담의 실체 : 예수님의 인성과 신성]

1장

들어가는 글

게난은 에노스의 아들이요, 에노스는 셋의 아들이요,
셋은 아담의 아들이요, 아담은 하나님의 아들이었느니라 눅3:38 KJV

1장
들어가는 글

> 그러므로 기록된바, 첫 사람 아담은 살아 있는 혼이 되었다, 함과 같이 마지막 아담은 살려 주는 영이 되셨느니라 [KJV]
> 고전15:45

영혼불멸 사상은 믿고 있었으나 육신의 부활을 믿지 않았던 헬라인들의 영향을 받은 고린도 교인들에게 바울은 급기야 그리스도의 부활을 부인하려는 움직임에 대해 "만일 죽은 자의 부활이 없으면 그리스도도 다시 살아나지 못하셨으리라 그리스도께서 만일 다시 살아나지 못하셨으면 우리가 전파하는 것도 헛것이요 또 너희 믿음도 헛것이며…그리스도께서 다시 살아나신 일이 없으면 너희의 믿음도 헛되고 너희가 여전히 죄 가운데 있을 것이요 또한 그리스도 안에서 잠자는 자도 망하였으리니 만일 그리스도 안에서 우리가 바라는 것이 다만 이 세상의 삶뿐이면 모든 사람 가운데 우리가 더욱 불쌍한 자이리라고전15:13-19"며 부활의 소망을 그리스도의 부활과 연결시켜 설명해 주고 있다. 바울은 계속하여 부활시의 모습을 "하늘에 속한 형체도 있고 땅에 속한 형체도 있으나 하늘에 속한 것의 영광이 따로 있고 땅에 속한 것의 영광이 따로 있으니 해의 영광이 다르고 달의 영광이 다르며 별의 영광도 다른데 별과 별의 영광이 다르도다 죽은 자의 부활도 그와 같으니 썩을 것으로 심고 썩지 아니할 것으로 다시 살아나며 욕된 것으로 심고 영광스러운 것으로 다시 살아나며 약한 것으로 심고 강한 것으로 다시 살아나며 육의 몸으로 심고 신령한 몸으로 다시 살아나나니 육의 몸이 있은

즉 또 영의 몸도 있느니라고전15:40-44"라고 상세히 설명한다. 주님은 이 땅에 계실 때 부활에 대해 "부활 때에는 장가도 아니 가고 시집도 아니 가고 하늘에 있는 천사들과 같으니라마22:30"라고 설명하셨고, 사도 요한은 "… 그가 나타내심이 되면 우리가 그와 같을 줄을 아는 것은…요일3:2"라고 했다. 다시 말하면 부활시의 모습은 천사와도 같이, 주님과도 같이 하늘에 속한 영광을 입은 강하고도 신령한 몸으로 설명한다. 오죽하면 부활에 대한 영적 의미를 모르는 사두개인들을 향하여 "예수께서 대답하여 가라사대 너희가 성경도, 하나님의 능력도 알지 못하는 고로 오해하였도다마22:29"라 하셨을까?

부활은 기독교 신학의 중심이요 구원의 완성이다. 환난 날을 통과하여 나아가는 성도들에겐 크나큰 위로의 소망이기에 부활신앙에 대한 확신은 무엇보다도 중요하다. 그러나 부활의 신앙을 가지고 살아가는 이들의 삶은 영적인 광야에서 걸어가야 하는 현실이기에 무엇보다도 등燈과 기름을 준비한 지혜로운 다섯 처녀와 같이 깊고 예리한 말씀과 뜨거운 영성이 요구된다.마4:1-11, 25:4,13 주님도 현실적 여러 어려운 환경에 처한 교회에 대해 "또 내가 네게 이르노니 너는 베드로라 내가 이 반석 위에 내 교회를 세우리니 음부의 권세가 이기지 못하리라마16:18"라시며 반석이신 주님과 성령으로 하나됨을 원하셨고, "그 여자가 큰 독수리의 두 날개를 받아 광야 자기 곳으로 날아가 거기서 그 뱀의 낯을 피하여 한 때와 두 때와 반 때를 양육 받으매계12:14"와 같이 철저한 성령님의 양육이 필요함을 강조하셨다.

이스라엘 백성들이 걸어갔던 40여 년간의 광야의 여정가운데 훈련은 신명기8:2-3 말씀과 같이 철저한 자기 부인과 말씀과 성령을 따라가는 훈련이었음을 강조하셨다! 이러한 과정은 장차 이스라엘 백성들이 하나님의 영광을 열방가운데서 증인의 사명자적 삶을 살아가기 위한 필수코스였다.사43:7-12 이는 구약의 영적인 실체를 살아가는 신약의 백성들인 교회는 죄에서 구원받아 천국 소망을 가지고 살아가는 것에 주안점을 두고 있는 기존의 구속체계에서 이해하기가 어려운 많은 것들 중 특히 아담에 대한 지식에 대한 보다 깊고 넓은 하나님의 계시가 그 어느 때보다도 중요함을 깨닫게 되었다. 이는 창조의 문을 여는 대미[大尾]가 아담창조요, 그의 탄생과 삶에 대한 바른 영적 이해가 창세 전부터 요한 계시록 마지막까지의 성경의 중요한 주제를 다루고 것이기에 더욱 그러함, 계21:27, 22:15

바울은 의도적으로 육체의 부활을 설명하려 땅에 속한 육체와 하늘에 속한 육체, 썩어질 육체와 썩지 아니하는 육체, 욕된 것과 영광스러운 것, 약한 것과 강한 것, 육의 몸과 신령한 몸 등으로 첫 사람 아담과 둘째 사람 아담을 비교했다. 그러나 "그러므로 기록된바, 첫 사람 아담은 살아 있는 혼이 되었다, 함과 같이 마지막 아담은 살려 주는 영이 되셨느니라고전15:45 KJV"에서처럼 첫사람 아담과 마지막 아담되신 주님을 서로 비교하는 바가 품고 있는 진정한 영적 의미를 간과하고 지나간 사실에 대한 진지한 성찰의 때가 이른 것 같다.

앞에서도 잠시 언급한 바와 같이, 기존의 구속사관하에서는 아담에 대해 "이러므로 한 사람으로 말미암아 죄가 세상에 들어오고 죄로 말미암아 사망이 왔나니 이와 같이 모든 사람이 죄를 지었으므로 사망이 모든 사람에게 이르렀느니라롬5:12"말씀을 인용하면서, 아담을 모든 사람을 사망으로 이끈 죄의 원흉쯤 취급하면서 평가절하했다. 그런데 이 말씀은 로마서 5:12-21의 문맥 전체에 흐르는 진정한 영적 의미 즉 아담이 오실 자 예수님의 모형이란 사실과 에베소서5:31-32에서 밝힌 바와 같이 아담 가정이 교회와 주의 나라의 모형에 대한 영적 비밀이란 귀중한 사실을 놓친 짧은 생

각이었음을 알게 될 것이다.15)

"모든 일을 그 마음의 원대로 역사하시는 자의 뜻을 따라…엡1:11"의 말씀은 하나님의 주권성을 나타내는 가장 전형적인 말씀으로 여겨진다. 사도 요한은 이를 "…주께서 만물을 지으신지라 만물이 주의 뜻대로 있었고 또 지으심을 받았나이다 하더라계4:11"라며 그 의미를 더해 준다. 다시 말하면 만물 곧 모든 피조계물질계와 영계는 우연히 창조된 것도, 그것이 아무런 이유 없이 유지·보존되고 있는 것이 아니란 말씀이다. "…모든 세계가 하나님의 말씀으로 지어진 줄을 우리가 아나니 보이는 것은 나타난 것으로 말미암아 된 것이 아니니라히11:3"말씀처럼 나타난 현실 보다 눈에 보이지 않는 영적 원리가 우선하는 진실이 있고, 또 "우리의 돌아보는 것은 보이는 것이 아니요 보이지 않는 것이니 보이는 것은 잠간이요 보이지 않는 것은 영원함이니라고후4:18"말씀처럼 눈에 보이는 세계보다 영적세계와 그 원리가 더 선행한다는 의미를 알아야 한다. 하여 바울을 골로새 교인들에게 보내는 서신서에서 "또한 그가 만물보다 먼저 계시고 만물이 그 안에 함께 섰느니라골1:17"라 함으로 창세기 창조이전에 이미 창조주의 뜻안에 만물이 이미 계획되어 있음을 확정 짓고 있다.16) 성경이 기록되기 영원 전에 하나님의 마음 속에

---

15) "모든 일을 그 마음의 원대로 역사하시는 자의 뜻을 따라 우리가 예정을 입어 그 안에서 기업이 되었으니(엡1:11)"의 말씀과 "우리 주 하나님이여 영광과 존귀와 능력을 받으시는 것이 합당하오니 주께서 만물을 지으신지라 만물이 주의 뜻대로 있었고 또 지으심을 받았나이다 하더라(계4:11)"에서처럼 하나님의 주권과 작정에 따라 계획된 목적과 뜻(의도)를 계시하고, 이를 이루실 분인 예수님은 창세 전에 오시기로 택정되시고 예정되어 있었다.(눅9:35, 마12:18, 벧전2:4,6, 1:20, 고전2:7, 골1:26-27, 롬16:25-26, 행3:20, 요12:49-50) 동시에 예수님과 하나가 되어 하나님의 경륜을 완성할 동역자로서의 교회에 대한 택정과 예정도 이미 창세 전에 계획되어 있었다.(롬8:29, 엡1:4-5,9,11, 3:6) 이러한 사실에 대한 첫 선포가 창세기1-2장에서의 아담창조와 에덴의 삶이다.

16) 창1:1에서 천지(天地)를 "하(the) 샤마임(heavens)", "하(the) 아레쯔(land)"라 한 이유가 분명히 밝혀지는 것이다. 여기서 정관사 "하(the)"는 이미 정해진 유일한 것을 의미한다. 고로 창세 전에 이미 하나님 마음에 품고 계획하셨던 바로 그 피조 세계를 "그 하늘들"과 "그 땅"이라 말하는 것이다. 참고로 "한 하나님이 계시니 곧 모든 것의 아버지시라. 그분께서는 모든 것 위에 계시고 만물을 꿰뚫어 계시며 또 너희 모두 안에 계시느니라(엡4:6 KJV)"의 말씀 속에 만물과 교회를 통하여, "너희 안에서 행하시는 이는 하나님이시니 자기의 기쁘신 뜻을 위하여 너희로 소원을 두고 행하게 하시나니(빌2:13)"의 말씀과 같이, 하나님은 교회를 통하여 자신의 뜻(곧 영원 전에 정하신 하나님의 계획,목적)을 성령으로

하나님 자신의 뜻과 계획을 친히 이루어 가실 운영계획곧 하나님의 경륜속에 만물이 함께 서 있었다는 말씀이다. 피조 세계에서 일어난 사건에 따라 혹은 조건과 필요에 따라 정해진 것이 아닌 하나님께서 하나님 자신의 주권대로 친히 세우시고 이루어 가시는 계획과 목표 속에 이를 펼쳐나가실 무대로서의 만물이 포함되어 있는 것이다. 그리고 창세기1-2장이 영원 전에 품으셨던 계획의 입문으로, 그 일의 첫 단추를 꿰신 선포이셨다!

그런데 만물의 창조 중에 맨 나중에 창조된 피조물이 바로 아담이다. 만물이 창조주의 뜻 안에 이미 계획되어 있음과 같이 아담의 창조 또한 마찬가지이다. 이는 앞에서도 언급한 바와 같이 아담 속에 감추어져 있는 예수님도, 교회도 역시 하나님의 경륜을 함께 이룰 이들로 계획되고 확정되 있었다는 사실이다. 이것이 바로 하나님의 주권과 연결되 있는 예정과 택정이다.

1.1 하나님의 작정 곧 경륜[17]

시간과 공간이 시작되기 전 곧 영원 전 예수님은 하나님 아버지와 함께 계셨던 말씀LOGOS이신 하나님이셨다. 요1:1-3, 17:5, 요일1:2 하나님 아버지는 말씀LOGOS을 통하여 자신의 영원하신 뜻에 따라 계획을 세우신다. 그리고 이를 친히 자신의 열심과 성실함, 믿음으로 통치하시며 경영해 나가신다. 이를 앞에서 이미 앞에서 언급한 바와 같이 다양한 의미로 표현된 경륜[18] οικονομία

일하심을 나타낸다.(고전2:10, 골1:17)
17) 정학영, 『하나님은 자신을 위해 일하신다-하나님의 계시적 경륜』, 대장간, 2016, p99
18) 경륜(οικονομία 오이코노미아, 經綸, dispensation, stewardship, management, ruling): 원래 '집안' 혹은 "가사의 경영"(오이코스〈oikos: 집〉, 노모스〈nomos: 율법〉)이라는 뜻인데, 다른 사람의 재산을 관리하고 운영함, 즉 청지기역(눅 16:2,3,4)을 가리킨다. 이는 위탁된 복음을 전파할 책임에 대해서도 쓰인 바, 고전 9:17(Revised Version)는 '청지기역'〈stewardship〉으로, Authorized Version은 '처리'〈dispensation〉로, 한글개역은 "직분, 사명"으로 각각

오이코노미아, 經綸, dispensation, stewardship, management, ruling이라 명명命名되었는데, 다른 표현으로 "하나님의 작정에 따른 하나님의 주권적 운영"이라고 부르기로 해 본다.

1.2 하나님의 주재권19) Lordship

로마서9:20-21에 "이 사람아 네가 뉘기에 감히 하나님을 힐문하느뇨 지음을 받은 물건이 지은 자에게 어찌 나를 이같이 만들었느냐 말하겠느뇨 토기장이가 진흙 한 덩이로 하나는 귀히 쓸 그릇을, 하나는 천히 쓸 그릇을 만드는 권이 없느냐"라고 기록한다. 이 말씀은 하나님의 주권을 단적으로 표현한 말씀이다. 이미 앞에서 언급되었듯이 하나님은 자신의 뜻과 계획을 따라 모든 일을 친히 행하심을 밝히셨다. 즉 피조 세계의 창조와 존재의 근원계4:11, 히2:10 KJV도, 관련된 모든 일도 하나님의 뜻을 따라 결정된 대로 일하시는 계획엡1:11을 하나님의 주재권혹은 하나님의 주권에 따른 것이라 표현한다. 그러므로 만물뿐만 아니라 인간의 창조도 이와 연계되어 있어 "하나님의 형상"으로 창조된 이유도 하나님의 주권에 따라 하나님의 경륜 곧 하나님을 계시하고 증거 할 목적임을 나타내고 있다.창1:26, 2:7 그리하여 서두에서도 잠깐 언급되었듯이 아담은 하나님의 경륜을 완성하실 마지막 아담 예수의 모형으로 그 길을 예비하는 자로 묘사되고 있음을 우리는 명심해야 한다. 이로써 진정한 하나님의 형상이신 주님께서 하나님을 온전히 증거하며 세상에 계시 "나를 본 자는 하나님을 보았다"라 하심 ; 요14:9, 요일5:20, 골1:15, 마11:27, 요3:31-34하신 사실을 우리는 알아야 한다. 고로 예수님의 형상으로 회복된 교회의 존재 이유가 바로 주님의 대사가 되어 삼위일체 하나님이 누구신지 세

번역한다-프리미엄 성경 프로그램 『위드바이블』, 바이블넷.2014..

19) 정학영, 『하나님의 계시적 경륜』, 대장간, 2016, pp351-356

상에 증거하는 본래의 존재 이유를 모르면 구원의 이유는 퇴색되어 질 것이다.골3:10, 고후3:18, 5:20, 요17:21,23

구속사관은 창세기3:15과 창세기3:20-22를 원시복음으로 시작되는 하나님의 구속 계획이나, 하나님은 먼저 영원 전에 자신의 뜻과 계획하나님의 경륜을 세우시고 이를 위하여 만물의 창조와 성경의 언약들을 주셨으며 그 핵심 자리에 주님의 오심과 동역할 교회가 있음을 알아야 한다고 했다. 구속사는 창조 이후의 일 곧 천사 타락과 인간 타락에 대한 각각 심판과 구속이지만, 계시적 경륜관점은 이를 넘어 십자가의 사건을 통해 영원 전의 하나님의 주권대로 그 일을 위한 교회의 본질적 회복을 말하는 사실을 기억해야 함도 언급했다.

어찌 피조 세계의 형편에 따라 영원 전으로 거슬러 올라가 하나님의 계획이 정해지겠는가? 오히려 피조 세계의 사정과 형편과 상관없이 하나님의 뜻은 정해지고 만물은 이를 위해 존재하는 것이 하나님의 주재권이 아니던가? 하나님의 주권은 시간과 공간을 초월한 영원 전에 이행되어져 영원까지 진행되는 하나님의 열심과 믿음과 연결된 직권이다. 이를 "하나님은 자신의 언약과 영광, 그 이름을 위해 일하신다고 한다.부록1"라고 성경은 한결같이 증거하지 않는가? 이것은 주님의 유언같은 기도인 요한복음12:27-32과 요한복음17장에서도 자신이 이 땅에 오신 이유를 명백하게 증거하셨다.부록2

다시 말하면 "이에 내가 말하기를 하나님이여 보시옵소서 두루마리 책에 나를 가리켜 기록한 것과 같이 하나님의 뜻을 행하러 왔나이다…히10:7"하심 같이 하나님의 뜻을 이루시려 오신 예수님은 먼저는 요한복음12:28에서는 "아버지여 아버지의 이름을 영광스럽게 하옵소서…"하시며 아버지의 이름을 영광스럽게 하심의 목적을 분명히 하셨고, 그 후에 마귀 심판요12:31과 인류의 구원 계획요12:32을 이루시는 고백을 우리는 들을 수가 있다.

"아버지께서 내게 하라고 주신 일을 내가 이루어 아버지를 이 세상에서 영화롭게 하였사오니…세상 중에서 내게 주신 사람들에게 내가 아버지의 이름을 나타내었나이다 …요17:4-6"

이처럼 성경은 예수그리스도께서 이 땅에 오신 이유도, 교회가 설립된 이유도, 그리고 십자가 위에서 이루신 일도 마귀의 심판도 인간의 구원보다도 우선한 이유가 있었으니, 그것은 바로 하나님의 이름에 합당한 영광을 선포하는 것임을 우리는 알아야 한다.

"…아버지께서 나를 보내신 것같이 나도 너희를 보내노라…내 아버지께서 나라를 내게 맡기신 것같이 나도 너희에게 맡겨요20:21, 눅22:29"

고로 하나님의 주권은 피조물의 상태와 형편에 따라 정해지거나 변개되는 사안이 아니요 오히려 모든 피조물은 하나님의 주권에 순복해야 한다. 이는 모든 것이 하나님의 뜻과 계획을 이루기 위해 존재해야 한다는 의미이다. 엡1:11, 계4:11 이런 의미에서 십자가 사건은 분명 천사의 타락으로 인한 훼손된 하나님의 영광과 모독 받은 그 이름의 회복과 동시에 타락한 인간을 구원시키시는 하나님의 회복 계획곧 마귀의 심판과 인간의 구원 ; 창3:15, 20-22, 골2:12-15, 히2:14-15, 요12:31-32임을 분명히 해야 한다. 다시 말하면 십자가 사건은 창세 이후에 발생한 사건들에 대한 새로이 추가된 회복 프로그램으로, 하나님께서 영원 전에 정하신 경륜에 추가된 새로운 회복 계획이다. 고로 반복적으로 강조하는 것이지만 십자가 사건은 영원 전부터 미리 예정된 계획이라기보다는, 타락한 아담을 회복시킴으로서 영원한 하나님의 경륜을 예수그리스도와 함께 중단 없이 지속적으로 이루어 나가야 하는 사명 회복의 사건임을 명심해야 한다. 만약 십자가 사건이 영원 전에 정해진 하나님의 경륜에 해당하는 것이라면,

하나님은 피조 세계의 여건에 따라 움직이시고 자신의 뜻을 정하시는 제한적인 하나님으로 이해되게 됨. 이렇게 되면 하나님의 주권은 의미가 없어지는 것임 이는 시간적 흐름과 일의 순서를 보아도 하나님 아버지께서는 창조 후에 발생한 일들 즉, 천사타락과 인간의 타락을 해결하시려고 미리 계획하시고, 예정하시어 말씀LOGOS이신 하나님아들 예수그리스도을 이 땅에 보내신 것이 아니다. 오히려 영원 전에 먼저 자신의 뜻과 계획곧 경륜을 세우시고 이를 이루시기 위해 아들 예수그리스도를 피조 세계에 보내시며, 모든 피조물은 이를 위해 존재하며 협조해야 한다는 것이다.

아멘!

할렐루야!

이것이 진정한 의미에서의 하나님의 주권혹은 주재권이요, 여기서 예정과 선택함이라는 개념이 나오는 것임을 우리는 알아야 한다. 다시 말하면 예정과 선택은 하나님의 주권이 전제되야 하는 용어임 동시에 이를 위해 예정과 선택함을 받은 자에게는 하나님은 모든 것을 주시고 그 이름을 높이시어 하나님의 영광의 통로가 되게 하시는 것이다. 이것이 진정한 은혜의 개념이 되는 것이다. 그 유사한 예가 아브라함이 부르심을 받는 경우임. 하나님은 아브라함을 큰 민족곧 하나님의 나라을 이루기 위해 부르셨고 축복하셨고 높이시어 보호하셨음 ; 창12:1-3, 시91:14, 요12:26, 18:36-37, 히3:1

> (창 12:1-3) 여호와께서 아브람에게 이르시되 …내가 너로 큰 민족을 이루고 네게 복을 주어 네 이름을 창대케 하리니 너는 복의 근원이 될지라 3너를 축복하는 자에게는 내가 복을 내리고 너를 저주하는 자에게는 내가 저주하리니 땅의 모든 족속이 너를 인하여 복을 얻을 것이니라 하신지라
>
> (시 91:14) 하나님이 가라사대 저가 나를 사랑한즉 내가 저를 건지리라 저가 내 이름을 안즉 내가 저를 높이리라

(요 12:26) 사람이 나를 섬기려면 나를 따르라 나 있는 곳에 나를 섬기는 자도 거기 있으리니 사람이 나를 섬기면 내 아버지께서 저를 귀히 여기시리라

그러므로 하나님의 주재권을 인정하는 자는 구원의 진정한 의미를 제대로 아는 자이다. 주님은 하나님의 경륜을 위해 예정을 입으셨고, 하나님의 뜻을 이루기 위하여 이 땅에 오셨다. 이제는 누구든지 주님의 말을 듣고 그를 보내신 하나님을 믿는 자는 바로 하나님의 주재권을 인정하는 자의 위치에 서게 된다. 하나님의 모든 증거를 아들 예수를 통해 계시하심을 믿는 것이 주권을 인정하는 믿음의 출발이 된다.

"만일 하나님이 그 진노를 보이시고 그 능력을 알게 하고자 하사 멸하기로 준비된 진노의 그릇을 오래 참으심으로 관용하시고 23 또한 영광 받기로 예비하신바 긍휼의 그릇에 대하여 그 영광의 부요함을 알게 하고자 하셨을지라도 무슨 말 하리요롬9:22-23" 하심처럼, 하나님이 구원출애굽 유월절 사건과 십자가 죄사함 사건 ; 겔20:9, 36:22-24, 사43:25을 위해 오래 참으시고 관용하신 이유는 하나님의 영광에 이르러 그 영광을 알게 하신 하나님의 주권이 바로 하나님의 자신을 위함이심을 바로 깨닫는 것이 중요한 것이다.

(겔 20:9) 그러나 내가 그들의 거하는 이방인의 목전에서 그들에게 나타나서 그들을 애굽 땅에서 인도하여 내었었나니 이는 내 이름을 위함이라 내 이름을 그 이방인의 목전에서 더럽히지 않으려 하여 행하였음이로라
(겔 36:22-24) 그러므로 너는 이스라엘 족속에게 이르기를 주 여호와의 말씀에 이스라엘 족속아 내가 이렇게 행함은 너희를 위함이 아니요 너희가 들어간 그 열국에서 더럽힌 나의 거룩한 이름을 위함이라 23 열국 가운데서 더럽힘을 받은 이름 곧 너희가 그들 중에서 더럽힌 나의 큰 이름을 내가 거룩하게 할지라 내가 그들의 목전에서 너희로 인하여 나의 거룩함을 나타내리

니 열국 사람이 나를 여호와인 줄 알리라 나 주 여호와의 말이니라 24 내가 너희를 열국 중에서 취하여 내고 열국 중에서 모아 데리고 고토에 들어가서

(사 43:25) 나 곧 나는 나를 위하여 네 허물을 도말하는 자니 네 죄를 기억지 아니하리라

(히 2:10) 만물이 인하고 만물이 말미암은 자에게는 많은 아들을 이끌어 영광에 들어가게 하시는 일에 저희 구원의 주를 고난으로 말미암아 온전케 하심이 합당하도다

(요 5:24) 내가 진실로 진실로 너희에게 이르노니 내 말을 듣고 또 나 보내신 이를 믿는 자는 영생을 얻었고 …

(롬 10:9) 네가 만일 네 입으로 예수를 주로 시인하며 또 하나님께서 그를 죽은 자 가운데서 살리신 것을 네 마음에 믿으면 구원을 얻으리니

1.3 예정과 선택[20]

본 주제에 관해서 구속사관에서는 지금까지 인간의 구원의 관점에서 다루어져 왔다고 했다. 그러나 구속사적 관점으로는 하나님의 주권을 온전히 성명할 수도 그리고 이에 따른 예정과 선택 개념을 충분히 설명할 수도, 이해할 수 있는 주제도 아니다. 왜냐하면 예정과 선택사항은 하나님의 주권과 밀접한 관계에 있기에, 하나님의 주권이 올바르게 전제되지 않고서는 예정과 선택을 제대로 설명할 수가 없기 때문이다.

이미 살펴본 바와 같이 주님의 십자가는 온 인류의 구원을 위한 하나님의 자비와 사랑의 표시였고요3:16, 요일2:2, 딤전2:4, 롬5:8, 시89:14하, 동시에 인류의 구원을 위한 은혜와 믿음은 전적으로 하나님의 주권사항이기에엡2:9-10, 롬12:3,6, 여기에는 칼뱅주의도 알미니우스주의도 이를 완전히 설명할 수가

---

20) 정학영,『하나님의 계시적 경륜』,대장간, 2016, pp356-360

없다고 본다. 그러므로 앞에서 논의 된 바와 같이 구원을 위한 예정도 선택도 시간적 흐름과 일의 순서, 그리고 이에 반한 수 많은 말씀들을 보아도 구속사관으로는 온전한 의미를 설명하기에 충분하지 않다.요1:12-13, 3:16, 요일2:2, 딤전2:4, 마25:41 그러면 예정과 선택에 대한 하나님의 주권을 어떻게 이해해야 되는 것인가?

본 주제는 먼저 앞에서 다룬 하나님의 주권을 이해하고 나서야 다루어질 내용이므로 "영원 전에 약속하셨던 일 곧 영생딛1:2, 요17:3, 요일1:3"과 직결되는 주제이다. 먼저는 이 약속과 관련한 하나님의 뜻과 계획을 정하시고 이를 계시하시고 이루실 분의 택함눅9:35, 마12:18, 벧전2:4,6과 예정에 관한 것이다.행3:20, 요12:49-50 이 분이 바로 예수그리스도이심을 밝히셨다.

(눅 9:35) 구름 속에서 소리가 나서 가로되 이는 나의 아들 곧 택함을 받은 자니 너희는 저의 말을 들으라 하고

(행 3:20) 또 주께서 너희를 위하여 예정하신 그리스도 곧 예수를 보내시리니

(벧전 1:20) 참으로 그분께서는 창세전에 미리 정하여졌으되 이 마지막 때에 너희를 위하여 드러나셨으며

(요 12:49-50) 내가 내 자의로 말한 것이 아니요 나를 보내신 아버지께서 내가 말할 것과 이를 것을 친히 명령하여 주셨으니 50 나는 그의 명령이 영생인 줄 아노라 그러므로 내가 이르는 것은 내 아버지께서 내게 말씀하신 그대로니라 하시니라

(요일 5:20) 또 아는 것은 하나님의 아들이 이르러 우리에게 지각을 주사 우리로 참된 자를 알게 하신 것과 또한 우리가 참된 자 곧 그의 아들 예수 그리스도 안에 있는 것이니 그는 참 하나님이시요 영생이시라

그리고 예수그리스도 안에서 하나님의 뜻을 이루는 무리에 대한 예정과 택정이다. 이것이 바로 교회이다. 교회는 예수그리스도의 일곱 하나님의 뜻과 계획 곧 계시적 경륜을 계속 수행하고 완성하기 위해 창세 전부터 택함과 예정을 받은 무리이다. 이를 예수그리스도와 같이 하나님의 형상을 지닌 무리라고 하며, 예수그리스도와 같이 함께 기름 부음을 받은 그리스도인이라 함, 엡4:23-24, 행11:26

(엡 1:4-5,9,11) 곧 창세 전에 그리스도 안에서 우리를 택하사 우리로 사랑 안에서 그 앞에 거룩하고 흠이 없게 하시려고 5 그 기쁘신 뜻대로 우리를 예정하사 예수 그리스도로 말미암아 자기의 아들들이 되게 하셨으니 9 그 뜻의 비밀을 우리에게 알리신 것이요 그의 기뻐하심을 따라 그리스도 안에서 때가 찬 경륜을 위하여 예정하신 것이니 11 모든 일을 그의 뜻의 결정대로 일하시는 이의 계획을 따라 우리가 예정을 입어 그 안에서 기업이 되었으니

(롬 8:29) 하나님이 미리 아신 자들로 또한 그 아들의 형상을 본받게 하기 위하여 미리 정하셨으니 이는 그로 많은 형제 중에서 맏아들이 되게 하려 하심이니라

(히 2:10-12) 그러므로 만물이 그를 위하고 또한 그로 말미암은 이가 많은 아들들을 이끌어 영광에 들어가게 하시는 일에 그들의 구원의 창시자를 고난을 통하여 온전하게 하심이 합당하도다 11 거룩하게 하시는 이와 거룩하게 함을 입은 자들이 다 한 근원에서 난지라 그러므로 형제라 부르시기를 부끄러워하지 아니하시고 12 이르시되 내가 주의 이름을 내 형제들에게 선포하고 내가 주를 교회 중에서 찬송하리라 하셨으며

(약 1:18) 그가 그 조물 중에 우리로 한 첫 열매가 되게 하시려고 자기의 뜻을 좇아 진리의 말씀으로 우리를 낳으셨느니라

(딤후 1:9) 하나님이 우리를 구원하사 거룩하신 부르심으로 부르심은 우리의 행위대로 하심이 아니요 오직 자기 뜻과 영원한 때 전부터 그리스도 예

수 안에서 우리에게 주신 은혜대로 하심이라
(골 1:23-24)…이 복음은 천하 만민에게 전파된 바요 나 바울은 이 복음의 일군이 되었노라 24 내가 이제 너희를 위하여 받는 괴로움을 기뻐하고 그리스도의 남은 고난을 그의 몸 된 교회를 위하여 내 육체에 채우노라

이런 이유로 나중에 상세히 다루겠지만 아담을 지으실 때 삼위일체 하나님의 형상과 모양대로 창조하셨고 하나님 형상과 모양의 개념은 하나님의 속성과 하나님의 일을 포함하는 것임, 아담이라 불리는 이름 속에 이미 남자와 여자의 단체의 개념창 5:1-2, 창1:26, 곧 교회의 출발을 포함하고 있음을 기억해야 할 필요가 있다.

(창 5:1-2) 아담 자손의 계보가 이러하니라 하나님이 사람을 창조하실 때에 하나님의 형상대로 지으시되 2 남자와 여자를 창조하셨고 그들이 창조되던 날에 하나님이 그들에게 복을 주시고 그들의 이름을 사람(아담)이라 일컬으셨더라
(엡 5:31-32) 이러므로 사람이 부모를 떠나 그 아내와 합하여 그 둘이 한 육체가 될지니 32 이 비밀이 크도다 내가 그리스도와 교회에 대하여 말하노라

이러하기에 바울도 베드로도 그리고 요한도 이를 고백하기를….

"내가 교회의 일꾼διάκονος 디아코노스 minister된 것은 하나님이 너희를 위하여 내게 주신 직분οἰκονομία 오이코노미아, 경륜을 따라 하나님의 말씀을 이루려 함이니라 이것은 곧 여러 시대와 여러 세대로부터 감추어졌으나 이제는 그분의 성도들에게 드러난 신비에 관한 것이라 하나님께서는 이 신비의 영광이 이방인들 가운데 얼마나 풍성한가를 자신의 성도들에게 알게 하려 하시나니 이 신비는 너희 안에 계신 그리스도 곧 영광의 소망이시니라골1:25-27"

"…믿음 안에 있는 하나님의 경륜을 이룸…딤전1:4"

"그의 안에 산다고 하는 자는 그가 행하시는 대로 자기도 행할지니라요일2:6"

"이를 위하여 너희가 부르심을 입었으니 그리스도도 너희를 위하여 고난을 받으사 너희에게 본을 끼쳐 그 자취를 따라 오게 하려 하셨느니라벧전2:21"

이라고 했다.
아멘!
이런 이유로 예수님을 가리켜 참된 증인이시오계3:14, 요3:31-33, 요1:18 KJV 참 하나님이라 했으며요일5:20, 교회를 하나님의 의義, 고후5:21 요 예수님의 증인행1:8 이며 예수의 대리자고후5:20라고 한 이유를 마음에 새겨야 한다. 이것이 바로 하나님의 주권에 반응하는 참된 모습이다.

하나님은 영생aiώnos ζωή 아이오니오스 조에, 永生, eternal life을 영원 전에 약속하시고, 그 영생을 드러내시고 완성하실 분을 택하시고 예정하셨으며, 또한 그의 몸된 지체로서 교회를 택하시고 예정하시어 하나님의 주권에 동참하기를 원하심을 알아야 한다.

이 영생은 오직 은밀한 가운데 있는 하나님의 지혜를 말하는 것으로서 곧 감추어졌던 것인데 하나님이 우리의 영광을 위하여 만세 전에 미리 정하신 것이라고 하셨던 것처럼….

(고전 2:7) 오직 은밀한 가운데 있는 하나님의 지혜를 말하는 것으로서 곧 감추어졌던 것인데 하나님이 우리의 영광을 위하여 만세 전에 미리 정하신 것이라

(엡 3:9-10) 영원부터 만물을 창조하신 하나님 속에 감추었던 비밀의 경륜이 어떠한 것을 드러내게 하려 하심이라 10 이는 이제 교회로 말미암아 하늘에서 정사와 권세들에게 하나님의 각종 지혜를 알게 하려 하심이니

아멘!
할렐루야!

1.4 구속사적 영생과 경륜사적 영생

요한복음17장은 예수님의 유언같은 기도문이다. 여기서 "아버지께서 내게 하라고 주신 일을 내가 이루어 아버지를 이 세상에서 영화롭게 하였사오니 아버지여 창세 전에 내가 아버지와 함께 가졌던 영화로써 지금도 아버지와 함께 나를 영화롭게 하옵소서 세상 중에서 내게 주신 사람들에게 내가 아버지의 이름을 나타내었나이다…요17:4-6"라 하시며, "아버지께서 아들에게 주신 모든 사람에게 영생을 주게 하시려고 만민을 다스리는 권위를 아들에게 주셨음이로소이다.요17:2"하셨다. 즉 다시 말하면, 아버지께서 아들 예수님께 맡기신 일은 바로 자신의 이름을 드러내며 아버지께서 맡기신 모든 사람들에게 영생을 주는 것이라 하셨다. 그런데 그 영생을 바로 "영생은 곧 유일하신 참 하나님과 그가 보내신 자 예수 그리스도를 아는 것이니이다.요17:3"이라 정의하셨다.

구속사관에서의 영생은 주님을 믿어 죄 사함 받은 이들이 얻는 영원한 생명을 의미한다.요5:24 그런데 요한복음17장에서 주님이 말씀하신 영생은 단순히 잃었던 생명을 다시 갖게 되는 그 이상의 이미를 지니고 있음에 집중해야 할 필요가 있다. 다시 말하면, 주님이 친히 정의하신 영생은 아담의

범죄 전 삼위일체 하나님과의 깊은 친밀성을 바탕으로 한 관계성을 포함하는 것이기에 그렇다. 다시 말하면, 타락으로 인한 죄와 악이 존재하기도 전의 상태에서의 영생을 의미한다.

그러기에 주님은 "아버지께서 내 안에, 내가 아버지 안에 있는 것같이 저희도 다 하나가 되어 우리 안에 있게 하사 세상으로 아버지께서 나를 보내신 것을 믿게 하옵소서 내게 주신 영광을 내가 저희에게 주었사오니 이는 우리가 하나가 된 것같이 저희도 하나가 되게 하려 함이니이다 곧 내가 저희 안에, 아버지께서 내 안에 계셔 저희로 온전함을 이루어 하나가 되게 하려 함은 아버지께서 나를 보내신 것과 또 나를 사랑하심 같이 저희도 사랑하신 것을 세상으로 알게 하려 함이로소이다.요17:21-23"라는 기도를 하셨다. 이것은 정확히 삼위일체 하나님과 교회의 상관성을 말한다. 삼위일체 하나님과 교회가 하나됨으로 인한 깊은 교제를 원하시는 것이다!

> "우리가 보고 들은 바를 너희에게도 전함은 너희로 우리와 사귐이 있게 하려 함이니 우리의 사귐은 아버지와 그 아들 예수 그리스도와 함께 함이라요일1:3"

아멘!

또한 주님은 요한복음12:27-32에서도 유사한 말씀을 하신다. 즉 "지금 내 마음이 민망하니 무슨 말을 하리요 아버지여 나를 구원하여 이 때를 면하게 하여 주옵소서 그러나 내가 이를 위하여 이 때에 왔나이다 28 아버지여 아버지의 이름을 영광스럽게 하옵소서 하시니 이에 하늘에서 소리가 나서 가로되 내가 이미 영광스럽게 하였고 또 다시 영광스럽게 하리라 하신대 … 31 이제 이 세상의 심판이 이르렀으니 이 세상 임금이 쫓겨나리라 32 내가 땅에서 들리면 모든 사람을 내게로 이끌겠노라 하시니" 아멘 할렐루야! 보라!

여기서도 십자가의 사건이 단순이 사단심판31절과 인간구원32절에 앞서 자신을 보내신 아버지의 이름의 영광을 언급하고 계신 것이다.

여기서 다시 한 번 짚어봐야 할 사건은 바로 주±기도문이다. 즉 "그러므로 너희는 이렇게 기도하라 하늘에 계신 우리 아버지여 이름이 거룩히 여김을 받으시오며 10 나라이 임하옵시며 뜻이 하늘에서 이룬 것같이 땅에서도 이루어지이다…13 우리를 시험에 들게 하지 마옵시고 다만 악에서 구하옵소서나라와 권세와 영광이 아버지께 영원히 있사옵나이다 아멘 [마6:9-13]" 여기서도 인간구원도 마귀 심판도 아닌 하나님의 이름의 영광을 먼저 선포하고 있는 것이다!

구속사관은 인간의 범죄함으로 시작하여 인간의 구속을 주요목적으로 하는 신학체계이다. 엡2:1, 롬4:25, 3:23上 그러나 구속신학조차 칼빈과 알미니우스 양대 산맥에 가로막혀 더 이상 신학의 진전을 보지 못하고 있는 실정으로 보인다. 하여 구속사관에서는 하나님의 뜻과 계획에 대한 주권도, 예정과 선택도 아담 타락의 문제를 해결하는 것에 주안점을 두고, 이를 창세 전 시간 축으로 역 이동하여 성경을 다룬다. 즉 영원 전에 인간 타락의 문제를 해결하시기 위하여 예수님의 오심과 십자가 죽음과 부활을 말하고 있다.

엄밀히 말하면, 매우 중요한 개념이지만 예정과 선택은 죄인에 대한 말씀이라기 보다는 하나님의 경륜을 이룰 교회에 대한 것임을 성경은 증거한다.

교회론을 강조하는 에베소서와 로마서에서는…

"곧 창세 전에 그리스도 안에서 **우리**교회를 택하사 우리교회로 사랑 안에서 그 앞에 거룩하고 흠이 없게 하시려고 5 그 기쁘신 뜻대로 **우리**교회를 예정하사 예수 그리스도로 말미암아 자기의 아들들이 되게 하셨으니 11 모든 일을 그 마음의 원대로 역사하시는 자의 뜻을 따라 **우리**교회가 예정을 입어 그 안에서 기업이 되었으니엡1:4-5,11"

"하나님이 미리 아신 자들로 또한 그 아들의 **형상을 본받게 하기 위하여 미리 정하셨으니** 이는 그로 많은 형제 중에서 맏아들이 되게 하려 하심이니라 롬8:29"

왜 "그 아들의 형상을 본받게 하기 위하여 미리 정하셨으니"라고 했을까? 아들의 형상을 본받아 미리 정해진 작정의 첫 작품이 바로 아담인 것이다! 그래서 아담은 오실 이의 모형으로롬5:14, 참 모습인 예수님이 오는 길을 예비하고 있는 것이다. 아담은 예수의 모형이요 예수님은 자신의 형상을 닮은 많은 형제중 맏이가 되는 것이다!롬8:29 그리고 에덴에서의 아담 가정은 바로 하나님 나라가 임한 하나님의 아들의 공동체인 교회를 예표하는 것이다.엡5:32, 눅3:38 KJV 아담은 예수그리스도와 몸된 교회의 정보를 담고 있는 하나님의 비밀인 것이다! 하여 하나님의 아들 신분인 교회가 그리스도 안에서 하나님 뜻에 따라 택함받고 예정을 입은 것은 아담의 범죄와 전혀 다른 하나님의 작정에 속한 것임을 의미한다.

분명히 십자가 사건은 아담의 범죄함과 깊은 관계가 있지만, 예정과 택함, 아들됨과 상속기업은 교회와 그리스도와의 깊은 관계가 있는 것이다. 예수님은 영원 전부터 선택받으시고 예정되어 계시지만, 교회 또한 동일한 것은 아담의 범죄함과 연관되어 있는 것이 아닌 영원 전부터 계획되어진 하나님의 작정에 속한 것이다. 할렐루야!

2장

창조와 아담의 비밀

하나님이 가라사대 우리의 형상을 따라 우리의 모양대로
우리가 사람을 만들고 그로 바다의 고기와 공중의 새와 육축과
온 땅과 땅에 기는 모든 것을 다스리게 하자 하시고 창1:26

2장
창조와 아담의 비밀

> 그러나 아담으로부터 모세까지 아담의 범죄와 같은
> 죄를 짓지 아니한 자들 위에도 사망이 왕 노릇 하였나니
> 아담은 오실 자의 표상이라
> 롬5:14

본 절에서는 하나님의 경륜에 대한 깊은 영적 정보를 담고 창조된 아담에 대한 구체적인 비밀을 하나 둘씩 열어보기로 한다. 하나님의 경륜에 관한 주권사항과 이를 계시하고 이루어 나갈 자에 대한 예정과 택함을 앞에서 다루었다. 곧 하나님은 자신의 아들, 예수그리스도의 형상을 닮은 단체, 성령으로 예수님을 그리스도시오 하나님의 아들인 동시에 주인과 왕임을 고백하는 이들의 모임인 교회를 그리스도 안에서 미리 아시고 미리 정하시며 의롭게 하시고 영화롭게 하시어롬8:29-30, 엡1:5, 마16:16-18, 행2:36, 5:31 예수 그리스도 안에서 하나님의 선善한 일인 하나님의 계획과 뜻을 완성하는 하나님 자신과 동역하는 기관으로 선택하시고 부르신다.고전3:9, 고후6:1, 엡2:10, 딛2:14, 히13:21, 사43:7, 벧전2:9, 히3:1

(엡 1:5) 그 기쁘신 뜻대로 우리를 예정하사 예수 그리스도로 말미암아 자기의 아들들이 되게 하셨으니

(롬 8:28-30) 우리가 알거니와 하나님을 사랑하는 자 곧 그 뜻대로 부르심을 입은 자들에게는 모든 것이 합력하여 선을 이루느니라 29하나님이 미리 아신 자들로 또한 그 아들의 형상을 본받게 하기 위하여 미리 정하셨으니

이는 그로 많은 형제 중에서 맏아들이 되게 하려 하심이니라 30 또 미리 정하신 그들을 또한 부르시고 부르신 그들을 또한 의롭다 하시고 의롭다 하신 그들을 또한 영화롭게 하셨느니라

(마 16:16) 시몬 베드로가 대답하여 가로되 주는 그리스도시요 살아 계신 하나님의 아들이시니이다

(행 2:36) 그런즉 이스라엘 온 집이 정녕 알지니 너희가 십자가에 못박은 이 예수를 하나님이 주와 그리스도가 되게 하셨느니라 하니라

(행 5:31) 이스라엘로 회개케 하사 죄 사함을 얻게 하시려고 그를 오른손으로 높이사 임금과 구주를 삼으셨느니라

(사 43:7) 내 이름으로 불려지는 모든 자 곧 내가 내 영광을 위하여 창조한 자를 오게 하라 그를 내가 지었고 그를 내가 만들었느니라

(히 3:1) 그러므로 함께 하늘의 부르심을 입은 거룩한 형제들아 우리의 믿는 도리의 사도시며 대제사장이신 예수를 깊이 생각하라

(벧전 2:9) 오직 너희는 택하신 족속이요 왕 같은 제사장들이요 거룩한 나라요 그의 소유된 백성이니…

(고후 6:1) 우리가 하나님과 함께 일하는 자로서 너희를 권하노니 하나님의 은혜를 헛되이 받지 말라

(고전 3:9) 우리는 하나님의 동역자들이요…

이러한 일이 펼쳐지고 구현되어지며 결국은 하나님의 뜻에 협력하게 될 활동 무대가 바로 창세기1장에서 창조하신 피조 세계영계,물질계이며, 이러한 이해가 선행될 때에야 비로서 제대로 정립된 피조 세계의 구조와 역할이 선명하게 보이게 될 것이다. 피조 세계인 만물은 하나님 자신 계시뿐만 아니라 자신의 뜻과 계획을 펼치시는 거대한 스크린혹은 무대과 같은 역할이다. 엡1:11, 계4:11, 골1:17, 엡4:6, 롬1:20, 그림1

"창세로부터 그의 보이지 아니하는 것들 곧 그의 영원하신 능력과 신성이 그 만드신 만물에 분명히 보여 알게 되나니 그러므로 저희가 핑계치 못할지니라롬1:20"

아멘!

"**모든** 일을 그의 뜻의 결정대로 일하시는 이의 계획을 따라…"(엡1:11)

"**우리** 주 하나님이여 영광과 존귀와 권능을 받으시는 것이 합당하오니 주께서 만물을 지으신지라 만물이 주의 뜻대로 있었고 또 지으심을 받았나이다 하더라(계4:11)"

"**또한** 그가 만물보다 먼저 계시고 만물이 그 안에 함께 섰느니라(골1:17)"

"**하나님**도 한 분이시니 곧 만유의 아버지시라 만유 위에 계시고 만유를 통일하시고 만유 가운데 계시도다(엡4:6)"

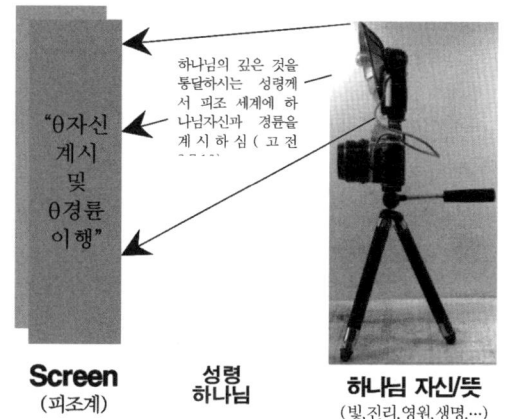

[그림1. 피조 세계의 존재이유]

동시에 "또한 그가 만물보다 먼저 계시고 만물이 그 안에 함께 섰느니라골1:17"말씀과 "우리 주 하나님이여 영광과 존귀와 권능을 받으시는 것이 합당하오니 주께서 만물을 지으신지라 만물이 주의 뜻대로 있었고 또 지으심을 받았나이다 하더라계4:11"등의 말씀은 창세기1:1에서 만물이 창조되기 전에 이미 만물이 예수 안에 계획되어 있었음을 반증하는 강력한 증거임을 이미 밝혔다. 그래서 창세기1:1에서 천지天地를 "하ה the 샤마임שׁמים heavens", "하ה the 아레쯔ארץ הארץ land"라 한 이유도 분명히 설명하였다. 이로써 창세기1:1의 첫 구절을 대할 때 하나님께서 영원 전에 계획하신 일의 첫 단추를 꿰는 기대감과 설렘으로 가득한 흥분을 감출 수가 없으며, 하나님이 만물 창조 매 단계마다 왜 기뻐하시고 또 좋아하신 곧 선[善]을 위하신이유를 알게 되고 그 기쁨에 함께 동참하게 되는 것이다.

하여 이번 장에서는 본서의 핵심 의도이기도 한 아담의 창조 비밀과 이와 관련되 전개되는 하나님의 경륜도 함께 다루어 볼 것이다. 앞에서도 언급했듯이 타락 전의 아담은 신격으로는 아니지만 신성으로는 하나님 부류의 존재로삼위일체 하나님을 닮은 자엡4:23-24, 5:1, 골3:10, 요일3:9로 삼위일체 하나님과 함께하며 하나님의 신성생명과 본성을 지녀 그 영광에 매순간 참여하여요일3:9, 벧후1:3-4, 고후3:18, 벧전2:9, 피조 세계에 대해 하나님 복음을 선포하며 그 명예를 선포하는 자로 표현했다. 막16:15 KJV, 골1:23 KJV, 벧전2:9

(벧후 1:3-4) 그의 신기한 능력으로 생명과 경건에 속한 모든 것을 우리에게 주셨으니 이는 자기의 영광과 덕으로써 우리를 부르신 자를 앎으로 말미암음이라 4 이로써 그 보배롭고 지극히 큰 약속을 우리에게 주사 이 약속으로 말미암아 너희로 정욕을 인하여 세상에서 썩어질 것을 피하여 신의 성품에 참예하는 자가 되게 하려 하셨으니

(벧전 2:9) 오직 너희는 택하신 족속이요 왕 같은 제사장들이요 거룩한 나라요 그의 소유된 백성이니 이는 너희를 어두운데서 불러 내어 그의 기이한 빛에 들어가게 하신 자의 아름다운 덕을 선전하게 하려 하심이라

(고후 3:18) 우리가 다 수건을 벗은 얼굴로 거울을 보는 것같이 주의 영광을 보매 저와 같은 형상으로 화하여 영광으로 영광에 이르니 곧 주의 영으로 말미암음이니라

(골 3:10) 새 사람을 입었으니 이는 자기를 창조하신 자의 형상을 좇아 지식에까지 새롭게 하심을 받는 자니라 And have put on the new [man], which is renewed in knowledge after the image of him that created him:

(엡 4:23-24) 오직 심령으로 새롭게 되어 And be renewed in the spirit of your mind; 24 하나님을 따라 의와 진리의 거룩함으로 지으심을 받은 새 사

람을 입으라 And that you put on the new man, which after God is created in righteousness and true holiness.

또한 아담의 영성은 삼위일체 하나님의 충만함으로 충만했고창2:19,23, 엡1:23, 3:19, 골2:2-3,9-10, 하나님 아들로서 땅의 통치권21)을 가지고 하나님을 알고 계시하며, 하나님의 일에 동역하는 자리에 있었음을 알 수가 있었다.22) 이 모든 근거의 핵심적인 말씀이 "…아담은 오실 분의 모형type, prefigure, pattern 롬5:14"에서 아담의 실체요 하나님의 비밀이신 그리스도시며골2:2, 아담이 "하나님의 아들눅3:38 KJV"임과 아담의 가정이 "교회와 그리스도와의 심오한 비밀엡5:30-32"과 직결되어 있음을 알아야 한다.엡3:4-6, 마16:18, 시87:3,5 다시 말하면 말씀이 육신이 되어 오신 예수님과 그의 몸된 교회에 대한 정보를 이미 아담과 그의 가정이 고스란히 담고 있다는 사실을 알아야 한다.

(골 2:2)…하나님의 비밀인 그리스도를 깨닫게 하려 함이라

(엡 5:30-32) 우리는 그 몸의 지체임이니라 이러므로 사람이 부모를 떠나 그

---

21) 통치권은 근본적으로 하나님의 이름의 권세에서 출발한다.(빌2:9-11, 엡1:21, 요1:12) 성령님이 몸된 교회에 임하실 때 주 예수 이름으로 임하시고, 이로써 교회를 하나님의 이름을 모신 성전되게 하신다.(요14:26, 고전3:16, 대하2:1 7:16) 성전된 교회는 주의 이름으로 땅을 통치할 권세가 있다.(계5:10, 마16:19, 눅10:19) 아담은 삼위일체 하나님의 형상을 지닌 하나님의 아들로서 땅을 다스리는 통치권이 있었다.(창1:26-28, 눅4:6) 이는 아담이 참 성전이신 그리스도(요2:21)의 모형으로서 하나님의 이름을 소유한 자였음을 알 수가 있다.

22) 각종 들짐승과 공중의 각종 새의 이름을 짓는 일은 하나님의 창조 영역인데 그 일을 아담에게 맡기셨다.(이를 아담은 하나님과 동역하는 관계라 말함) 하나님께서 이름을 지으실 때에나 개칭(改稱)하실 때에는 반드시 합당한 이유와 특성이 있었다. 즉 아브함을 아브라함이라 개칭하셨고, 사래를 사라라 개칭하셨으며 동시에 야곱을 이스라엘로 개칭하셨을 때에도 그러하셨다. 그런데 아담이 짐승과 새들을 부르는 것이 곧 그 이름이 되었다. 이는 아담이 각 생물의 특성을 순간적으로 알았고, 그 특징대로 이름을 부르는 능력이 있음을 말해준다. 이는 하나님의 지혜와 지식의 영으로 충만했음을 나타내는 것이다. 자신의 갈빗대로 만들어진 여자를 자신의 몸의 일부임을 즉시로 알아보는 능력도 동일하다.(창2:19,23, 창1:26-28, 2:19-21,23, 고전3:9, 고후6:1)

아내와 합하여 그 둘이 한 육체가 될지니 우리는 그 몸의 지체임이니라 이러므로 사람이 부모를 떠나 그 아내와 합하여 그 둘이 한 육체가 될지니 이 비밀이 크도다 내가 그리스도와 교회에 대하여 말하노라

(엡 3:4-6) 이것을 읽으면 그리스도의 비밀을 내가 깨달은 것을 너희가 알수 있으리라 5 이제 그의 거룩한 사도들과 선지자들에게 성령으로 나타내신 것같이 다른 세대에서는 사람의 아들들에게 알게 하지 아니하셨으니 6 이는 이방인들이 복음으로 말미암아 그리스도 예수 안에서 함께 후사가 되고 함께 지체가 되고 함께 약속에 참예하는 자가 됨이라

(시 87:3,5) 하나님의 성이여 너를 가리켜 영광스럽다 말하는도다.(셀라) 5 시온에 대하여 말하기를 이 사람, 저 사람이 거기서 났나니 지존자가 친히 시온을 세우리라 하리로다

(마 16:18) 또 내가 네게 이르노니 너는 베드로라 내가 이 반석 위에 내 교회를 세우리니 음부의 권세가 이기지 못하리라

하여 이러한 부분과 여타 연계되어 있는 다른 영적 의미들을 하나씩 짚어 내려가고자 한다.

2.1 "보시기에 좋았더라"

[그림2]는 창조 사역의 과정을 그림으로 표현한 것이다.[23] 여기서 우리가 주목해야 할 부분이 하나님의 창조가 이루어 질 때마다 "하나님이 보시기에 좋았더라창1:4,10,12,18,21,25,31"라는 표현이 공통적으로 나타난다는 사실이다. 여기서 '좋았더라'의 히브리어 원어가 "토브ᗱᨀ"인데, 이는 "선善하다"란 의미를 가진 단어라[24], 왜 하나님께서 매 창조 단계 끝마다 이 단어를

---

23) 정학영, 『망원경으로 보는 창세기』, 대장간, 2004, p26
24) 김남준, 『구원과 하나님의 계획』 부흥과개혁사, 2004, p26 : " … 천지창조를 보도하는 기

사용하신 그 이유를 우리 스스로에게 물어보아야 한다.

우선 성경 전체를 통하여 "선善"에 대한 영적 의미를 살펴볼 필요가 있다. 주님께서 이 땅에 계실 때 어떤 부자 관원과 영생을 논하실 때 "어떤 관원이 물어 가로되 선한 선생님이여 내가 무엇을 하여야 영생을 얻으리이까눅18:18"의 물음에 주님은 "예수께서 이르시되 네가 어찌하여 나를 선하다 일컫느냐 하나님 한분 외에는 선한 이가 없느니라눅18:19"라 답하셨다. 그리고 "하나님께서 나사렛 예수님께 성령님과 권능으로 기름을 부으시매 그분께서 두루 다니시며 선을 행하시고 마귀에게 억눌린 모든 사람을 고치셨으니 이는 하나님께서 그분과 함께하셨음이라행10:38 KJV"라 하시며, 주님의 지상 사역을 "선善을 행하시고…"라 기록하고 있다. 동시에 구원받은 우리곧 교회는 "우리는 그의 만드신 바라 그리스도 예수 안에서 선한 일을 위하여 지으심을 받은 자니 이 일은 하나님이 전에 예비하사 우리로 그 가운데서 행하게 하려 하심이니라엡2:10"의 말씀과 "그가 우리를 대신하여 자신을 주심은 모든 불법에서 우리를 구속하시고 우리를 깨끗하게 하사 선한 일에 열심하는 친 백성이 되게 하려 하심이니라딛2:14"의 말씀처럼, 자신의 뜻을 따라 진리의 말씀으로 낳으신 분을 향한 삶의 태도, 즉 하나님의 선한 일에 열심을 내는 삶을 말하고 있다.

다시 말하면, 예수님도 선善하신 분은 하나님 한 분 뿐이라고 하셨고, 자

사에서, 그것도 하나님 자신의 판단과 관련하여 이 단어가 처음 사용된 것은 의미심장하다.(창1:10,12,18,21,25,31) 왜냐하면 천지를 창조하시는 과정 하나 하나의 결과가 하나님 의도하신대로 이루어진 것을 의미하기 때문이다. 그리고 그렇게 하나님의 계획대로 창조된 선한 한 과정 한 과정이 합하여져 창조계획 전체가 하나님의 의도대로 성취되어 완전한 세계가 된 것이다. 그 상태를 '선(טוב 토브, 善)'이라고 보신 것이다. 이는 이후로 성경이 말하는 선의 기준이 하나님의 창조의 목적과 밀접한 관련이 있음을 보여준다…"

기본적으로 Robert Young의 성경용어 색인사전에서는 טוב 토브"를 "to be good, to do good, good"으로 번역하고 있는 바, 이는 신약에서는 각각 ἀγαθός(아가도스, 롬8:28, 엡2:10), εὐεργετέω(유에르케테오, 행10:38), καλός(칼로스, 딛2:14)로 사용되고 있음을 볼 수 있다. 이외에도 톰슨 II 주석성경(1988)에서는 טוב 토브"를 "위대한(great, 시11:2, 계15:3)", "놀라운(wondrous, 욥37:14)", "완벽한(perfect, 신32:4)", "아름다운(beautiful, 전3:11)" 등으로 소개하고 있다. 이로써 하나님께서 창조하신 물질은 아름다우며 완벽하며 놀라운 것이다.(딤전4:4, 막7:19-20)

신은 아버지의 일뜻을 행하려 오셨는바, 선한 일을 행하신다고 하셨다. 요17:4, 히10:7 동시에 거듭난 성도들의 삶은 그리스도 예수 안에서 선한 일을 위하여 지으심받아, 선한 일에 열심하는 친백성이 되라 하셨다. 딛3:8, 사43:7,10 또한 "…그 뜻대로 부르심을 입은 자들에게는 모든 것이 합력하여 선善을 이루느니라곧 "선을 위해 모든 것이 합력한다. all things work together for good [KJV]" 하나님이 미리 아신 자들로 또한 그 아들의 형상을 본받게 하기 위하여 예수 그리스도 안에서 ; 엡1:4-5미리 정하셨으니 이는 그로 많은 형제 중에서 맏아들이 되게 하려 하심이니라 또 미리 정하신 그들을 또한 부르시고 부르신 그들을 또한 의롭다 하시고 의롭다 하신 그들을 또한 영화롭게 하셨느니라롬8:27-30"의 말씀에서도 하나님의 선善과 그 분의 뜻을 이룰 자 곧 하나님의 아들의 형상대로 회복되어 하나님의 경륜을 이행 할 자 의미로 "미리 아신 자들 곧 교회"이나 "예수 그리스도 안에서미리 정하신 그들곧 교회"로 "하나님의 뜻 곧 하나님의 선한 일을 위해하늘의 부르심을 입은 자들딤후1:9, 히3:1"이라고 표현한 점을 잘 이해하고 있어야 한다. 고로 선善한 일은 "하나님 아버지의 뜻을 이루고 하나님의 영광을 위한 일"임을 쉽게 알 수가 있다. 이 선한 일은 오직 성령과 능력으로 기름부으심으로 이루어지는 것이다. 행10:38 주님의 지상사역이 어디 노예신분제도를 개혁하고 가난한 자를 위한 구제와 같은 인륜 도덕적 기반의 사회사업 중심이셨나? 오히려 자신을 보내신 이의 영적인 뜻을 이루는 데 열심을 내신 분이 아니셨나?히10:7, 요12:49-50, 18:37, 마4:17, 23-24, 눅13:32, 마26:11 이러므로 선善은 인륜 도덕적인 의미보다 근본적으로 영적인 의미가 더 크다. 위에서 살펴본 바와 같이 영적인 의미로는 하나님과 동행하여 하나님과 함께 하나님의 일을 지칭할 때 사용되는 단어이다. 마19:17, 엡2:10 이와 반대되는 단어는 죄와 악惡인데, 이는 각각 하나님과의 분리와 그로 인한 결과를 말하는 단어임을 잘 알고 있다. 렘2:13,19 그래서 선악을 경험한다는 영적인 의미는 하나님과 함께 있는 경험과 하나님을 떠나 분리되는 경험을

의미하게 된다. 창3:22

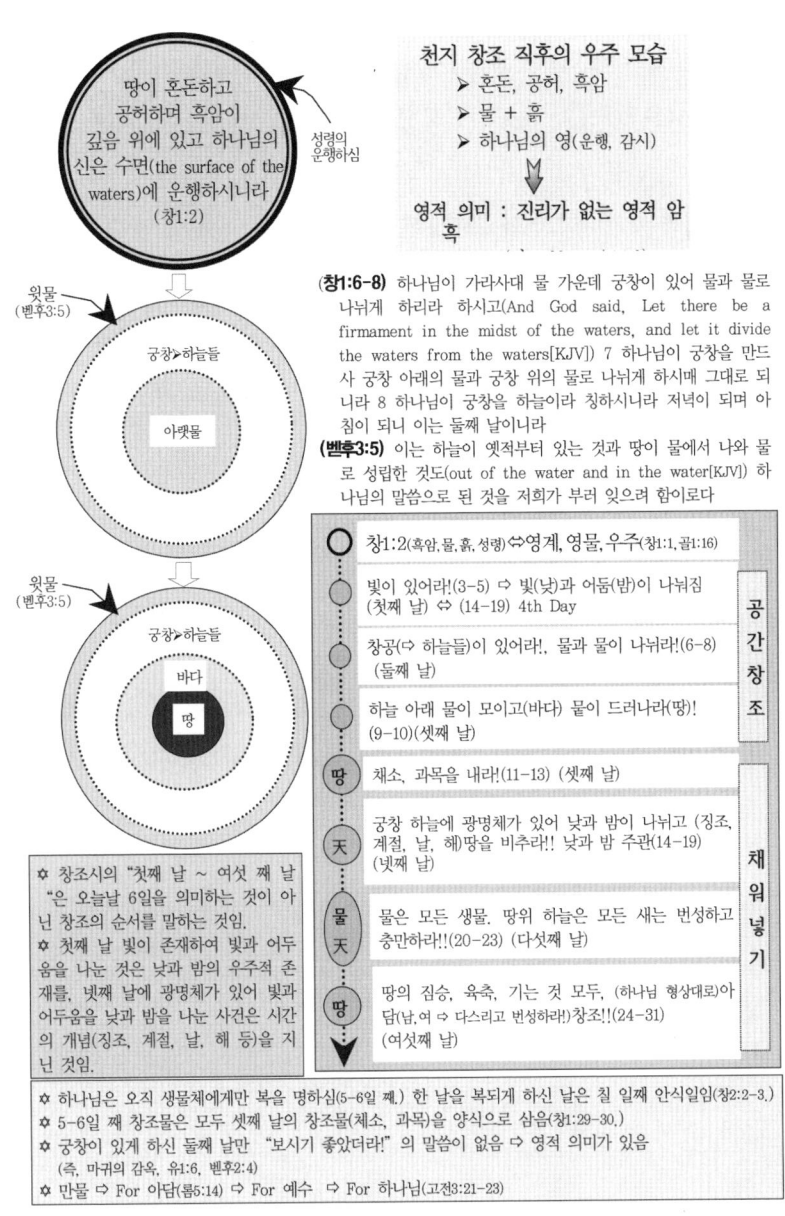

[그림2. 창세기 1장의 창조 순서와 영적 의미]

아담은 에덴에서 하나님과 깊은 관계를 맺고 살았다. 그러나 선악을 아는 열매를 먹고는 하나님과 분리되었다. 마지막 아담 되신 예수님도 하나님과 함께 계셨으나요1:18, 10:30, 십자가 위에서 우리 대신 "죄와 저주"가 되심으로 하나님과의 분리를 경험하셨다.고후5:21, 롬8:3, 갈3:13, 마27:46 그러나 하나님은 주님을 부활시키심으로 죄 없는 하나님 아들임을 증거하셨고롬1:4, 온 인류는 하나님과 화해하게 된 사실을 우리는 잘 알고 있다.골1:20, 엡1:10 물론 하나님을 알고 믿는 백성으로서 사랑의 섬김과 구제행위로세상의 빛[25]과 소금 역할을 감당함으로 인류 도덕적인 선한 행실을 통하여 영혼을 구원하며 하나님의 영광을 드러내기도 해야 한다.이를 영적 의미와 함께 "선악을 분별하여 행한다"라고 함 ; 히5:14, 눅10:25-37

"…이는 하나님을 믿는 자들로 하여금 조심하여 선한 일을 힘쓰게 하려 함이라 이것은 아름다우며 사람들에게 유익하니라딛3:8"

"모든 선한 일에 너희를 온전케 하사 자기 뜻을 행하게 하시고 그 앞에 즐거운 것을 예수 그리스도로 말미암아 우리 속에 이루시기를 원하노라 영광이 그에게 세세무궁토록 있을지어다.히13:21"

---

25) 구원받은 성도를 성경에서는 "너희가 전에는 어두움이더니 이제는 주 안에서 빛이라 빛의 자녀들처럼 행하라(엡5:8)"이라며, "빛(곧 성령)의 열매는 모든 선함($\alpha\gamma\alpha\theta\omega\sigma\upsilon\nu\eta$ 아가도쉬네)과 의로움과 진실함에 있느니라 주께 기쁘시게 할 것이 무엇인가 시험하여 보라(엡5:9-10)"라고 했다. 하나님께서 창조 매 단계마다 기뻐하실 때를 하나님의 선(善)과 연관되어 있기에 그러했다. 바울은 "너희 안에서 행하시는 이는 하나님이시니 자기의 기쁘신 뜻을 위하여 너희로 소원을 두고 행하게 하시나니(빌2:13)"라시며, 영원 전에 작정하신 은혜의 경륜을 위해 소원을 두시고 행하게 하심을 말하는 것이다. 빛(영광)은 하나님 자신이시요(요일1:5, 요5:9, 12:46) 빛 가운데 행하신다.(요일1:7, 요12:44-46, 8:12, 9:5) 선한 행실을 통하여 하나님께서 영광을 받으신다고 하셨다.(마5:16, 히13:21) 이 선한 행실이 바로 빌2:13에서처럼, 성도 안에서 행하시는 하나님의 일을 말하는 것이 아니겠는가!(요일2:6, 요3:32) 성도가 빛을 발한다는 의미는 자기 안에서 행하시는 이를 통하여 영광과 증인된 삶을 의미한다. 주님의 나타나심이요(요14:21) 성령의 나타나심을 말하는 것이다.(요7:38-39, 고전2:4) 아멘!

아멘!

하여 하나님이 창조 매 단계마다 "선善하다"라 하신 이유가 하나님의 뜻과 목적을 이행하는 첫 번째 단계였음을 이해할 때 하나님의 벅찬 심정을 제대로 이해할 수가 있는 것이다.

2.2 "하나님 아들"로서의 아담

모세는 자신이 서 있는 자리에서 시공간의 시작이요 무無nothing에서 유有로 창조ברא바라 to create ← 하나님 만이 주어가 되어 행하심을 나타냄. 하나님의 주권적이며 근원적인 능력을 의미함. 하나님은 모든 것의 시작이요 근원이 되시며, 동시에 만물의 주재가 되심을 의미함되는 창세기1장의 모습을 성령 안에서 보았다. 다시 언급하지만 창세기1장은 하나님께서 영원 전에 정하신 하나님의 작정을 이루어 나가시는 그 첫번 째 작업을 기록한다. 즉 하나님 자신을 계시하고 증거 할 세계, 하나님 자신의 계획을 펼쳐나가실 활동 무대인 피조 세계를 창조하시는 것이었다. 곧 창세기1:1이 바로 피조 세계의 등장을 선포하며 시간과 공간의 출발을 알리는 말씀이요, 창세기 1:2에서 창조된 땅여기서는 우주 땅을 의미함을 묘사하는 것으로 시작으로 첫째 날에서 여섯째 날까지, 공간의 형성과 채움의 창조 사역을 말하고 있다. 특히 창조 6일째 마지막 부분에서 언급되는 아담의 창조는 그 정점climax를 이룬다.

여기서 우리가 '주목하는 것은 바로 아담이 창조될 시의 모습이다. 즉 "하나님이 가라사대 우리의 형상을 따라 우리곧 삼위일체 하나님의 모양대로 우리가 사람아담 아담을 만들고 그로 바다의 고기와 공중의 새와 육축과 온 땅과 땅에 기는 모든 것을 다스리게 하자 하시고창1:26"의 말씀과 "주 하나님께서 땅의 흙으로 사람을 지으시고 생명의 숨26)을 그 코에 불어넣으시니 사람이

---
26) "생명의 숨(곧 생기 the breath of life)"은 성령을 의미한다. 창세기 2:7에서 하나님께서 아담을 창조하실 때 성령의 개입을 말씀하신다. 주님도 성령으로 거듭나게 하실 때 "육으로

살아 있는 혼魂이 되니라창2:7 KJV"의 말씀이다. 이렇듯 하나님의 경륜 안에서의 창조 사역은 예정되고 택정되신 예수그리스도께서 이 땅에 오시기 전에 선행되는 일이 있었으니 바로 천지만물과 아담의 창조사건이다. 영원 전에 영생永生을 약속하신 하나님은 만물을 창조하시고, 그 마지막 정점에 만물의 영장靈長으로 하나님 자신의 형상과 그 모습대로 아담곧 사람을 지으신 것이다. 창1:26

한편 바울은 로마서에서 영적 거듭남과 성령내주 사건, 주님 재림 시 성도의 육체 부활에 대한 소망을 "피조물만이 아니라 성령을 하나님의 첫 선물로 받은 우리 자신도 하나님의 자녀가 되는 날과 우리의 몸이 해방될 날을 고대하면서 속으로 신음하고 있습니다.롬8:23 [공동번역]"라고 적고 있다. 특히 야고보는 거듭나는 사건을 "하나님께서는 뜻을 정하시고 진리의 말씀으로 우리를 낳으셨습니다. 그래서 우리는 모든 피조물의 첫 열매가 된 것입니다.약1:18 [공동번역]"라고 표현했다. 여기서 우리가 주목해야 할 부분은 이렇다. 즉 아담은 성령으로 하나님의 형상을 지닌 하나님의 아들로 지음 받았음창1:26, 2:7, 눅3:38을 앞에서 다룬 바, 이는 우리가 성령으로 새로운 피조물곧 중생이 되는 영적원리와도 동일하다.요3:5-6, 고후5:17, 엡4:23-24, 슥12:1 그래서 야고보 사도가 말한 바 "…우리는 모든 피조물의 첫 열매가 된 것입니다"라는 부분을 확대성경번역본AMPC에서는 "하나님 자신에게로 봉헌되게 창조하신 한 표본a sample of what He created to be consecrated to Himself"이라고 번역했다. 27) 다시 말하면, "…만물이 다 너희 것임이라…너희는 그리스도의 것이요 그리스도는 하나님의 것이니라고전3:21-23"의 말씀처럼, 창조 6일 전반부까지의 만물 창조는 아담을 향한 일이었고, 아담은 그

난 것은 육이요 성령으로 난 것은 영이니(요3:6)"라 하시며 영의 창조를 말씀하셨다. 고로 아담이 창조될 시에 이미 성령으로 아담의 영이 창조되었음을 의미한다.(슥12:1, 엡2:1)

27) And it was of His own [free] will that He gave us birth [as sons] by [His] Word of Truth. so that we should be a kind of firstfruits of His creature [a sample of what He created to be consecrated to Himself](James1:18)[AMPC]

리스도를 향하며, 그리스도는 하나님을 향한 것임을 말하는 것으로, 만물 창조 중에 아담을 하나님께로 봉헌된 첫 그리스도의 것이라는 의미이기도 하다. 할렐루야!

앞에서 언급된 대로 경륜의 핵심이 바로 하나님의 영원과 생명을 누리고 이를 이 땅에 드러내어 증거하는 것인데, 이 모든 것을 완성하실 이가 바로 그 아들 예수그리스도시라 했다. 그런데 주님이 육신으로 이 땅에 모습을 드러내시기 전에 이렇게 오실 이를 예비하고 준비하는 모형으로서 아담이 먼저 창조되었음을 기억해야 한다. "…아담은 오실 자의 표상이라롬5:14"의 말씀이 바로 그것이었다. 창세기1:26에서의 '아담'은 삼위일체 하나님의 형상과 모양대로 지음을 받은 이름으로 묘사되는 바, 누가는 이를 예정된 하나님의 아들이라 묘사했다.예수님이 육신을 입으시고 오실 것이 예정과 택하심을 입은 바와 같이, 그 모형인 아담도 동일함. 눅3:38, 롬8:29, 벧전1:19-20, 2:4,6, 행3:20 참고로 아래에 상술하겠지만바울은 예수님을 보이지 않으시는 하나님의 형상으로 자신을 보내신 이를 증거하는 이로 묘사하고 있다. 골1:15, 요1:18, 3:32-34, 계3:14

(눅 3:38) …아담은 하나님의 아들이었느니라[KJV]

(롬 8:29) 이는 하나님께서 미리 아신 자들을 또한 예정하사 자신의 아들의 형상과 같은 모습이 되게 하셨음이니 이것은 그분으로 하여금 많은 형제들 가운데서 처음 나신 분이 되게 하려 하심이니라[KJV]

(골 1:15) 그는 보이지 아니하시는 하나님의 형상이요…

(요 1:18) 어느 때고 하나님을 본 사람이 없으되 아버지 품 속에 계신 독생자((獨生子 the only begotten Son)께서 그분을 밝히 드러내셨느니라[KJV]

(계 3:14) 라오디게아 교회의 사자에게 편지하기를 아멘이시요 충성되고 참된 증인이시요 하나님의 창조의 근본이신 이가 가라사대

(요 3:32-34) 그가 그 보고 들은 것을 증거하되 그의 증거를 받는 이가 없도다 33 그의 증거를 받는 이는 하나님을 참되시다 하여 인쳤느니라 34 하나님의 보내신 이는 하나님의 말씀을 하나니 이는 하나님이 성령을 한량 없이 주심이니라

하나님이 때가 차매 그 아들을 보내사 여자에게 나게 하시고 율법 아래에 나게 하신 이유는 율법 아래에 있는 자들을 속량하시고 아들로 삼으시어 만유의 상속자가 되게 하신 것이었다. 갈4:4-7, 롬8:17, 히1:2 동시에 주님이 육신을 입으시고 이 땅에 오신 이유 또한 바로 하나님의 뜻 곧 직무와 기능, 곧 사명을 행하시고 보이지 아니하는 참 하나님[28]을 계시하며 증거하려는 의도였다. 이런 의미에서 예수님을 '참 하나님'이라 하심. 요일5:20, 요3:31-33, 계3:14, 요1:18, 14:9, 18:37, 사42:8, 48:11 그런데 예수님의 모형이 바로 아담인 바, 아담의 창조에 숨어있는 하나님의 의도와 비밀 즉 예수그리스도 안에서 자신의 뜻의 결정대로 자신의 아들되게 하시어 영원 전에 약속하신 은혜의 경륜에 동참하게 하시려는 하나님의 마음을 놓쳐서는 안된다. 엡3:2-11, 골1:26-28, 고전2:7

(요 14:9) 예수께서 가라사대 빌립아 내가 이렇게 오래 너희와 함께 있으되 네가 나를 알지 못하느냐 나를 본 자는 아버지를 보았거늘 어찌하여 아버지를 보이라 하느냐

---

28) 사도 요한은 예수님을 "참하나님(알레디노스 데오스 ἀληθινός θεός)"이라 기록한다. (요일 5:20) 여기서 "알레디노스 ἀληθινός"는 "알레데스 ἀληθής"에서 유래한 바, 이는 부정어 '아 α'와 '감추다'의 의미인 "란다노 λανθάνω"의 합성어이다. 즉 "감추인 것을 드러낸다"의 의미다. 다시 말하면, 예수님은 보이지 않으시는 하나님을 드러내고 계시하시는 분이심을 나타낸다. (요3:31-33, 계3:14, 요1:18 KJV, 요14:9, 18:37) 동시에 예수님을 '영생'이라 기록한다. 이 '영생'이 성령으로 삼위일체 하나님을 알고 누리는 의미를 내포하고 있다. (요 17:3, 요일1:3-4, 3:24, 벧후1:2-4, 3:18) 예수님은 자기백성을 구원하시는 이름(마1:21)이자 하나님이 이들과 함께하시는 이름(곧 임마누엘)이시다. (마1:23, 출29:45-46) 창세 전에 약속하신 계시적 경륜의 원시복음(영생, 딛1:2)의 계시요 완성이신 이가 바로 예수님이시다. (요12:49-50, 마1:23)

(사 42:8) 나는 여호와니 이는 내 이름이라 나는 내 영광을 다른 자에게, 내 찬송을 우상에게 주지 아니하리라

(사 48:11) 내가 나를 위하며 내가 나를 위하여 이를 이룰 것이라 어찌 내 이름을 욕되게 하리요 내 영광을 다른 자에게 주지 아니하리라

(엡 3:2) 너희를 위하여 내게 주신 하나님의 그 은혜의 경륜을 너희가 들었을 터이라

이렇듯 하나님의 경륜관점에서 보면, 하나님이 자신을 닮은 형상으로 아담을 창조하심은 아들되게 하시려는 예지예정된 사건이셨다. 바울도 "우리가 알거니와 하나님을 사랑하는 자 곧 그 뜻대로 부르심을 입은 자들에게는 모든 것이 합력하여 선善을 이루느니라 29 하나님이 미리 아신 자들로 또한 그 아들의 형상을 본받게 하기 위하여 미리 정하셨으니 이는 그로 많은 형제 중에서 맏아들이 되게 하려 하심이니라롬8:28-29"라 하여 하나님의 선善을 위해 미리 아시고 미리 정하신 바가 바로 아들 예수의 형상을 본받게 하기 위함이셨음을 말하고 있지 않는가?곧 하나님 아들의 모임인 교회에 대한 예지예정임, 엡1:4-5,11, 히2:11

(엡 1:4-5) 곧 창세 전에 그리스도 안에서 우리를 택하사 우리(곧 교회)로 사랑 안에서 그 앞에 거룩하고 흠이 없게 하시려고 5 그 기쁘신 뜻대로 우리(곧 교회)를 예정하사 예수 그리스도로 말미암아 자기의 아들들이 되게 하셨으니

(엡 1:11) 모든 일을 그 마음의 원대로 역사하시는 자의 뜻을 따라 우리(곧 교회)가 예정을 입어 그 안에서 기업이 되었으니

(갈 4:5,7) 율법 아래 있는 자들을 속량하시고 우리로 아들의 명분을 얻게 하려 하심이라 7 그러므로 네가 이 후로는 종이 아니요 아들이니 아들이면 하

나님으로 말미암아 유업을 이을 자니라

(히 2:11) 거룩하게 하시는 자와 거룩하게 함을 입은 자들이 다 하나에서 난 지라 그러므로 형제라 부르시기를 부끄러워 아니하시고

말씀이 육신이 되어 오신 이 곧 마지막 아담이신 하나님 아들 예수그리스도를 성령께서 왜 하나님의 아들이라 고백하게 하셨고, 그 모형인 첫 사람 아담을 또한 아들되게 하신 이유를 묵상해 볼 때가 된 것이다.

"그러므로 기록된바, 첫 사람 아담은 살아 있는 혼이 되었다 함과 같이 마지막 아담은 살려 주는 영이 되셨느니라 고전 15:45 KJV"

"시몬 베드로가 대답하여 가로되 주는 그리스도시요 살아 계신 하나님의 아들이시니이다… 이를 네게 알게 한 이는 혈육이 아니요 하늘에 계신 내 아버지시니라 마 16:16-17"

"천사가 대답하여 가로되 성령이 네게 임하시고 지극히 높으신 이의 능력이 너를 덮으시리니 이러므로 나실 바 거룩한 자는 하나님의 아들이라 일컬으리라 눅 1:35"

아멘!

2.2.1 하나님의 마음을 아는 유일한 자

마11:27에서 주님은 "내 아버지께서 모든 것을 내게 주셨으니 아버지 외에는 아들을 아는 자가 없고 아들과 또 아들의 소원대로 계시를 받는 자 외에는 아버지를 아는 자가 없느니라"라 하셨다. 이는 아버지와 아들과의 관

계성을 묘사한 말씀이다. 동시에 "하늘로서 소리가 있어 말씀하시되 이는 내 사랑하는 아들이요 내 기뻐하는 자라 하시니라마3:17"의 말씀은 아들을 향한 아버지의 마음이다. 여기서 '알다'는 "에피기노스코 ἐπιγινώσκω"인데, 이는 "위로부터의 지식"의 의미를 지닌 단어로 이는 이성적 지식에 머무르는 것이 아닌, 깊은 관계성과 친밀성에서 오는 경험과 체험으로 인한 전적으로 온전히 이해하고 파악하는 지식을 말한다.

위의 두 말씀에서, 오직 아버지만이 아들의 마음과 사정을 알고, 동시에 아들과 아들의 소원대로 계시를 받은 자들곧 교회만이 아버지의 마음과 사정을 안다는 것이다. 이는 오직 삼위일체의 한 위격되신 성령으로 이루어지는 일이라 바울은 증거한다.고전2:10-11

> "오직 하나님이 성령으로 이것을 우리에게 보이셨으니 성령은 모든 것 곧 하나님의 깊은 것이라도 통달하시느니라 사람의 사정을 사람의 속에 있는 영 외에는 누가 알리요 이와 같이 하나님의 사정도 하나님의 영 외에는 아무도 알지 못하느니라고전2:10-11"

> "…우리에게 주신 성령으로 말미암아 그가 우리 안에 거하시는 줄을 우리가 아느니라요일3:24"

> "그의 성령을 우리에게 주시므로 우리가 그 안에 거하고 그가 우리 안에 거하시는 줄을 아느니라요일4:13"

아멘!
할렐루야!

하나님은 아담을 창조하실 때 창세기2:7에서처럼, 흙으로 육신을 지으시고 코에 생기를 불어넣으심으로 하나님의 형상을 지녀 하나님을 닮게 하셨고요3:5-6, 엡4:23-24, 5:1, 고전12:13하, 요일3:9, 벧후1:3-4, 하나님의 아들로 지음 받게 하셨다. 창1:26, 눅3:38 사도 요한은 이렇게 탄생된 자는 "하나님의 씨곧 생명을 포함한 유전형질"를 소유하고 있고요일3:9, 천하 만국의 영광과 권위를 지녔다고 했다. 눅4:5-6

"하나님께로서 난 자마다 죄를 짓지 아니하나니 이는 하나님의 씨가 그의 속에 거함이요 저도 범죄치 못하는 것은 하나님께로서 났음이라요일3:9"

"마귀가 또 예수를 이끌고 올라가서 순식간에 천하 만국을 보이며 가로되 하나님이 아담에게 주시던 이 모든 권세와 그 영광을 내가 네게 주리라 이것은 아담의 타락으로 인해 내게 넘겨준 것이므로…눅4:5-6"

아멘!

하나님은 영이시기에 손으로 만질 수도 육안으로 볼 수 있는 물질적 존재가 아니시다. 고로 하나님의 씨는 하나님의 영적 유전형질DNA인 하나님의 본성과 속성을 말한다. 그런데 아담이 하나님의 씨인 하나님의 본성과 속성을 지닌 자이기에 진실로 자신을 창조하신 어버지를 알 수 있는 상태[29]

---

[29] 성령으로 중생한 이들은 마음의 영(곧 심령 the spirit of a mind)이 새롭게 된 자들로(엡4:23), 성령을 선물로 받게 된다.(행2:38) 이때 성령님은 아들의 영을 의롭게 된 자들의 심령 가운데 보내사 자신을 창조한 하나님을 아바, 아버지라 부르게 한다.(롬8:15-16) 다시 말하면 중생한 영은 성령으로 창조주 하나님을 알게 된다는 의미다.(요일3:24, 4:13) 참고로, 죄인이 죄사함받고 구원받아 거듭났을 때를 바울은 고후5:17에서 "새로운 피조물로 새것이 되었다"고 표현했다. 여기서 새로움과 새것에서 사용되는 단어가 "카이노스 καινός"로서, "해 아래 새 것이 없다"라 고백한 전도서 기자가 표현한 것처럼, 하늘 아래에서 발견되지 않는(전1:9), 오직 위(하늘, 천국)에 속한 것을 말할 때 사용되는 단어다.(참고로, 해 아래에서 새로움을 표현하는 단어는 갱신되어 새롭게 되는 "네오스 νεος"를 사용함. 그러므로 "위로부터 새로움("아나-네오스, ἀνα-νεος)"을 "카이노스 καινός"라

로 지음 받았음을 강하게 암시한다. 동시에 형상은 볼 수 있고 만질 수 있는 실체이기에, 보이지 않으신 하나님을 보고 만지고 느끼게 하는 자요일1:1-2, 요1:14, 곧 예수님처럼 보이지 않는 하나님을 계시하고 증거하고 나타내는 자30) 임을 나타낸다. 골1:15, 요14:9, 1:18 할렐루야!

(골 1:15) 그는 보이지 아니하시는 하나님의 형상이요 모든 창조물보다 먼저 나신 자니

(요 1:18) 어느 때고 하나님을 본 사람이 없으되 아버지 품 속에 계신 독생자(獨生子)께서 그분을 밝히 드러내셨느니라 No man hath seen God at any time; the only begotten Son, which is in the bosom of the Father, he hath declared [him][KJV]

(요 14:9) 예수께서 가라사대…나를 본 자는 아버지를 보았거늘 어찌하여 아버지를 보이라 하느냐

(눅 3:38) … 아담은 하나님의 아들이었느니라[KJV]

할 수 있음) 죄와 허물로 죽은 자연인은 새로운 피조물이라는 단어를 사용하지 않는다. 오직 성령으로 거듭난 자에게 붙는 단어이다. 이 땅에 속하지 않는 "전혀 다른 새로운 종의 피조물(a brand new species)"을 의미한다. 이를 바울은 "하나님을 따라(after God, followers of God, 엡5:1) 의와 진리의 거룩함으로 지으심을 받은 새 사람을 입은 자(엡4:23-24)"이라 표현했다.

30) 하나님의 이름으로 불려지는 이는 "하나님의 택하심과 기름 부음을 받은 자"와 근원적으로 일반이다.(사43:7, 단9:19) 이는 사명의 합법성과 자격이 인정받는다는 의미로, 오직 하나님께서 부르시고 택하신 백성과 사람을 말한다. 아브라함을 출발로(창12:1-3, 마22:32), 이스라엘 백성이 그러했고 모세가 그러했다.(신7:7, 사43:7, 출3:14) 그리고 그 클라이막스가 예수님이셨고(요8:56, 갈3:16, 행10:38), 주님과 하나된 교회였다.(갈3:7,29, 고후1:21, 행11:26) 이 모든 이들의 하나같은 공통목적은 '증인되는 것'이었다.(사43:10,12, 행1:8, 계3:14) 하나님은 "내가 여호와인 줄 알리라!"하신 것처럼 자신이 온 열방에 인정받기를 원하셨다.(시67:7, 롬1:20, 합2:14, 사11:9) 아담은 예수님의 모형이요 교회의 모습을 담고 있다. 천하의 영광과 권위를 소유한 통치자였다.(창1:26, 눅4:6) 아담에게 주어진 통치권은 하나님의 이름과 그 생명으로 인해 발생한다.(창1:26, 2:7, 빌2:10-11, 엡1:21, 롬5:17하) 주님께서 아버지의 이름으로 오시어 아버지의 이름으로 행하시고(요5:43, 10:25, 그 이름을 보존하시고 세상에 증거하신 것처럼(요17:12), 교회에 맡겨진 사명도 그러하다.(요17:26, 12:28, 14:12) 그러므로 아담에게도 이러한 동일한 사명이 주어짐은 당연한 것이다.

(창 1:26) 하나님이 가라사대 우리의 형상을 따라 우리의 모양대로 우리가 사람을 만들고…

(롬 5:14) … 아담은 오실 분의 모형이라.

2.2.2 예배자[31]

성경은 "…이 세상이 자기 지혜로 하나님을 알지 못하므로…고전1:21"라 말씀하신다. 같은 영적원리로 세상 지혜로는 하나님 아들도, 하나님의 영도, 그리고 심지어는 성도조차도 모르며 깨닫지 못한다고 했다.고전2:8, 요7:27, 8:14,19, 요일3:1, 롬3:11

세상 사람들도 정신과 의식세계, 각자의 인격을 소유했지만 여전히 하나님을 모르는 이유는 거듭남의 비밀에서 그 답을 찾아야 한다. 하나님은 영이시다.요4:24 그리고 영의 기관을 통하여 서로 교제가 이루어진다.롬8:16 그런고로 세상 사람들은 그들의 영이 시체와 같이 죽어있음으로 인해엡2:1, 마22:32 하나님을 인지하지 못하는 것은 어쩌면 당연한 결과라 할 수 있다.

그러면 사람의 영이 거듭나 죽었던 영이 살아나게 되면 그 사람의 영에서는 어떤 변화가 있는 것일까?

첫째로, 거듭난 영은 자신을 창조하신 분이 누구인지를 즉각적으로 인지認知하게 된다. 그리고 영의 말을 하게 된다. 그 첫 외침이 "아바, 아버지!"이다. 하나님을 아버지라고 부르는 것이다. 이것은 아들양자의 영을 받음으로 나타나는 영의 고백이자 인지의 외침이다. 이는 영의 고백이지 육의 소리가 아니다!

(롬 8:15-16) 너희는 다시 무서워하는 종의 영을 받지 아니하고 양자의 영을

---

[31] 정학영, 『재림을 준비하는 교회가 성령님과 동행하는 법』 대장간, 2021, pp37-44

받았으므로 우리가 아빠 아버지라고 부르짖느니라 16 성령이 친히 우리의 영과 더불어 우리가 하나님의 자녀인 것을 증언하시나니

(갈 4:6) 너희가 아들이므로 하나님이 그 아들의 영을 우리 마음 가운데 보내사 아빠 아버지라 부르게 하셨느니라

(히 12:9) …모든 영의 아버지께 더욱 복종하여 살려 하지 않겠느냐

(약 1:18) 그가…자기의 뜻을 따라 진리의 말씀으로 우리를 낳으셨느니라

양자가 되는 영을 받는 즉시 다시 말하면 하나님의 아들로 인침을 받는 순간에 자신의 출생 출발과 그 근원적 뿌리가 어디서부터 인지를 알게 된다는 말이다.또한 동시에 자연스럽게 성령의 감동으로 혼과 육의 고백이 따르게 됨 ; 약1:18, 고전 12:3 그리고 이 사실을 성령께서 친히 성도의 영과 더불어 증거하게 된다.롬 8:16, 고후1:22 아멘!

(고후 1:21-22) 우리를 너희와 함께 그리스도 안에서 굳건하게 하시고 우리에게 기름을 부으신 이는 하나님이시니 22 그가 또한 우리에게 인치시고 보증으로 우리 마음에 성령을 주셨느니라

(롬 8:16) 성령이 친히 우리의 영과 더불어 우리가 하나님의 자녀인 것을 증언하시나니

둘째로, 피조물과 창조주의 관계를 자연스럽게 알게 된다.창1:1 다시 말하면 피조물로서의 인간이 자신을 창조하신 창조주 하나님께 마땅히 취하고 드려야 할 것, 곧 경배와 찬양을 시작하게 된다.이를 하나님께 존경과 영광, 사랑을 표현하는 climax라 함

"아바! 아버지!"라는 고백 속에 하나님과 자녀의 관계성을 나타내는 동시에, 창조주모든 영의 아버지, 모든 빛의 아버지, 만유의 아버지 ; 히12:9, 약1:17, 엡4:6와

피조물과의 관계성을 드러낸다.

(롬 1:9) 내가 그의 아들의 복음 안에서 내 심령(spirit 영)으로 섬기는 하나님이 나의 증인이 되시거니와…
(롬 7:6)…우리가 영의 새로운 것으로 섬길 것이요 율법 조문의 묵은 것으로 아니할지니라
(엡 4:6) 하나님도 한 분이시니 곧 만유의 아버지시라 만유 위에 계시고 만유를 통일하시고 만유 가운데 계시도다
(히 9:14) 하물며 영원하신 성령으로 말미암아 흠 없는 자기를 하나님께 드린 그리스도의 피가 어찌 너희 양심을 죽은 행실에서 깨끗하게 하고 살아계신 하나님을 섬기게 하지 못하겠느냐
(요 4:23-24) 그러나 참되게 경배하는 자들이 영과 진리로 아버지께 경배할 때가 오나니 곧 지금이라. 이는 아버지께서 자기에게 이렇게 경배하는 자들을 찾으시기 때문이니라 24 하나님은 영이시니 그분께 경배하는 자가 반드시 영과 진리로 경배할지니라[KJV].

성경은 하나님은 참된 예배자를 찾으시고, 이들이 드리는 예배가 "신령영과 진정진리으로 드리는 예배"가 되어야 한다고 하셨다. 이는 바로 물말씀과 성령으로 거듭난 자의 영이 창조주께 취하는 첫 반응이며, 이러한 예배는 온전히 사람의 영이 성령에 이끌리어 하나님께 나아가며 부복俯伏하며 경배하는 것을 의미한다. 하나님께서 모세를 통하여 이스라엘 백성들을 출애굽시키신 근본 이유가 바로 여호와의 절기를 지키며 하나님을 섬기기עבד 아바드 위함이셨다. 출5:1, 8:1, 9:1, 29:42,46!

(빌 3:3) 이는 영 안에서 하나님을 경배하며, 그리스도 예수 안에서 기뻐하

고, 육신을 신뢰하지 않는 우리가 할례파임이니라[KJV]

(롬 1:9) 내가 그의 아들의 복음 안에서 내 심령(πνεῦμα 프뉴마, spirit, 영)으로 섬기는(λατρεύω 라트류오, serve, worship, 예배하다 봉사하다) 하나님이…

(롬 7:6) …우리가 영(πνεῦμα 프뉴마, spirit)의 새로운 것으로 섬길 것이요 (δουλεύω 둘류오, serve, 섬기다) 율법 조문의 묵은 것으로 아니할지니라

(롬 12:11) 일에는 게으리지 말고, 영 안에서 열심을 내며, 주를 섬겨라[KJV]

(출 5:1) 그 후에 모세와 아론이 가서 바로에게 이르되 이스라엘 하나님 여호와의 말씀에 내 백성을 보내라 그들이 광야에서 내 앞에 절기를 지킬 것이니라 하셨나이다

(출 8:1) 여호와께서 모세에게 이르시되 너는 바로에게 가서 그에게 이르기를 여호와의 말씀에 내 백성을 보내라 그들이 나를 섬길 것이니라

(출 29:42,46) 이는 너희가 대대로 여호와 앞 회막문에서 늘 드릴 번제라 내가 거기서 너희와 만나고 네게 말하리라 46 그들은 내가 그들의 하나님 여호와로서 그들 중에 거하려고 그들을 애굽 땅에서 인도하여 낸 줄을 알리라 나는 그들의 하나님 여호와니라

이렇게 영적으로 예배하는 자는 성령에 이끌리어 영으로 기도하며 찬양도 하게 된다.고전14:15, 엡5:19, 골3:16 이때 육체는 성령의 감동과 믿음으로 온전히 하나님의 임재 안에서 하나님께 찬양하며 경배를 드리게 된다.이를 "성전이 된다"라고 함. 곧 성전은 하나님께 기도하는 집이요 예배처소가 되기 때문임, 막11:17, 대하 2:6, 6:20

다윗 왕은 예루살렘으로 법궤가 들어올 때 하나님께 대한 감사와 기쁨이 충만하여 입은 에봇이 벗겨 내려오는 줄도 모르고 하나님 그분만을 향해 집중하여 온 몸으로 경배를 드렸다. 이는 마치 "주를 섬겨 금식할 때…행13:2"

처럼, 계시록4-5장에서 처럼 주님의 보좌 앞에 모여 드리는 천사들의 예배를 연상하게 한다.계4:8-11, 5:11-12

신령과 진정으로 드리는 자는 영으로도 기도와 찬양을 드리게 된다.고전 14:15, 엡5:19, 골3:16, 계14:3 그러면 예배 중에 성령께서 임재하시고 역사하시어 계시와 지혜, 각종 은사와 권능으로 충만하게 된다.고전14:26, 사11:2

(고전 14:15) 그러면 어떻게 할까 내가 영으로 기도하고 또 마음으로 기도하며 내가 영으로 찬송하고 또 마음으로 찬송하리라

(엡 5:19) 시(ψαλμός 프살모스)와 찬미(ὕμνός 휨노스)와 신령한 노래들(ᾠδή 오데)로 서로 화답하며 너희의 마음으로 주께 노래하며 찬송하며

(골 3:16) 그리스도의 말씀이 너희 속에 풍성히 거하여 모든 지혜로 피차 가르치며 권면하고 시와 찬미와 신령한 노래를 부르며 마음에 감사함으로 하나님을 찬양하고

(계 14:3) 저희가 보좌와 네 생물과 장로들 앞에서 새 노래를 부르니 땅에서 구속함을 얻은 십 사만 사천인 밖에는 능히 이 노래를 배울 자가 없더라

(고전 14:26) 그런즉 형제들아 어찌할까 너희가 모일 때에 각각 찬송시도 있으며 가르치는 말씀도 있으며 계시도 있으며 방언도 있으며 통역함도 있나니 모든 것을 덕을 세우기 위하여 하라

셋째로, 영을 소유한 사람은 하나님을 경외하며, 그분의 말씀도 경외하게 된다. 그리고 복종하게 된다.히12:9, 약1:17 다시 말하면 경건함과 두려움으로 하나님을 기쁘게 섬기게 된다.히12:28, 빌3:3 이로써 하나님을 더 깊이 알려는 갈망으로 넘쳐나게 된다.

(사 11:2) 그의 위에…여호와를 경외하는 영이 강림하시리니

(행 5:11) 온 교회와 이 일을 듣는 사람들이 다 크게 두려워하니라

(행 9:31) 그리하여… 주를 경외함과 성령의 위로로 진행하여 수가 더 많아지니라

(사 66:2)…무릇 마음이 가난하고 심령에 통회하며 내 말을 듣고 떠는 자 그 사람은 내가 돌보려니와

(히 8:11) …그들이 작은 자로부터 큰 자까지 다 나를 앎이라

(벧후 1:8) 이런 것이 너희에게 있어 흡족한 즉 너희로 우리 주 예수 그리스도를 알기에 게으르지 않고 열매 없는 자가 되지 않게 하려니와

(히 12:28) 그러므로 우리가 흔들리지 않는 나라를 받았은즉 은혜를 받자 이로 말미암아 경건함과 두려움으로 하나님을 기쁘시게 섬길지니

넷째로, 거듭난 영은 하나님의 씨가 그의 속에 거함으로 자신을 창조하신 분의 뜻과 마음을 알고 새로운 삶을 추구하게 된다. 골2:13 하나님의 본성 선과 사랑, 의, 생명대로 행하고자 한다. 요일5:1, 3:9상, 마22:37-40

(사 43:7,21) 내 이름으로 불려지는 모든 자 곧 내가 내 영광을 위하여 창조한 자를 오게 하라 그를 내가 지었고 그를 내가 만들었느니라…21 이 백성은 내가 나를 위하여 지었나니 나를 찬송하게 하려 함이니라

(롬 7:22) 내 속사람(곧 영)으로는 하나님의 법을 즐거워하되

(엡 2:10) 우리는 그가 만드신 바라 그리스도 예수 안에서 선한 일을 위하여 지으심을 받은 자니…

(요일 3:9) 하나님께로부터 난 자마다 죄를 짓지 아니하나니 이는 하나님의 씨가 그의 속에 거함이요 그도 범죄하지 못하는 것은 하나님께로부터 났음이라

(롬 5:5) 소망이 우리를 부끄럽게 하지 아니함은 우리에게 주신 성령으로 말

미암아 하나님의 사랑이 우리 마음에 부은 바 됨이니

(빌 2:13) 너희 안에서 행하시는 이는 하나님이시니 자기의 기쁘신 뜻을 위하여 너희로 소원을 두고 행하게 하시나니

(빌 1:6) 너희 속에 착한 일을 시작하신 이가 그리스도 예수의 날까지 이루실 줄을 우리가 확신하노라

(요일 5:1) 예수께서 그리스도이심을 믿는 자마다 하나님께로서 난 자니 또한 내신 이를 사랑하는 자마다 그에게서 난 자를 사랑하느니라

그러므로 죄를 짓는다거나 하나님 외에 다른 우상을 섬긴다는 것은 상상을 할 수가 없다.요일3:9, 5:1 하나님은 영의 사람들을 통해 영광과 찬양을 온전히 받으시기를 원하시는데사43:7, 60:6, 엡1:6,12, 요4:23-24 이것이 예배의 삶이요 하나님의 영광을 드러내는 삶이 되는 것이다. 롬12:1, 빌3:3 아멘!

(사 43:12) 내가 알려 주었으며 구원하였으며 보였고 너희 중에 다른 신이 없었나니 그러므로 너희는 나의 증인이요 나는 하나님이니라 여호와의 말씀이니라

(사 42:8) 나는 여호와니 이는 내 이름이라 나는 내 영광을 다른 자에게, 내 찬송을 우상에게 주지 아니하리라

(롬 12:1) 그러므로 형제들아 내가 하나님의 모든 자비하심으로 너희를 권하노니 너희 몸을 하나님이 기뻐하시는 거룩한 산 제물로 드리라 이는 너희가 드릴 영적 예배니라

(빌 3:3) 이는 영 안에서 하나님을 경배하며, 그리스도 예수 안에서 기뻐하고, 육신을 신뢰하지 않는 우리가 할례파임이니라[KJV]

끝으로, 영이 살아있는곧 영을 소유하고 있는 자는 그 영 속에 하나님의 생명

과 본성, 신성뿐만 아니라요일3:9, 롬5:5, 하나님혹은 하나님 나라의 부요함으로 채워지게 된다.골2:1-3, 엡1:3, 롬14:17 하나님 나라와 그의 영광에 들어갈 뿐만 아니라히2:10, 고후3:18, 벧전2:9, 요3:5, 주님과 함께 하나님의 상속자가 되어요3:35, 롬8:17, 엡1:13-14, 골1:12 생명과 경건에 속한 모든 것을 부여받으며 하나님의 신성에 참여하는 선물을 누리게 된다.벧후1:3-4 할렐루야!

(벧후 1:3-4) 그의 신기한 능력으로 생명과 경건에 속한 모든 것을 우리에게 주셨으니 이는 자기의 영광과 덕으로써 우리를 부르신 이를 앎으로 말미암음이라 4 이로써 그 보배롭고 지극히 큰 약속을 우리에게 주사 이 약속으로 말미암아 너희가 정욕 때문에 세상에서 썩어질 것을 피하여 신성한 성품에 참여하는 자가 되게 하려 하셨느니라

(엡 1:3) 찬송하리로다 하나님 곧 우리 주 예수 그리스도의 아버지께서 그리스도 안에서 하늘에 속한 모든 신령한 복을 우리에게 주시되

(롬 8:17) 자녀이면 또한 상속자 곧 하나님의 상속자요 그리스도와 함께 한 상속자니

(요 3:35) 아버지께서 아들을 사랑하사 만물을 다 그 손에 주셨으니

(엡 1:13-14) 그 안에서 너희도 진리의 말씀 곧 너희의 구원의 복음을 듣고 그 안에서 또한 믿어 약속의 성령으로 인치심을 받았으니 14 이는 우리의 기업에 보증이 되사 그 얻으신 것을 구속하시고 그의 영광을 찬미하게 하려 하심이라

(엡 3:6) 이는 이방인들이 복음으로 말미암아 그리스도 예수 안에서 함께 후사가 되고 함께 지체가 되고 함께 약속에 참예하는 자가 됨이라

(골 2:9-10) 그 안에는 신성의 모든 충만이 육체로 거하시고 10 너희도 그 안에서 충만하여졌으니 그는 모든 통치자와 권세의 머리시라

(엡 1:23) 교회는 그의 몸이니 만물 안에서 만물을 충만케 하시는 이의 충만

함이니라

이렇게 영을 소유한 자는 하나님의 것으로 만족하며고후3:5, 4:7,16, 주님을 더욱 사랑하며빌3:3, 하늘 복가장 큰 복: 구원을 세상에 나누어주며 증거하는 자가 된다.창12:3, 벧전3:9, 마10:12 아멘!

(고후 3:5) 우리가 무슨 일이든지 우리에게서 난 것 같이 생각하여 스스로 만족할 것이 아니니 우리의 만족은 오직 하나님께로부터 나느니라

(고후 4:16) 그러므로 우리가 낙심하지 아니하노니 겉사람은 후패하나 우리의 속은 날로 새롭도다

(빌 3:3) 하나님의 성령으로 봉사하며 그리스도 예수로 자랑하고 육체를 신뢰하지 아니하는 우리가 곧 할례당이라

(고후 5:9) 그런즉 우리는 몸으로 있든지 떠나든지 주를 기쁘시게 하는 자가 되기를 힘쓰노라

(고후 5:14) 그리스도의 사랑이 우리를 강권하시는도다…

(벧전 3:9) 악을 악으로, 욕을 욕으로 갚지 말고 도리어 복을 빌라 이를 위하여 너희가 부르심을 받았으니 이는 복을 이어받게 하려 하심이라

(벧전 2:9) …너희를 어두운 데서 불러내어 그의 기이한 빛에 들어가게 하신 이의 아름다운 덕을 선포하게 하려 하심이라

이미 앞에서도 언급된 사항이지만, 하나님은 흙에서 육체를 지으시고 그 코에 생기를 불어넣어 하나님의 형상을 지니게 하신 아담이를 "영을 지니게 하시고, 하나님의 생명과 의, 거룩함을 지니게 하셨다"라고 표현함, 골3:10, 엡4:23-24, 슥12:1을 에덴동산에 두셨다. 그리고 그에게 주신 바 첫 말씀이 바로 에덴동산을 경작하고 지키는 일이었다. 창2:15 이것은 기름 부음 받은 그룹이 있던 환경과도

너무나 유사하다.겔28:12-14 기름 부음 받은 그룹이 완전한 규모와 완벽한 아름다움과 함께 충만한 지혜를 지니게 되었고, 피조물로서 완전하게 지음 받아 각종 보석으로 가득한 동산 에덴에서 불타는 돌들 사이로 왕래하며 하나님의 영광을 노래하며 하나님을 나타내도록 세움 받은 자였던 것처럼겔28:12-15, 아담 역시 하나님의 형상으로 지음 받아 하나님의 신적 속성으로 충만한 자였다. 하나님은 이러한 아담에게 '경작하라'는 말씀과 '지키라'는 말씀을 주셨다. 여기서 '경작하다'의 단어는 "עָבַד 아바드"로서 이는 "일하다, 예배하다, 스스로 종이 되다"의 뜻이 있다.

아담은 '아바드'의 의미대로 땀 흘려 일하되 그 삶이 예배의 삶이 되어야 했으며롬12:1, 동시에 스스로 하나님 앞에 종의 모습으로 섬겨야 했다.눅17:10 이러한 모습으로 에덴동산을 지키고 또한 자신을 지켜야 했다.잠4:23, 요일5:21 그러나 주지한 바와 같이 뱀의 미혹에 넘어가 이를 거부한 아담은 결국 에덴 동산에서 쫓겨나게 된 것이다.창3:24 이로써 땅은 타락한 아담으로 인하여 저주 아래 놓이게 되었고창3:17,14, 모든 인류는 하나님의 심판 아래 놓이게 되었다.롬5:12, 갈3:13, 롬3:19, 요일5:19 이로 인해 인간의 온갖 타락과 불의, 그리고 저주도 근본적으로 이러한 원죄 아래 있음으로 인한 현상이요 결과의 열매인 것이다.롬1:18-32

성경에 보면 하나님의 진노가 불의로 진리를 막는 사람들의 모든 경건하지 않음과 불의에 대하여 하늘로부터 나타난다고 했다.롬1:18 베드로후서 3:7에서는 "이제 하늘과 땅은 그 동일한 말씀으로 불사르기 위하여 보호하신바 되어 경건하지 아니한 사람들의 심판과 멸망의 날까지 보존하여 두신 것이니라."함으로 하나님의 심판은 경건하지 않은 자에 임하는 것임을 분명히 하고 있다. 그래서 노아의 홍수와 소돔 고모라의 심판도 경건하지 않는 자에게 임하는 하나님의 심판의 본으로 삼고 있다.벧후2:5-7

그리고 성경에서는 경건하지 않는 자를 죄인과 불의한 자벧후2:9, 그리고 하나님의 원수와 같은 개념으로 다루고 있다.롬5:6,8,10 왜 그런 것인가? 이는 경건이라는 단어의 뜻을 조금만 살펴보아도 충분히 이해가 된다. 즉 경건敬虔이라는 단어의 원어는 "εὐσέβεια 유세베이아"이다. 이 단어는 "εὐ 유 ; 좋은good"의 단어와 "σέβομαι 세보마이 ; 경배·예배하다"의 합성된 의미를 가진다. 다시 말하면 하나님을 기쁘게 자원하는 마음으로 경배하는 의미이다. 그래서 이를 영어로는 Godliness로 번역되어 하나님을 향하는 경외와 헌신의 자세와 태도를 말하고 있다. 믿는 자들이 받는 침례의식도 죄에 대해선 죽고 주님과 함께 항상 함께 연합하여롬6:3-5, 엡2:5-6, 고전10:2 양심이 항상 하나님을 향하는 믿음의 고백이다.벧전3:21

"물은 예수 그리스도의 부활하심으로 말미암아 이제 너희를 구원하는 표니 곧 세례라 육체의 더러운 것을 제하여 버림이 아니요 오직 선한 양심이 하나님을 향하여 찾아가는 것이라벧전3:21"

아멘!

그래서 경건하지 않는 자는 바로 하나님을 향하지 않고 경배하지 않는 모든 형태가 됨으로 이것이 죄요 하나님과 원수요 심판의 원인이 되는 것이다. 이러한 의미로 사람들이 거듭났을 때 그 첫 반응으로 사람의 영이 성령으로 "아바 아버지"라 부름으로 하나님을 향하기 시작하는 것이다.롬8:15-16 어쩌면 경건의 자리는 모든 피조물이 서야할 기본적인 자리와 위치요 또한 태도이다.32) 이러한 자는 하나님의 영광을 노래할 것이요 이런 자에게는 하

---

32) 거듭나기 전에는 "경건하지 않은 연약한 자이며, 하나님과 원수인 죄인(롬5:6,8,10)"이다. 그러나 거듭나게 되면 새로운 피조물이 되어 하나님의 형상을 지닌 경건한 자가 된다.(엡4:23-24, 고후5:17, 골3:10, 요일3:9) 바로 아들의 영을 받은 이들로 하나님을 아바! 아버지라 고백하며 예배자의 자리에 서게 되는 이유이다.(롬8:14-16) 말라기 선지자도 "한 분

나님의 보호하심과 축복하심이 임하는 것은 당연하다. 그리하여 경건의 훈련이 현세와 내세에서 범사에 유익이 있는 충분한 이유가 되는 것이다. 딤전 4:7-8

할렐루야!

아멘!

참고로 하나님은 사람보다 천사들을 먼저 지으셨고33)골1:16, 삼층 하늘에 두셨다. 천사도 사람과 같이 하나님의 피조물이지만 육체가 없는 영적 존재들이다. 하나님의 명령을 받아 이를 수행하며 하나님을 송축해야 하는 피조물임 ; 시 103:19-22

> (골 1:16) 만물이 그에게 창조되되 하늘과 땅에서 보이는 것들과 보이지 않는 것들과 혹은 보좌들이나 주관들이나 정사들이나 권세들이나 만물이 다 그로 말미암고 그를 위하여 창조되었고
>
> (시 103:19-22) 여호와께서 그 보좌를 하늘에 세우시고 그 정권으로 만유를 통치하시도다 20 능력이 있어 여호와의 말씀을 이루며 그 말씀의 소리를 듣는 너희 천사여 여호와를 송축하라 21 여호와를 봉사하여 그 뜻을 행하는 너희 모든 천군이여 여호와를 송축하라 22 여호와의 지으심을 받고 그 다스리시는 모든 곳에 있는 너희여 여호와를 송축하라 내 영혼아 여호와를 송축

이신 하나님이 네 아내를 만들지 않으셨느냐? 육체와 영이 둘다 하나님의 것이다. 한 분이신 하나님이 경건한 자손을 원하시는 것이 아니겠느냐?…(말2:15 새번역)"며 부부가 하나님의 소유가 되게 하신 이유가 바로 "경건한 씨(자손)"을 얻기 위함이라 했다. "여호와께서 자기를 위하여 경건한 자를 택하신 줄 너희가 알지어다 내가 부를 때에 여호와께서 들으시리로다.(시4:3)"말씀처럼, 하나님은 경건한 자를 택하시고 하나님의 증인이 되게 하신다. 하여 바울도 "하나님이 미리 아신 자들로 또한 그 아들의 형상을 본받게 하기 위하여 미리 정하셨으니 이는 그로 많은 형제 중에서 맏아들이 되게 하려 하심이니라(롬8:29)"의 말씀에서 예정 또한 "아들의 형상을 본받게 하기 위함"임을 강조했다. 결국 경건하지 않는 자에게 하나님의 진노와 심판이 임하게 되는 것이다.(벧후2:5-6, 3:7)

33) 정학영, 『하나님의 경륜과 피조 세계』 대장간, 2019, pp81-83

하라

이 천사들 중 일부인 "기름 부음 받은 천사그룹"가 있었고 이들에게는 지음 받을 때부터 소고와 비파가 준비되었다. 이는 곧 하나님을 찬양과 경배로 섬겨야 하는 그들의 신분겔28:13을 말하는 것이다. 그러나 이들은 그만 이를 망각하고 하나님께로 온 영광을 자기의 것으로 취하며 "마음에 이르기를 내가 하늘에 올라 하나님의 뭇 별 위에 내가 북극 집회의 산 위에 앉으리라 가장 높은 구름에 올라 지극히 높은 자와 같아지리라"하여 스스로 하나님이 되고자 함으로 피조물의 위치와 본분의 지위를 벗어나고 말았다. 하나님은 반역하고 범죄 한 천사LUCIFER 루시퍼, 계명성를 용서치 않으시고 어두운 구덩이 흑암에 던져 큰 날 심판 때까지 영원한 결박으로 가두시고 지키게 하셨다.벧후2:4, 유1:6

(겔 28:12-15) 인자야 두로 왕을 위하여 슬픈 노래를 지어 그에게 이르기를 주 여호와의 말씀에 너는 완전한 도장이었고 지혜가 충족하며 온전히 아름다웠도다 네가 옛적에 하나님의 동산 에덴에 있어서 각종 보석 곧 홍보석과 황보석과 금강석과 황옥과 홍마노와 낭옥과 청보석과 남보석과 홍옥과 황금으로 단장하였음이여 네가 지음을 받던 날에 너를 위하여 소고와 비파가 준비되었도다 너는 기름 부음을 받고 지키는 그룹임이여 내가 너를 세우매 네가 하나님의 성산에 있어서 불타는 돌들 사이에 왕래하였도다 네가 지음을 받던 날로부터 네 모든 길에 완전하더니 마침내 네게서 불의가 드러났도다

(사 14:12-15) 너 아침의 아들 계명성이여 어찌 그리 하늘에서 떨어졌으며 너 열국을 엎은 자여 어찌 그리 땅에 찍혔는고 네가 네 마음에 이르기를 내가 하늘에 올라 하나님의 뭇 별 위에 내가 북극 집회의 산 위에 앉으리라 가장

높은 구름에 올라 지극히 높은 자와 같아지리라 하는도다 그러나 이제 네가 스올 곧 구덩이 맨 밑에 떨어짐을 당하리로다

(벧후 2:4) 하나님이 범죄한 천사들을 용서하지 아니하시고 지옥(흑암 ; ταρταρώσας)에 던져 어두운 구덩이(σειραῖς ζόφου,, chains of darkness)에 두어 심판 때까지 지키게 하셨으며

(유 1:6) 또 자기 지위를 지키지 아니하고 자기 처소를 떠난 천사들을 큰 날의 심판까지 영원한 결박으로 흑암(ζόφον)에 가두셨으며

우리는 여기서 죄[히] חַטָּאת 핫타-스, [헬] ἁμαρτία 하마르티아의 원천에 대해 간단히 다루어야 할 필요가 있다. 사14:12-15, 겔28:12-15 앞에서도 잠시 언급되었지만, 원래 죄란 헬라 원어적으로 '하마르티아'에서 출발한다. 이 단어는 "과녁을 벗어나다"라는 의미를 가진 단어이다. 그러면 이 과녁이 무엇이겠는가? 이는 바로 "하나님 자신과 그의 말씀"을 의미한다. 다시 말하면 과녁을 벗어났다는 의미는 하나님으로부터 분리된 상태이며 하나님의 말씀과 뜻에 어긋난 상태를 말한다. 렘2:13,19 그런데 "기름 부음 받은 그룹"이라 불리던 천사는 오직 하나님을 찬양하고 경배하는 일을 위해 지음 받았고, 이 일을 위해 기름 부음을 받았으면(이것이 그의 지위요 머무는 장소가 그의 처소였음) 이렇게 행하신 하나님을 나타내고 증거 했어야 했다. 이를 위하여 하나님은 이들을 피조물로서 완벽하게 참으로 아름다우며 하나님의 지혜로 가득한 영광으로 존귀하게 만드셨다고 했음 그런데 "너는 기름 부음을 받고 지키는 그룹임이여" 함과 같이 하나님을 섬겨야 하고 그 처소를 지켜야하는 자신의 신분을 망각하고 교만하여져 스스로 하나님이 되고자 하였다. 자기 지위와 처소를 벗어나고 만 것이다. 이를 하나님께 대한 반역이라 말하고 이것을 하나님께 대한 죄라고 함 이렇게 되자 하나님은 범죄한 천사를 그의 따르는 영들이처럼 찬양과 경배를 맡은 영광의 그룹 중 1/3이 땅으로 쫓겨 내려왔음; 계12:4과 함께 흑암에 가두고 심판 때까지 지키게 하셨다. 루시퍼 LUCIFER

: 사탄 ,마귀, 용, 혹은 옛 뱀 ; 사14:11-12, 벧후2:4, 유1:6, 계12:9 이와 같이 피조물이 자신의 위치를 벗어나 하나님같이 되려고 하며, 또 하나님 없이 살려고 하는 것이 바로 "죄이를 원죄라 함"라고 한다. 사단이 죄의 근원이 된 것이다. 따라서 사단은 최초로 하나님께 범죄한 영이요 죄의 근원이며, 또한 모든 의의 원수이다. 요8:44, 행13:10 이런 이유로 아담을 에덴동산에 두시고 주신 말씀이 바로 "아바드경작하라"와 "샤마르에덴을 지키라"이신데, 이 말씀이 왜 그리 중요한지를 알게된다.

2.2.3 하나님의 경륜을 이룰 상속자

성경에는 다양한 비밀34)을 말하고 있다. 그런데 하나님의 비밀은 하나님께서 그의 종들에게 보이시며 행하신다고 했다.

> (암 3:7) 주 여호와께서는 자기의 비밀을 그 종 선지자들에게 보이지 아니하시고는 결코 행하심이 없으시리라

선지자는 택함받아 하나님의 기름 부으심으로 충만한 자로, 하나님의 심정으로 말씀을 선포하는 하나님의 종이다. 고전2:16, 계11:3 하나님의 깊은 것을 통달하시는 분은 오직 성령이시다. 고전2:10 하나님의 비밀과 하나님의 사정은 오직 성령님만이 아시는 것이기에 고전2:11 모든 선지자는 성령의 충만한 가운데 하나님의 깊은 것 곧 비밀을 선포했다. 계11:3-4,10

고로 선지자의 말은 곧 하나님의 계시의 말씀이기에 결코 흘러듣거나 무시해서는 안된다. 마10:40, 요일2:6

---

34) 하나님의 비밀(골2:2, 1:27), 그리스도의 비밀(엡3:4), 하나님 나라의 비밀(눅8:10), 믿음의 비밀(딤전3:9), 경건의 비밀(딤전3:16), 복음의 비밀(엡6:19), 짐승의 비밀(계17:7), 불법의 비밀(살후2:7) 등이 있음. 이 모든 비밀은 오직 성령으로 분별되고 드러나게 된다.(고전2:10-15)

(시 105:15) 이르시기를 나의 기름 부은 자를 만지지 말며 나의 선지자를 상하지 말라 하셨도다

(왕하 2:23-24) 엘리사가 거기서 벧엘로 올라가더니 길에 행할 때에 젊은 아이들이 성에서 나와서 저를 조롱하여 가로되 대머리여 올라가라 대머리여 올라가라 하는지라 24 엘리사가 돌이켜 저희를 보고 여호와의 이름으로 저주하매 곧 수풀에서 암콤 둘이 나와서 아이들 중에 사십 이명을 찢었더라

(행 5:3-5) 베드로가 가로되 아나니아야 어찌하여 사단이 네 마음에 가득하여 네가 성령을 속이고 땅값 얼마를 감추었느냐 4 땅이 그대로 있을 때에는 네 땅이 아니며 판 후에도 네 임의로 할 수가 없더냐 어찌하여 이 일을 네 마음에 두었느냐 사람에게 거짓말 한 것이 아니요 하나님께로다 5 아나니아가 이 말을 듣고 엎드러져 혼이 떠나니 이 일을 듣는 사람이 다 크게 두려워하더라

(마 10:40) 너희를 영접하는 자는 나를 영접하는 것이요 나를 영접하는 자는 나 보내신 이를 영접하는 것이니라

이러한 사명과 직분으로 기름 부음 받은 하나님의 종을 구약에서는 선지자혹 선견자라 했는데 신약에서는 주님의 몸된 교회가 하나님의 비밀을 맡은 자로 그 사명을 신실하게 감당하기를 원하신다. 엡3:3-10, 고전2:10, 4:1-2, 계11:3-4,10, 민11:29 즉 영원부터 만물을 창조하신 하나님 속에 감추었던 비밀의 경륜이 어떠한 것을 성령으로 보이시어 계17:3, 21:10, 1:10 드러낼 뿐 아니라 이제 교회로 말미암아 하늘에서 정사와 권세들에게 하나님의 각종 지혜를 알게 하시길 원하신다. 고전2:7,10-15, 엡3:9-10

(고전 2:7) 오직 비밀한 가운데 있는 하나님의 지혜를 말하는 것이니 곧 감추었던 것인데 하나님이 우리의 영광을 위하사 만세 전에 미리 정하신 것

이라

(고전 2:10) 오직 하나님이 성령으로 이것을 우리에게 보이셨으니….

(엡 3:9-10) 영원부터 만물을 창조하신 하나님 속에 감추었던 비밀의 경륜이 어떠한 것을 드러내게 하려 하심이라 10 이는 이제 교회로 말미암아 하늘에서 정사와 권세들에게 하나님의 각종 지혜를 알게 하려 하심이니

(요일 2:6) 저 안에 거한다 하는 자는 그의 행하시는 대로 자기도 행할지니라

(고전 4:1-2) 사람이 마땅히 우리를 그리스도의 일군이요 하나님의 비밀을 맡은 자로 여길지어다 2 그리고 맡은 자들에게 구할 것은 충성이니라

(고후 1:21-22) … 우리에게 기름을 부으신 이는 하나님이시니 22 저가 또한 우리에게 인치시고 보증으로 성령을 우리 마음에 주셨느니라

(행 11:26)…제자들이 안디옥에서 비로소 그리스도인(곧 기름 부음 받은 무리)이라 일 컬음을 받게 되었더라

(벧전 2:9) 오직 너희는 택하신 족속이요 왕 같은 제사장들이요 거룩한 나라요 그의 소유된 백성이니 이는 너희를 어두운데서 불러 내어 그의 기이한 빛에 들어가게 하신 자의 아름다운 덕을 선전하게 하려 하심이라

(계 11:3-4,10) 내가 나의 두 증인에게 권세를 주리니 저희가 굵은 베옷을 입고 일천 이백 육십 일을 예언하리라 4 이는 이 땅의 주 앞에 섰는 두 감람나무와 두 촛대(곧 교회)니 10 이 두 선지자가 땅에 거하는 자들을 괴롭게 한 고로 땅에 거하는 자들이 저희의 죽음을 즐거워하고 기뻐하여 서로 예물을 보내리라 하더라

(민 11:29) 모세가 그에게 이르되 네가 나를 위하여 시기하느냐 여호와께서 그 신을 그 모든 백성에게 주사 다 선지자 되게 하시기를 원하노라

우선적으로 하나님의 비밀은 곧 영원 전에 약속하신 언약이다. 딛1:2, 요

17:3, 요일1:3 이것을 앞에서 하나님의 계시적경륜이라 했다. 하나님은 이 비밀을 육체로 오신 이 예수님께 맡기셨고요12:49-50, 요일5:20, 성령으로 그의 몸 된 교회에 맡기셨다.엡1:11, 3:9-10, 고전2:10상 바울은 계시로 자신에게 알게 하신 이것을 하나님 속에 감추어졌던 비밀의 경륜이요 에베소 교회에게는 은혜의 경륜이라 밝히면서 "영원부터 우리 주 그리스도 예수 안에서 예정하신 뜻"이라 표현했다.엡3:2-3,9,11

여기서 의미하는 하나님의 경륜은 "영원 전에 무슨 일이?"와 관련된 것이다. 인간의 구원계획 이전에 하나님께서 약속하신 언약이를 하나님의 경륜 차원에서의 원시안약이라 하였음이 있음을 알아야 한다.35)

(딛 1:2) 영생의 소망을 인함이라 이 영생은 거짓이 없으신 하나님이 영원한 때 전부터 약속하신 것인데

구속사관의 출발은 창세기3장부터라 했다. 즉 아담이 타락하고서 이를 회복시킬 하나님의 약속 곧 회복을 위한 원시복음인 창세기3:15예수님이 마귀를 심판하시는 예언과 창세기3:20-22주님이 십자가에서 죽으시고 부활하심으로 모든 인류를 살아나게 하시는 예언부터이다. 그러니 시간적 측면에서 볼 때 구속사관은 영원 전의 시제가 아닌 창조 이후 사건이요 그 출발점이 창세기 3장임을 알 수 있다. 참고로 창세기 2장의 에덴교회는 이 땅에서 완성될 하늘 교회의 원형임은 확실한 사실이나, 이것이 주님께서 십자가 사건 후 성령을 이 땅에 보내

---

35) 영원 전에 약속하신 하나님의 언약이 바로 "영생(αἰώnιος ζωή 아이오니오스 조에, 永生, eternal life)"이었다.(딛1:2) 영생은 참 하나님과 예수그리스도를 아는 것(γινώσκω 기노스코, 경험적 체험적으로 아는 깊은 관계 지식)인 바(요17:3, 요일1:3), 이는 오직 성령으로만 가능하다.(요일3:24, 약4:5) 이는 성령으로 삼위일체 하나님과 교회의 하나됨으로 출발한다.(요일4:13,15, 1:3, 요14:20) 이러한 계명을 아버지께로부터 부여받고 오신 이가 바로 주님이셨다.(요12:49-50) 고로 영생은 삼위일체 하나님과의 친밀한 관계요, 누림이요, 이로 인한 증인의 관계이다.(벧전2:9)

주심으로 비로서 시작된 교회가 아니라, 하나님께서 이미 영원 전에 인간의 타락과 상관없이 하나님의 경륜을 위한 기관으로 먼저 교회를 택하시고 예정되어 있던 일이였으나 아담의 타락으로 인해 잃어버린 바된 기관이 십자가 사건으로 회복된 것이 바로 교회임을 알아야 한다. 아멘!

(엡 1:4-5,9,11) 곧 창세 전에 그리스도 안에서 우리[곧 교회]를 택하사 우리로 사랑 안에서 그 앞에 거룩하고 흠이 없게 하시려고 5 그 기쁘신 뜻대로 우리를 예정하사 예수 그리스도로 말미암아 자기의 아들들이 되게 하셨으니 9 그 뜻의 비밀을 우리에게 알리신 것이요 그의 기뻐하심을 따라 그리스도 안에서 때가 찬 경륜을 위하여 예정하신 것이니 11 모든 일을 그의 뜻의 결정대로 일하시는 이의 계획을 따라 우리가 예정을 입어 그 안에서 기업이 되었으니

(딤후 1:9) 하나님이 우리를 구원하사 거룩하신 부르심으로 부르심은 우리의 행위대로 하심이 아니요 오직 자기 뜻과 영원한 때 전부터 그리스도 예수 안에서 우리에게 주신 은혜대로 하심이라

(엡 3:2-3) 너희를 위하여 내게 주신 하나님의 그 은혜의 경륜을 너희가 들었을 터이라 3 곧 계시로 내게 비밀을 알게 하신 것은 내가 이미 대강 기록함과 같으니

앞에서도 이미 언급된 바와 같이, 육체로 오신 주님과 그의 몸된 교회에 대한 모형이 아담이라고 밝혔다. 고로 아담은 하나님이 아들 예수님께와 교회에 맡기신 경륜의 비밀을 공유한 자임을 말한다.

하나님은 영원 전에 뜻하신 바를 성경을 통하여 점진적으로 이루어 나가시는 하나님의 열심을 볼 수가 있다. 하나님은 영요4:24이시기에 눈에 볼 수

있거나 만질 수 있는 형상이 아닌 비非형상 비非물질이지만, 확실히 실존實存하시는 분이시다. 그럼에도 "형상εἰκών 에이콘, Image"이라는 만질 수 있고 또 볼 수 있는 것으로 아담을 창조하셨다. 이것은 형상이 의미하는 바와 같이, 보이지 않으시는 하나님을 보이는 하나님으로, 만질 수 없는 하나님을 만질 수 있는 하나님으로, 그리고 느낄 수 없는 하나님을 느낄 수 있는 하나님을 나타내고 증거하는 역할을 위해 아담Adam을 창조했음을 의미한다. 동시에 아담은 마지막 아담되신 예수님의 모형으로 창조되었기에 예수님과의 사역과도 비교된다. 베드로 사도는 "이를 위하여 너희가 부르심을 입었으니 그리스도도 너희를 위하여 고난을 받으사 너희에게 본을 끼쳐 그 자취를 따라 오게 하려 하셨느니라벧전2:21"하여, 주님의 모형을 따르는 아담은 사역 측면에도 주님의 것을 포함하고 있음을 나타낸다. 다시 말하면, 기본적으로 아담은 삼위일체 하나님을 증거하는 삼위일체 하나님과 "하나됨oneness"의 모습으로 창조된 바, 이 "하나됨"의 의미는 영적 위치로는 태생적 닮음형상, God-like이요, 기능적으로는 사역적 사명곧 하나님의 경륜 동역자, 증인← "하나님의 모양" 속에 담겨진 의미임 의미를 지니고 있음을 기억해야 한다. 아멘!

　　세상 사람들은 하나님을 모른다. 고전1:21, 요8:55, 15:21, 17:25, 요일3:1 하나님을 만난 적도 없고 본적도 없다.요1:18, 고전1:21, 요17:25 그러나 그들은 아담Adam을 통하여 하나님을 확인할 수 있었다. 이는 마치 주님을 본 자는 그를 보내신 분 하늘 아버지를 보는 것과 같은 영적 이치理致다.요14:9 이는 자연만물보다, 첫 사람 아담Adam이 삼위일체 하나님을 더 정확하게 증거 할 수가 있다는 뜻이다. 또한 동시에 하나님의 형상은 눈에 보이는 물질세계의 그 무엇이 아닌 영적인 의미를 지니고 있음으로 인해 형상은 곧 하나님의 영적 속성을 의미한다. 이처럼 하나님은 아담Adam을 창조하시되 삼위일체 하나님의 영적 속성을 품은 자로 창조되었다. 이를 "하나님의 씨"라고도 했음 ; 요일

3:9 이러한 삼위일체 하나님의 속성 중에는 영생永生, eternal life이 있다. 이 영생은 하나님의 가장 근원적인 속성으로 "영원한 생명" 곧 "영원+생명"의 복합적 의미를 내포하고 있는 바, 영원토록 스스로 계시어 자유하시는 자존자 하나님의 이름인 '여호와' 속에 포함된 의미와 동일하다. 출3:14

고로 하나님의 형상인 아담은 하나님의 속성을 지닌 자요 그 속성인 영생을 누리며 하나님의 이름을 포함하여 그 영광을 드러낼 자며, 또 그 속성과 이름을 드러낼 자임을 의미한다. 또한 하나님의 이름은 통치의 권세를 의미함. 창1:26下, 1:28 下에서처럼 땅을 통치하는 권세가 하나님의 이름에서 나옴 ← 빌2:9-10 이는 하나님께서 영원 전에 약속하신 언약을 이루는 하나님의 동역자로 하나님의 권세를 지닌 자로 아담을 창조하셨음을 다시 한번 명심해야 할 사항이다.

> (고후 6:1) 우리가 하나님과 함께 일하는 자로서 너희를 권하노니 하나님의 은혜를 헛되이 받지 말라
> (고전 3:9) 우리는 하나님의 동역자들이요 너희는 하나님의 밭이요 하나님의 집이니라
> (창 2:19-20,23) 여호와 하나님이 흙으로 각종 들짐승과 공중의 각종 새를 지으시고 아담이 어떻게 이름을 짓나 보시려고 그것들을 그에게로 이끌어 이르시니 아담이 각 생물을 일컫는 바가 곧 그 이름이라 20 아담이 모든 육축과 공중의 새와 들의 모든 짐승에게 이름을 주니라 아담이 돕는 배필이 없으므로 23 아담이 가로되 이는 내 뼈 중의 뼈요 살 중의 살이라 이것을 남자에게서 취하였은즉 여자라 칭하리라 하니라

하나님의 아들은 성령으로 인도함 받는 자이기에 아담은 늘 하나님과 동행하며 말씀을 받는 자였다. 롬8:14, 창2:16-17 삼위일체 하나님의 증인의 자리에서와 아담이라는 이름 안에는 이미 삼위일체 하나님 "우리"가 삼위일체의 하나

님 의미함의 영적 속성을 소유했을 뿐만 아니라 동시에 "우리는 그의 만드신 바라 그리스도 예수 안에서 선한 일을 위하여 지으심을 받은 자니 이 일은 하나님이 전에 예비하사 우리로 그 가운데서 행하게 하려 하심이니라엡2:10" 와 "무릇 내 이름으로 일컫는 자 곧 내가 내 영광을 위하여 창조한 자를 오게 하라 그들을 내가 지었고 만들었느니라사43:7"의 말씀과 같이 하나님의 뜻과 계획을 이룰 기능과 사명도 포함되어 있는 하나님의 동역자임을 내포하고 있는 것이다.창2:19-20,23

다시 말하면 모든 피조물이 하나님의 뜻을 위해 창조된 것과 같이계4:11, 엡1:11 아담도 동일하게 하나님의 뜻을 위하여 창조되었는 바이를 "하나님의 이름으로 일컬어지고 하나님의 영광을 위하여, 그의 선한 일을 위해 창조되었습니다."라고 함 ; 사 43:7,21, 엡2:10, 딛2:14, 아담이 영계와 물질계를 포함한 만물의 최종 위치에 있는 것이는 하나님이 아담에 대한 어떠한 기대와 관심이 있는지에 대한 증거임 ; 고전3:21,23과 그것도 하나님의 형상과 모양을 지닌 자로 창조된 의미에 대해 다시 한 번 더 깊이 상고해 보아야 한다.

(계 4:11) 우리 주 하나님이여 영광과 존귀와 능력을 받으시는 것이 합당하오니 주께서 만물을 지으신지라 만물이 주의 뜻대로 있었고 또 지으심을 받았나이다 하더라

(엡 1:11) 모든 일을 그 마음의 원대로 역사하시는 자의 뜻을 따라 우리가 예정을 입어 그 안에서 기업이 되었으니

(고전 3:21-23) 그런즉 누구든지 사람을 자랑하지 말라 만물이 다 너희 것임이라 22 바울이나 아볼로나 게바나 세계나 생명이나 사망이나 지금 것이나 장래 것이나 다 너희의 것이요 23 너희는 그리스도의 것이요 그리스도는 하나님의 것이니라

(사 43:7) 무릇 내 이름으로 일컫는 자 곧 내가 내 영광을 위하여 창조한자를

오게 하라 그들을 내가 지었고 만들었느니라

(엡 2:10) 우리는 그의 만드신 바라 그리스도 예수 안에서 선한 일을 위하여 지으심을 받은 자니 이 일은 하나님이 전에 예비하사 우리로 그 가운데서 행하게 하려 하심이니라

사도 바울은 교회의 위치에 대해 하나님의 감동으로 기록하기를, 곧 "또 만물을 그 발아래 복종하게 하시고 그를 만물 위에 교회의 머리로 주셨느니라 교회는 그의 몸이니 만물 안에서 만물을 충만케 하시는 자의 충만이니라엡1:22-23"했다. 그리고 "그런즉 누구든지 사람을 자랑하지 말라 만물이 다 너희 것임이라 바울이나 아볼로나 게바나 세계나 생명이나 사망이나 지금 것이나 장래 것이나 다 너희의 것이요 너희는 그리스도의 것이요 그리스도는 하나님의 것이니라고전3:21-23"했다.

앞에서도 잠깐 언급 되었지만, 교회는 타락한 아담이 회복되어 예수의 형상롬8:29, 히2:10-12, 고후3:18을 지닌 무리들의 모임을 말한다. 그리고 이미 다룬 바와 같이 교회는 만물의 상속자로 나타나고, 또 만물을 통치하는 위치로 언급되고 있음에 다시 유의할 필요가 있다.

"…만물이 다 너희 것임이라"
"…만물 위에 교회…"

할렐루야!
아멘!

이상의 사항들을 요약 부연敷衍하자면, 아담을 창조하실 때 "우리의 형상을 따라 우리의 모양대로 우리가 사람을 만들고…창1:26"라고 하셨다. 여기

서 우리는 삼위일체 하나님을 의미하며, 형상과 모양은 하나님의 영적 속성과 맡은 바 사역혹은 사명을 의미한다고 했다. 그러므로 아담은 창조 때부터 삼위일체 하나님의 영적 속성을 부여받고 창조된 바, 이는 하나님을 닮은 자의 모습을 의미함이요엡5:1, 하나님을 닮은 자는 그 영성에서도 하나님을 닮고 하나님을 이해하며 또한 하나님의 일을 할 능력곧 그 모양을 의미한다. 이런 의미에서 에덴동산에 있던 아담은 하나님께서 주신 깊은 영성을 지니고 하나님의 일을 수행하는 동역자임을 확인할 수가 있다.36)

참고로, 하나님 나라의 모형인 에덴동산도 아담에게 맡기시어 경작하며 지키게 하셨다.창2:15 그러나 아담은 하나님께 통치 받을 때에만 이러한 맡겨진 땅의 통치권이 발휘되는 것이었다.이를 신정정치[神政政治]라 함 그러나 아담의 타락으로 인해 마귀의 지배 아래 놓이게 되었고 세상도 마귀의 통치 아래 놓이게 된 것이다.이런 이유도 온 세상이 심판 아래 있다고 한 것임 ; 요일5:19, 롬3:19, 8:20-22, 요12:31, 16:11, 눅4:6 이로써 땅은 저주받아 가시덤불과 엉겅퀴로 인해 풍성한 소산물을 제대로 낼 수가 없게 되었다.창3:17, 롬8:19-22

"피조물의 고대하는 바는 하나님의 아들들의 나타나는 것이니 피조물이 허무한데 굴복하는 것은 자기 뜻이 아니요 오직 굴복케 하시는 이로 말미암음이라 그 바라는 것은 피조물도 썩어짐의 종노릇 한데서 해방되어 하나님의 자녀들의 영광의 자유에 이르는 것이니라 피조물이 다 이제까지 함께 탄식하며 함께 고통하는 것을 우리가 아나니롬8:19-22 "

---

36) 하나님의 아들은 하나님 아버지를 이해하고 아는 유일한 존재이다.(마11:27) 동시에 하나님의 상속자요 동역자이다. 한 집안에서 아무리 똑똑하고 유능한 종이라도 주인의 상속자로, 가업을 이을 자로, 주인의 일을 계속 행할 자로 맡기지 않으신다.(창15:1-4) 오직 아들에게만 주어진 특권이요 사명이다. 아버지께서 아들을 먼저 사랑하시고 택하시고 기름부으시어 아버지의 일을 감당하게 하시는 것이다.(마3:17, 요1:18, 3:35, 요4:19, 요15:16, 고후1:21)

"또 아는 것은 우리는 하나님께 속하고 온 세상은 악한 자 안에 처한 것이며
요일5:19"

"…이는 모든 입을 막고 온 세상으로 하나님의 심판 아래 있게 하려 함이니
라롬3:19"

그러나 땅의 모든 피조물은 하나님의 아들들이 나타나 다스림 받기를 소망한다. 창1:26-28, 마28:18-19 이는 하나님의 아들처럼 영광의 자유에 이르기를 원하기 때문이다. 십자가 사건요3:16, 요일2:2은 온 인류뿐만 아니라 하늘과 땅에 있는 모든 만물을 회복시켜 하나님과 화해시킨 사건을 말한다. 골1:20, 고후5:19 이로써 만물 곧 하늘과 땅에 있는 모든 것이 교회와 더불어 그리스도 안에서 통일되어 하나님의 영광을 위해 창조된 본연의 의무를 감당하기를 원한다. 롬1:20, 계4:11

(요 3:16) 하나님이 세상을 이처럼 사랑하사 독생자를 주셨으니…
(요일 2:2) 저는 우리 죄를 위한 화목 제물이니 우리만 위할 뿐 아니요 온 세상의 죄를 위하심이라
(골 1:20) 그의 십자가의 피로 화평을 이루사 만물 곧 땅에 있는 것들이나 하늘에 있는 것들을 그로 말미암아 자기와 화목케 되기를 기뻐하심이라
(엡 1:10) 하늘에 있는 것이나 땅에 있는 것이 다 그리스도 안에서 통일되게 하려 하심이라
(고후 5:18-20) 모든 것이 하나님께로 났나니 저가 그리스도로 말미암아 우리를 자기와 화목하게 하시고 또 우리에게 화목하게 하는 직책을 주셨으니 19 이는 하나님께서 그리스도 안에 계시사 세상을 자기와 화목하게 하시며 저희의 죄를 저희에게 돌리지 아니하시고 화목하게 하는 말씀을 우리에게

부탁하셨느니라 20 이러므로 우리가 그리스도를 대신하여 사신이 되어 하나님이 우리로 너희를 권면하시는 것같이 그리스도를 대신하여 간구하노니 너희는 하나님과 화목하라

(막 16:15) 그분께서 그들에게 이르시되, 너희는 온 세상에 가서 모든 피조물에게 복음을 선포하라[KJV]

(골 1:23) 만일 너희가 믿음 안에 거하여 터를 다지고 정착해서 너희가 들은 그 복음의 소망에서 떠나지 아니하면 그러하리라. 이 복음은 하늘 아래 모든 피조물에게 선포되었으며 나 바울은 이 복음의 사역자가 되었노라[KJV]

이처럼 모든 만물은 하나님의 통치 아래서 하나님의 안식에 들어갈 때 비로소 창조의 진정한 의미를 찾을 수 있다는 것을 의미한다.[37] 이곳이 바로 실질적인 영생을 맛보고 누리는 장소인 바, 바로 천국이요 교회이다.벧전 2:9, 계1:6, 5:10, 마13:44 아멘!

(벧전 2:9) 오직 너희는 택하신 족속이요 왕 같은 제사장들이요 거룩한 나라요 그의 소유된 백성이니 이는 너희를 어두운데서 불러 내어 그의 기이한 빛에 들어가게 하신 자의 아름다운 덕을 선전하게 하려 하심이라

---

[37] 율법 중 가장 중요한 계명이 10계명이다. 이 중에 안식일을 준수하라는 계명이 제4계명으로 들어가 있다. 이 계명은 창세기2:2-3의 말씀을 기초로 한다. 이 안식일 계명은 사람의 계명이 아닌 여호와의 계명이기에 어거서는 안된다. 그리하여 유대인들은 이를 지키려다 무거운 멍에가 되어 죽을 지경에 이르렀다.(마11:28) 주님은 이들에게 "또 가라사대 안식일은 사람을 위하여 있는 것이요 사람이 안식일을 위하여 있는 것이 아니니 이러므로 인자는 안식일에도 주인이니라(막2:27-28)"라시며 안식일의 근본 의도를 알려주셨다. 그러므로 하나님은 창세기2:2-3에서 하나님께서 창조사역을 쉬시고 한 날을 복주고 거룩하게 하신 것은 하나님 자신을 위한 것이 아니라 아담을 위시한 모든 피조물에게 안식을 주시려 한 의도임을 바로 알아야 한다.(하나님은 인생이 아니시기에 휴식이 필요하신 분이 아니심. 시121:4, 요5:17) 그것도 한 날이 아닌 전 기간(즉 full, whole, always)동안, 육신에 한정된 것이 아닌 영-혼-육과 환경 전 영역에 이르는 총체적 안식을 말하는 것이다.(히 3:11,18-19, 롬8:21)
← 창세기 창조시 각 '날'은 히브리어로 "욤 םי"으로 '덮다'라는 의미의 어근에서 유래했으며, "day, time, chronicles, daily, ever, year, continually, when, as, while, full, always, whole, always" 등 다양한 의미로 사용된다-프리미엄 성경프로그램 위드바이블

(계 1:6) 그 아버지 하나님을 위하여 우리를 나라와 제사장으로 삼으신 그에게 영광과 능력이 세세토록 있기를 원하노라 아멘

(계 5:10) 저희로 우리 하나님 앞에서 나라와 제사장을 삼으셨으니 저희가 땅에서 왕 노릇하리로다 하더라

(마 13:44) 천국은 마치 밭에 감추인 보화와 같으니 사람이 이를 발견한 후 숨겨 두고 기뻐하여 돌아가서 자기의 소유를 다 팔아 그 밭을 샀느니라

(계 21:9-10) 일곱 대접을 가지고 마지막 일곱 재앙을 담은 일곱 천사중 하나가 나아와서 내게 말하여 가로되 이리 오라 내가 신부 곧 어린 양의 아내를 네게 보이리라 하고 10 성령으로 나를 데리고 크고 높은 산으로 올라가 하나님께로부터 하늘에서 내려오는 거룩한 성 예루살렘을 보이니

(출 19:5-6) 그러므로 이제 너희가 참으로 내 목소리에 순종하고 내 언약을 지키면 너희는 내게 모든 백성들보다 뛰어난 특별한 보배[곧 진주,보화]가 되리니 이는 온 땅이 내 것이기 때문이라 6 또 너희는 내게 제사장 왕국이 되며 거룩한 민족이 되리라. 너는 이 말들을 이스라엘의 자손에게 고할지니라 [KJV]

(요 17:3) 영생은 곧 유일하신 참 하나님과 그의 보내신 자 예수 그리스도를 아는 것이니이다

(요일 1:3) 우리가 보고 들은 바를 너희에게도 전함은 너희로 우리와 사귐이 있게 하려 함이니 우리의 사귐은 아버지와 그 아들 예수 그리스도와 함께 함이라

시편기자는 이러한 하나님의 통치 아래서 누리는 안식을 이렇게 묘사했다. 시편91편 즉 "지존자의 은밀한 곳에 거하는 자는 전능하신 자의 그늘 아래 거하리로다 내가 여호와를 가리켜 말하기를 저는 나의 피난처요 나의 요새요 나의 의뢰하는 하나님이라 하리니 이는 저가 너를 새 사냥군의 올무에서

와 극한 염병에서 건지실 것임이로다 저가 너를 그 깃으로 덮으시리니 네가 그 날개 아래 피하리로다 그의 진실함은 방패와 손 방패가 되나니 너는 밤에 놀램과 낮에 흐르는 살과 흑암 중에 행하는 염병과 백주에 황폐케 하는 파멸을 두려워 아니하리로다 천인이 네 곁에서, 만인이 네 우편에서 엎드러지나 이 재앙이 네게 가까이 못하리로다….네가 말하기를 여호와는 나의 피난처시라 하고 지존자로 거처를 삼았으므로 화가 네게 미치지 못하며 재앙이 네 장막에 가까이 오지 못하리니 저가 너를 위하여 그 사자들을 명하사 네 모든 길에 너를 지키게 하심이라…하나님이 가라사대 저가 나를 사랑한즉 내가 저를 건지리라 저가 내 이름을 안즉 내가 저를 높이리라…내가 장수함으로 저를 만족케 하며 나의 구원으로 보이리라 하시도다" 동시에 또 다른 시편기자는 23편에서 "다윗의 시 여호와는 나의 목자시니 내가 부족함이 없으리로다 그가 나를 푸른 초장에 누이시며 쉴만한 물 가로 인도하시는도다 내 영혼을 소생시키시고 자기 이름을 위하여 의의 길로 인도하시는도다 내가 사망의 음침한 골짜기로 다닐지라도 해를 두려워하지 않을 것은 주께서 나와 함께 하심이라 주의 지팡이와 막대기가 나를 안위하시나이다 주께서 내 원수의 목전에서 내게 상을 베푸시고 기름으로 내 머리에 바르셨으니 내 잔이 넘치나이다 나의 평생에 선하심과 인자하심이 정녕 나를 따르리니 내가 여호와의 집에 영원히 거하리로다" 라 기록한다.

아멘!
할렐루야!

새 하늘 새 땅에서는 이 땅에서 겪는 그 어떤 저주도 없다. 곧 저주도, 사망도, 눈물도, 애통이나 곡함이나 그리고 밤도 없다.계21:4, 22:3,5 이런 것들이 하나님 나라에서 나타나는 분명한 현상이다. 주님의 지상사역은 이 땅에서 하늘 나라를 경험케 하시는 것이었다.

> (마 4:17) 이때부터 예수께서 비로소 전파하여 가라사대 회개하라 천국이 가까웠느니라 하시더라
> (마 4:23–24) 예수께서 온 갈릴리에 두루 다니사 저희 회당에서 가르치시며 천국 복음을 전파하시며 백성중에 모든 병과 모든 약한 것을 고치시니 24그의 소문이 온 수리아에 퍼진지라 사람들이 모든 앓는 자 곧 각색 병과 고통에 걸린 자, 귀신 들린 자, 간질하는 자, 중풍병자들을 데려오니 저희를 고치시더라
> (마 9:35–36) 예수께서 모든 성과 촌에 두루 다니사 저희 회당에서 가르치시며 천국 복음을 전파하시며 모든 병과 모든 약한 것을 고치시니라 36 무리를 보시고 민망히 여기시니 이는 저희가 목자 없는 양과 같이 고생하며 유리함이라
> (고전 4:20) 하나님의 나라는 말에 있지 아니하고 오직 능력에 있음이라
> (롬 14:17) 하나님의 나라는 먹는 것과 마시는 것이 아니요 오직 성령 안에서 의와 평강과 희락이라
> (마 12:28) 그러나 내가 하나님의 성령을 힘입어 귀신을 쫓아내는 것이면 하나님의 나라가 이미 너희에게 임하였느니라

성령께서 임하실 때 그의 나라도 권세로 임하시기에 그러하다.요14:26, 마12:28, 고전4:20 다윗의 고백처럼, 비록 사망의 음침한 골짜기로 다닐지라도 해를 두려워하지 않는 것도, 원수가 삼킬 자를 찾아 배회해도 주님의 임재 아래서는 하늘의 부요함과 누림, 통치력이 함께 했다.시23:4–5, 91:13 이러한 삶이 에덴 동산에서의 아담의 삶이었다. 아담은 하나님과의 깊은 친밀함을 유지하며 하나님이 상속하신 에덴을 지키는 임무도 주어졌다.창2:15 그리고

하나님과의 계속적인 임재를 유지하라는 명령도 받았다. 38)창2:17

---

38) 하나님은 자유하신 분이시다.(출3:14, 고후3:17) 그리고 인간을 창조하실 때 자신의 형상 곧 자신의 영적 속성을 지니게 하셨다.(창1:26-27) 하나님은 이 자유의 영적 속성을 아담에게도 있게 하셨다. 이것을 아담의 '자유의지'라고 부른다. 이처럼 인간에게는 자유(곧 자유의지)가 있다.(롬6:16, 신30:19) 하나님은 자신을 스스로 부인하실 수 없는 바와 같이 자신의 속성도 부인할 수 없으며, 동시에 아담에게 주신 이 자유를 부인하지 않으시고 존중하신다. 그런데 하나님이 명령하실 때가 있다. 이는 자유 의지를 강제로 요구하시는 것인데(인간 측면에서 보면 복종을 요구하는 것임) 우리는 이 부분을 잘 이해해야 한다. 하나님은 인간이 하나님 자신을 드러내며(이를 영생과 증인의 삶이라 함. 요17:3, 요일1:3, 요7:38, 14:21) 또한 복받기를 원하신다.(히6:14, 창12:3) 부모가 자녀에게 저주가 아닌 복을 바라는 것과 같이 우리 영의 아버지이신 하나님은 더하신다.(마7:11) 그래서 하나님이 명령을 하실 때에는 반드시 특별한 의도 곧 자신의 일의 수행(이것이 인간의 창조 이유와 맡겨진 사명감이 됨)과 이에 대한 축복의 선포이다.(마치 아브람에게 큰 민족을 이루는 사명이 있음같이, 그리하여 아브람을 높이시고 복의 통로가 되게 하심같이 ; 창12:2-3) 예를 들면 하나님은 영생을 반드시 누리라고 아담에게 명령하신다.(창2:17, 시133:3, 요12:50) 그러므로 우리는 하나님의 마음을 잘 이해하고 명령에 순종할 때는 감당하기도 벅찬 하늘의 부유와 땅의 풍요로 넘치게 된다.(엡1:3, 23, 3:19-20) 이를 믿는 자가 받을 복이라고 한다. 여기서 창2:17의 명령은 "죽지 않으려면 먹지말라"란 의미로, 이는 '영생하라'란 의미이다! 영생은 요17:3과 요일1:3에서처럼, 삼위일체 하나님과의 깊은 관계성을 의미하는 것이기에, 하나님의 임재 유지는 필수 사항이었음이요 하나님의 언약에 대한 명령이셨다.(호6:7)

3장

하나님의 성전 선포

성안에 성전을 내가 보지 못하였으니 이는 주 하나님
곧 전능하신 이와 및 어린 양이 그 성전이심이라 그 성은 해나
달의 비췸이 쓸데 없으니 이는 하나님의 영광이 비취고 어린 양이
그 등이 되심이라계21:22-23

3장
하나님의 성전 선포

너희가 하나님의 성전인 것과 하나님의 성령이
너희 안에 거하시는 것을 알지 못하느뇨
고전3:16

3.1 피조물의 형상으로 오신 이유

타락 전 아담이 오실 이 예수님의 모형이라는 사실은 곧 주님은 창세 전에 육체로 오시기로 예정되셨다가벧전1:19-20, 약속대로 오실 분이심을 확증해 주는 말씀이다. 그런데 아담이 하나님의 명령인 영생창2:17을 거부함으로 인해, 마지막 아담이신 예수님의 피흘리심이 자연스럽게 추가된 사항임을 알아야 한다. 창3:21-22, 15

(벧전 1:19-20) 오직 흠 없고 점 없는 어린양 같은 그리스도의 보배로운 피로 한 것이니라 20 그는 창세 전부터 미리 알리신 바 된 자나 이 말세에 너희를 위하여 나타내신 바 되었으니

(창 3:15) 내가 너로 여자와 원수가 되게 하고 너의 후손도 여자의 후손과 원수가 되게 하리니 여자의 후손은 네 머리를 상하게 할 것이요 너는 그의 발꿈치를 상하게 할 것이니라 하시고

(창 3:21-22) 여호와 하나님이 아담과 그 아내를 위하여 가죽옷을 지어 입히시니라 22 여호와 하나님이 가라사대 보라 이 사람이 선악을 아는 일에 우리 중 하나 같이 되었으니…

하여 예수님은 구속사관에서 이해하는 바와 같이 처음부터 죄사함을 위해 피 흘리시려 예정되어 육체로 오심이 아니라, 구속과 상관 없이 말씀이신 하나님이 육체로 오시어 하나님의 경륜곧 영생을 이루시는 예정이셨다. 요 17:3, 12:49-50, 요일4:1-3 아멘!

(요 12:49-50) 내가 내 자의로 말한 것이 아니요 나를 보내신 아버지께서 나의 말할 것과 이를 것을 친히 명령하여 주셨으니 50나는 그의 명령이 영생인 줄 아노라 그러므로 나의 이르는 것은 내 아버지께서 내게 말씀하신 그대로 이르노라 하시니라
(요일 4:1-3) 사랑하는 자들아 영을 다 믿지 말고 오직 영들이 하나님께 속하였나 시험하라 많은 거짓 선지자가 세상에 나왔음이니라 2 하나님의 영은 이것으로 알지니 곧 예수 그리스도께서 육체로 오신 것을 시인하는 영마다 하나님께 속한 것이요 3 예수를 시인하지 아니하는 영마다 하나님께 속한 것이 아니니 이것이 곧 적그리스도의 영이니라 오리라 한 말을 너희가 들었거니와 이제 벌써 세상에 있느니라

이를 사도 요한은 예수님은 물로만 아니요 물과 피로 임하셨고, 증거하시는 이는 성령이시라 했다. 요일5:6-7

(요일 5:6-7) 이는 물과 피로 임하신 자니 곧 예수 그리스도시라 물로만 아니요 물과 피로 임하셨고 7 증거하는 이는 성령이시니 성령은 진리니라

이를 가리켜 주님 자신도 스스로를 "인자 the Son of man"라 하셨고마 8:20, 16:13, 27, 20:28, 성경은 이를 "말씀이 육신이 되셨다. 요1:14"라고 표현한다.

(마 8:20) 예수께서 이르시되 여우도 굴이 있고 공중의 새도 거처가 있으되 오직 인자는 머리 둘 곳이 없다 하시더라

(마 16:13,27) 예수께서 가이사랴 빌립보 지방에 이르러 제자들에게 물어 가라사대 사람들이 인자를 누구라 하느냐 27 인자가 아버지의 영광으로 그 천사들과 함께 오리니 그 때에 각 사람의 행한 대로 갚으리라

(마 20:28) 인자가 온 것은 섬김을 받으려 함이 아니라 도리어 섬기려 하고 자기 목숨을 많은 사람의 대속물로 주려 함이니라

(요 1:14) 말씀이 육신이 되어 우리 가운데 거하시매 우리가 그 영광을 보니 아버지의 독생자의 영광이요 은혜와 진리가 충만하더라

바울 또한 이를 "모든 피조물보다 먼저 나신 이시니the firstborn of every creature"라고 표현했고골1:15, 로마서와 빌립보서에서 각각 "죄있는 육신의 모양롬8:3"과 "그는 근본 하나님의 본체시나 하나님과 동등됨을 취할 것으로 여기지 아니하시고, 오히려 자기를 비워 종의 형체를 가지사 사람들과 같이 되셨고…빌2:6-8"라고 기록했다.

(골 1:15) 그는 보이지 아니하시는 하나님의 형상이요 모든 창조물보다 먼저 나신 자니

예수님은 마리아의 몸을 빌어 이 땅에 오셨다. "천사가 대답하여 이르되 성령이 네게 임하시고 지극히 높으신 이의 능력이 너를 덮으시리니 이러므로 나실 바 거룩한 이는 하나님의 아들이라 일컬어지리라눅1:35"곧 성령으로 잉태되어 오신 분이시란 뜻이다. 눅1:31, 마1:18 이는 피조물 형태로 오심을 말하는데골1:15, 이는 정확히는 이미 창세 전에 피조물 형태인 사람의 모양으로 오실 것이 예정예비되셨고골1:15, 벧전1:20 그 모형으로 창조된 자가 바로 피

조물로서 완전한 인간인 아담이었다.창1:26, 2:7, 고전15:45, 롬5:14

아멘!

(롬 5:14) …아담은 오실 자의 표상이라

(고전 15:45) 기록된바 첫 사람 아담은 생혼이 되었다 함과 같이 마지막 아담은 살려 주는 영이 되었나니[KJV]

(창 2:7) 여호와 하나님이 흙으로 사람을 지으시고 생기를 그 코에 불어 넣으시니 사람이 생혼이 된지라[KJV]

(창 1:26) 하나님이 가라사대 우리의 형상을 따라 우리의 모양대로 우리가 사람을 만들고 그로 바다의 고기와 공중의 새와 육축과 온 땅과 땅에 기는 모든 것을 다스리게 하자 하시고

그러므로 죄가 없는 완전한 인간인 아담의 실체가 바로 예수님이시다.롬 5:14하, 히4:15하 예수님은 육체로 오신 바, 물과 피로 임하셨는데, 여기서 물은 구체적으로 말씀을벧전1:23, 피는 하나님의 피요 생명을 의미한다.행20:28, 요1:4 요한복음1:4에서도 언급되었듯이, "말씀 안에 생명"으로, 즉 생명이신 아버지를 품으시고 하나oneness되어 오셨음을 의미한다.요10:30, 5:26, 14:10-11 할렐루야!

정자와 난자는 각각 염색체XY, XX를 갖고 있다. 염색체Y를 취하면 남자아이가, 염색체X를 취하면 여자아이가 탄생한다. 그러나 이 어린아이는 엄마와 아빠의 염색체는 공유하나 엄마도 아빠도 그 어느 누구의 피도 공유하지 않는다.

그런데 마리아는 정혼자 요셉과 성적교접이 아닌 상태로 잉태했다. 그러니 예수님은 마리아의 염색체도 요셉의 염색체도 공유하지 않는 독특한 피,

하나님의 피를 가지고 오셨음을 의미한다.행20:28

(행 20:28) 너희는 자기를 위하여 또는 온 양떼를 위하여 삼가라 성령이 저들 가운데 너희로 감독자를 삼고 하나님이 자기 피로 사신 교회를 치게 하셨느니라

피에는 생명이 있듯레17:11, 정자와 난자가 결합하면 그제사 한 생명체의 피가 생성되는데, 예수님은 사람의 것이 아닌 순수한 하나님의 피생명를 가지고 탄생하신 것이다!! 모양은 분명 육체로 탄생하시어히2:14 피조물의 형태를 취했지만롬8:3, 빌2:5-8, 히2:14 예수님은 하나님의 신격과 신성을 지니시고 하나님의 피와 생명을 지니신 하나님의 아들로 출생되었음을 성령께서 증거하신다.39)고전1:30

(고전 1:30) 너희는 하나님께로부터 나서(of God) 그리스도 예수 안에 있고 예수는 하나님께로서(of God) 나와서 우리에게 지혜와 의로움과 거룩함과 구속함이 되셨으니 But of him are you in Christ Jesus, who of God is made unto us wisdom, and righteousness, and sanctification, and redemption:

아멘!
할렐루야!
이 피가 온 인류의 죄를 사하신 피요일2:2, 계1:5, 하나님의 생명을 갖게 하신 피이다.요5:26, 24 이상의 사실을 믿는 이들은 모두가 이 피를 소유하고 있고요5:24, 이로써 하나님의 신성을 소유하게 될 것이다.엡4:23-24, 5:1, 벧후

---

39) 아버지가 아들을 낳을 때 'beget'이란 단어를 사용한다.(하나님께로 남[of God] ← 고전 1:30) 하여 "하나님의 독생자"를 "the only begotten Son of God"으로 표현한다.(요1:14,18, 3:16,18, 요일4:9, 히5:5) 하나님 아들은 아버지와 성령으로 하나가 되셨고(요10:30,35), 이로써 하나님께서 맡기신 사역을 감당하셨다.(행10:38, 요3:34)

1:3-4 이를 하나님의 씨 혹은 형상이라 표현한다. 요일3:9

아담이 그러했고창1:26, 주님이 그러하셨고골1:15 주님의 몸된 교회가 그러하다. 요일3:9, 골2:10, 3:10, 고후3:18, 벧후1:3-4

> (골 1:15,17) 그는 보이지 아니하는 하나님의 형상이시요 모든 피조물보다 먼저 나신 이시니 17 또한 그가 만물보다 먼저 계시고 만물이 그 안에 함께 섰느니라
>
> (히 2:14) 자녀들은 혈과 육에 속하였으매 그도 또한 같은 모양으로 혈과 육을 함께 지니심은 죽음을 통하여 죽음의 세력을 잡은 자 곧 마귀를 멸하시며
>
> (벧전 1:20) 그는 창세 전부터 미리 알린 바 되신 이나 이 말세에 너희를 위하여 나타내신 바 되었으니
>
> (요일 3:9) 하나님께로서 난 자마다 죄를 짓지 아니하나니 이는 하나님의 씨가 그의 속에 거함이요 저도 범죄치 못하는 것은 하나님께로서 났음이라
>
> (골 3:10) 새 사람을 입었으니 이는 자기를 창조하신 자의 형상을 좇아 지식에까지 새롭게 하심을 받는 자니라
>
> (고후 3:18) 우리가 다 수건을 벗은 얼굴로 거울을 보는 것같이 주의 영광을 보매 저와 같은 형상으로 화하여 영광으로 영광에 이르니 곧 주의 영으로 말미암음이니라

요약하여 다시 한 번 강조하면 예수님은 세 애愛제자 베드로, 야고보, 요한을 데리시고 빌립보 가이사랴 지방에 이르시어 물으셨다. "사람들이 인자the Son of man를 누구라 하느냐?"고, 그리고 제자들에게도 동일한 질문을 하셨다. 이에 베드로는 "주는 그리스도시요 살아 계신 하나님의 아들이시니이다"라 대답했다. 주님은 "바요나 시몬아 네가 복이 있도다 이를 네게 알게 한 이는

혈육이 아니요 하늘에 계신 내 아버지시니라"라 하시고 비로소 교회의 탄생 40)을 말씀하셨다. "또 내가 네게 이르노니 너는 베드로라 내가 이 반석 위에 내 교회를 세우리니 음부의 권세가 이기지 못하리라마16:18"

할렐루야!

아멘!

다시 말하면 하늘 아버지께서는 성령으로 예수님을 "살아계신 하나님의 아들이신 그리스도the Christ, the Son of the living God"이심을 분명히 하신 것이다.마16:16, 요20:30-31, 딤전3:16, 고전12:3 예수님은 육신을 입으시고 이 땅에 오시기 전에는 말씀이신 하나님이셨다.요1:1-2 그런데 성령으로 말씀이 육신이 되어 오신 분이시다.요1:14 이는 바울과 히브리서 기자가 각각 고백한 것처럼, 예수님은 하나님 본체의 정확한 형상이셨고히1:3, 골1:15, 빌2:6-7, 하나님의 영광의 광채이셨다.히1:3 이는 보이지 않으시는 영이신 하나님을 나타내고 계시하시는 분이심을 말하는 것이다.요1:18 KJV, 3:31-34, 14:9, 계3:14

> (딤전 3:16)…그는 육신으로 나타난바 되시고 영으로 의롭다 하심을 입으시고 천사들에게 보이시고 만국에서 전파되시고 세상에서 믿은바 되시고 영광 가운데서 올리우셨음이니라

---

40) 교회는 또한 '에클레시아'로서, "세상으로부터 불림받아 하나님께로 기름 부음받은 무리"의미이다.(고후1:21, 행11:26) 동시에 예수님을 하나님의 아들이요 그리스도이심을 성령으로 고백하며 인도함 받는 기관이다.(마16:16-18, 롬8:14) 교회는 또한 하나님 나라가 임하여 주님과 하나가 된 주님의 몸이기도 하다.(벧전2:9, 계1:6, 5:10, 고전6:15,17, 마12:28) 구약에서 하나님께서 시온을 친히 세우시리란 예언이 완성된 곳이다.(시87:3,5) 특히 출19:5 KJV에서는 하나님의 백성을 특별한 보물(보석)이라 칭하셨다. 하나님은 자기 백성을 자신의 소유로 인치셨고(사43:1, 고후1:22) 특별한 존재 즉 보석으로 삼으셨다. 참고로 마13:14에 천국을 진주(특별한 보석)으로 비유했다. 베드로 사도가 교회를 특별한 백성이요 거룩한 나라로 부른 이유가 여기에 있다.(벧전2:9) 주님의 재림 시에는 이 천국 복음이 모든 민족으로 전파된 때이다.(마24:14) 모든 민족이 하나님의 영광을 인정하고 하나님을 아는 지식이 충만해 질 때이다.(합2:14, 3:3, 사11:9) 이 때는 만물이 회복되어(행3:21, 고후5:18-19, 막6:15 KJV) 이 땅에 하나님 나라가 온전히 세워진 때요 하나님의 처소가 완성된 때이기도 하다.(엡2:21-22)

(요 20:31) 오직 이것을 기록함은 너희로 예수께서 하나님의 아들 그리스도 이심을 믿게 하려 함이요…

(히 1:3) 이는 하나님의 영광의 광채시요 그 본체의 형상이시라 그의 능력의 말씀으로 만물을 붙드시며 죄를 정결케 하는 일을 하시고 높은 곳에 계신 위엄의 우편에 앉으셨느니라

(요 1:18) 어느 때고 하나님을 본 사람이 없으되 아버지 품 속에 계신 독생자(獨生子)께서 그분을 밝히 드러내셨느니라[KJV]

(요 3:31-34) 위로부터 오시는 이는 만물 위에 계시고 땅에서 난 이는 땅에 속하여 땅에 속한 것을 말하느니라 하늘로서 오시는 이는 만물 위에 계시나니 32 그가 그 보고 들은 것을 증거하되 그의 증거를 받는 이가 없도다 33 그의 증거를 받는 이는 하나님을 참되시다 하여 인쳤느니라 34 하나님의 보내신 이는 하나님의 말씀을 하나니 이는 하나님이 성령을 한량 없이 주심이니라

(요 14:9)…나를 본 자는 아버지를 보았거늘 어찌하여 아버지를 보이라 하느냐

성령님은 예수님을 "하나님의 아들 곧 그리스도the Christ, the Son of God"라 증거하신다는 의미는 하나님께로 친히 기름부이심을 받으신 하나님의 아들곧 그리스도이란 의미다. 요20:31, 마16:16, 요10:33, 고후1:21 하나님 자신이 자신에게 기름부으실 이유가 없는 것이기에, 하나님이 기름부으신 이가 예수님이시란 의미는 바로 하나님의 아들로 보내신 분 하나님 아버지께로 모든 것을 위임받으셨다는 의미이다. 이를 보내심을 받은 사도로서 "기름 부음 받으신 분 곧 그리스도"라고 함. 히3:1, 마11:27, 요3:35, 마28:18, 눅22:29! 이는 구체적으로 하나님과 동등됨을 취하지 않으시고 피조물의 형체를 입으시고 하늘 아버지의 뜻을 행하려 오셨음을 말하는 것이다. 히10:7, 요17:4

(고후 1:21)…기름을 부으신 이는 하나님이시니

(마 11:27) 내 아버지께서 모든 것을 내게 주셨으니 아버지 외에는 아들을 아는 자가 없고 아들과 또 아들의 소원대로 계시를 받는 자 외에는 아버지를 아는 자가 없느니라

(요 3:35) 아버지께서 아들을 사랑하사 만물을 다 그 손에 주셨으니

(마 28:18) 예수께서 나아와 일러 가라사대 하늘과 땅의 모든 권세를 내게 주셨으니

(눅 22:29) 내 아버지께서 나라를 내게 맡기신 것같이 나도 너희에게 맡겨

(히 10:7) 이에 내가 말하기를 하나님이여 보시옵소서 두루마리 책에 나를 가리켜 기록한 것과 같이 하나님의 뜻을 행하러 왔나이다 하시니라

(요 17:4) 아버지께서 내게 하라고 주신 일을 내가 이루어 아버지를 이 세상에서 영화롭게 하였사오니

이러하신 주님은 "하나님이 나사렛 예수에게 성령과 능력을 기름 붓듯 하셨으매 저가 두루 다니시며 착善한 일을 행하시고 마귀에게 눌린 모든 자를 고치셨으니 이는 하나님이 함께 하셨음이라행10:38"말씀처럼, 하늘 아버지로부터 한량없는 성령의 기름 부음을 받으시어곧 그리스도가 되셨음, 요3:34, 고후1:21, 눅4:17-18 아버지께서 맡겨주신 사명을 감당하셨다.

3.2 성전이란?

성전이라는 개념은 하나님 자신의 이름을 두시고 머무시는 처소를 말한다. 하나님은 이스라엘 민족을 애굽에서 나오게 하실 때 애굽 백성들에게 금은보화를 요구하여 취하게 하셨다.출12:35-36 이것은 하나님 자신이 거하실 처소겔37:26-28 곧 성전을 짓기 위함이셨다.출25:8

(출 12:35-36) 이스라엘 자손들이 모세의 말대로 이집트인들에게서 은 패물과 금 패물과 의복을 빌렸더니 주께서 이집트인들의 목전에서 백성들에게 은총을 베푸시므로 이집트인들은 그들이 요구하는 대로 그들에게 빌려 주더라. 그들이 이집트인들에게서 빼앗더라[KJV].

(출 25:2) 이스라엘 자손에게 명하여 내게 예물을 가져오라 하고 무릇 즐거운 마음으로 내는 자에게서 내게 드리는 것을 너희는 받을지니라

(출 25:8) 내가 **그들 중에 거할 성소**(let them make me a sanctuary; that I may dwell among them)를 그들을 시켜 나를 위하여 짓되

(출 29:42) 이는 너희가 대대로 여호와 앞 회막문에서 늘 드릴 번제라 내가 거기서 너희와 만나고 네게 말하리라

(출 29:45-46) **내가 이스라엘 자손 중에 거하여**(I will dwell among the children of Israel) 그들의 하나님이 되리니 46그들은 내가 그들의 하나님 여호와로서 그들 중에 거하려고 그들을 애굽 땅에서 인도하여 낸 줄을 알리라 나는 그들의 하나님 여호와니라

(요 14:17) 저는 진리의 영이라 세상은 능히 저를 받지 못하나니 이는 저를 보지도 못하고 알지도 못함이라 그러나 너희는 저를 아나니 **저는 너희와 함께 거하심이요 또 너희 속에 계시겠음이라**(for he dwells with you, and shall be in you)

이처럼 성전지성소은 하나님의 은혜의 보좌가 있는 곳이요, 이곳이 하늘과 연결되어 있는 바, 이 곳이 주님이 계신 곳이요대하6:21, 하나님의 이름을 모시는 곳이라 강조했다. 대하6:5,20

(대하 6:5-6) 내가 내 백성을 애굽 땅에서 인도하여 낸 날부터 내 이름을 둘 만한 집을 건축하기 위하여 이스라엘 모든 지파 가운데서 아무 성읍도 택하

지 아니하였으며 내 백성 이스라엘의 주권자를 삼기 위하여 아무 사람도 택하지 아니하였더니 **예루살렘을 택하여 내 이름을 거기 두고**(I have chosen Jerusalem, that my name might be there) 또 다윗을 택하여 내 백성 이스라엘을 다스리게 하였노라 하신지라

(대하 6:20-21) 주께서 전에 말씀하시기를 **내 이름을 거기 두리라 하신 곳 이 전**(the place whereof you has said that you would put your name there)을 향하여 주의 눈이 주야로 보옵시며 종이 이곳을 향하여 비는 기도를 들으시옵소서 21 종과 주의 백성 이스라엘이 이곳을 향하여 기도할 때에 주는 그 간구함을 들으시되 **주의 계신 곳 하늘**(your dwelling place, [even] from heaven)에서 들으시고 들으시사 사하여 주옵소서

(삼하 7:13) 저는 내 이름을 위하여 집을 건축할 것이요 나는 그 나라 위를 영원히 견고케 하리라

(왕상 8:18-20) 여호와께서 내 부친 다윗에게 이르시되 네가 내 이름을 위하여 전을 건축할 마음이 있으니 이 마음이 네게 있는 것이 좋도다 그러나 너는 그 전을 건축하지 못할 것이요 네 몸에서 낳을 네 아들 그가 내 이름을 위하여 전을 건축하리라 하시더니 이제 여호와께서 말씀하신 대로 이루시도다 내가 여호와의 허하신 대로 내 부친 다윗을 대신하여 일어나서 이스라엘 위에 앉고 이스라엘 **하나님 여호와의 이름을 위하여 전을 건축하고**

(대하 2:4) 이제 내가 나의 하나님 여호와의 이름을 위하여 전을 건축하여 구별하여 드리고 주 앞에서 향 재료를 사르며 항상 떡을 진설하며 안식일과 초하루와 우리 하나님 여호와의 절기에 조석으로 번제를 드리려 하니 이는 이스라엘의 영원한 규례니이다

하나님은 자신의 이름을 두신 곳을 성전 삼으시고 거룩하게 하셨다. 그리고 하나님의 마음과 눈이 영원히 이 곳에 있게 하셨다. 고로 누구든지 성

전에 들어가려면 거룩하지 않는 자는 합당하지 않았고, 그러나 겸손하고 회개하여 거룩하게 된 자 곧 영광을 구하는 자 누구든지 이 성전에서혹은 이 전을 향하여...,: 대하6:38-39, 단6:10, 겔 48:35 하나님의 얼굴을 구하고 그 이름을 위하여 기도하면, 하나님께서 눈을 여시고 귀로 경청하시어 응답하셨다.대하 6:32-33 , 7:14-16

(대하 7:14-16) 내 이름으로 일컫는 내 백성이 그 악한 길에서 떠나 스스로 겸비하고 기도하여 내 얼굴을 구하면 내가 하늘에서 듣고 그 죄를 사하고 그 땅을 고칠지라 이곳에서 하는 기도에 내가 눈을 들고 귀를 기울이리니 이는 내가 이미 이 전을 택하고 거룩하게 하여 내 이름으로 여기 영영히 있게 하였음이라 내 눈과 내 마음이 항상 여기 있으리라

특이한 사실은 설령 하나님 백성이 아닌 이들조차도 주의 크신 이름과 능력을 위하여 성전을 향하여 기도하면, 주님은 계신 곳 하늘에서 들으시고 응답하심으로 주의 이름을 알고 경외케 하며, 동시에 성전이 바로 주의 이름으로 일컫는 줄을 알게 하신다.대하6:32-33 다니엘은 범죄한 이스라엘을 위하여 회개하며, "주여 들으소서 주여 용서하소서 주여 들으시고 행하소서 지체치 마옵소서 나의 하나님이여 주 자신을 위하여 하시옵소서 이는 주의 성과 주의 백성이 주의 이름으로 일컫는바 됨이니이다.단9:19"라 고하며 기도드릴 때 하나님은 그 응답으로 "네 백성과 네 거룩한 성을 위하여 칠십 이레로 기한을 정하였나니 허물이 마치며 죄가 끝나며 죄악이 영속되며 영원한 의가 드러나며 이상과 예언이 응하며 또 지극히 거룩한 자가 기름 부음을 받으리라단9:24"라시며 70이레가 마치는 즈음에 이스라엘 백성과 예루살렘 성의 회복을 약속하셨다.

3.3 완전한 성전

에스겔서40-48장에는 선지자 에스겔의 이상적인 성전의 청사진이 그려져 있다. 이 성전은 장차 완성될 하늘 성전을 의미한다. 에스겔이 환상 중에 본 성전은 요한계시록22장의 새 예루살렘 성과 매우 유사하다.

> (계 22:1-2) 또 저가 수정 같이 맑은 생명수의 강을 내게 보이니 하나님과 및 어린 양의 보좌로부터 나서 길 가운데로 흐르더라 강 좌우에 생명 나무가 있어 열 두가지 실과를 맺히되 달마다 그 실과를 맺히고 그 나무 잎사귀들은 만국을 소성(healing)하기 위하여 있더라
>
> (겔 47:1-2,12) 그가 나를 데리고 전 문에 이르시니 전의 전면이 동을 향하였는데 그 문지방 밑에서 물이 나와서 동으로 흐르다가 전 우편 제단 남편으로 흘러 내리더라 그가 또 나를 데리고 북문으로 나가서 바깥 길로 말미암아 꺾여 동향한 바깥 문에 이르기로 본즉 물이 그 우편에서 스미어 나오더라…강 좌우 가에는 각종 먹을 실과나무가 자라서 그 잎이 시들지 아니하며 실과가 끊치지 아니하고 달마다 새 실과를 맺으리니 그물이 성소로 말미암아 나옴이라 그 실과는 먹을 만하고 그 잎사귀는 약재료가 되리라

그리고 에스겔의 성전은 또한 이 땅에서 이루어질 성전 곧 예수님과 성도를 의미한다. 요한계시록22:2에서처럼 소성healing 신유케 하시는 이는 바로 생명의 빛과 치료자로 오신 예수님으로, 바로 성전 자체이시며요2:21, 계21:22, 또한 죄사함 받은 모든 성도의 심령 속에 예수이름으로 오신 성령님이 보좌삼아 계시므로 성전지성소되게 하셨다. 요14:26, 고전3:16-17, 6:19-20

> (요 2:21) 그러나 예수는 성전(ναός 나오스)된 자기 육체를 가리켜 말씀하신 것이라

(요 7:38-39) 나를 믿는 자는 성경에 이름과 같이 그 배에서 생수의 강이 흘러나리라 하시니 이는 그를 믿는 자의 받을 성령을 가리켜 말씀하신 것이라 (예수께서 아직 영광을 받지 못하신 고로 성령이 아직 저희에게 계시지 아니하시더라)

(고전 3:16-17) 너희가 하나님의 성전(ναός 나오스)인 것과 하나님의 성령이 너희 안에 거하시는 것을 알지 못하느뇨 누구든지 하나님의 성전을 더럽히면 하나님이 그 사람을 멸하시리라 하나님의 성전은 거룩하니 너희도 그러하니라

(요 14:26) 보혜사 곧 아버지께서 내 이름으로 보내실 성령 그가 너희에게 모든 것을 가르치시고 내가 너희에게 말한 모든 것을 생각나게 하시리라

이처럼 에스겔 성전은 이 땅에서 사람의 손으로 지으진 성전의 실체로서 영의 세계에서 이루어지는 성전인 것이다. 다시 말하면 눈에 보이는 성전이 아닌 하늘의 영원한 성전을 의미한다. 이 성전[41]이 바로 땅에서는 주님이셨고 요2:21, 교회였고 고전3:16, 6:19-20, 신천신지 새 예루살렘 성에서는 하나님과 어린양이 성전 ναός 나오스이 되시는 것이다. 계21:22-23

(계 21:22-23) 성안에 성전을 내가 보지 못하였으니 이는 주 하나님 곧 전능하신 이와 및 어린 양이 그 성전(ναός 나오스)이심이라 23 그 성은 해나 달의 비췸이 쓸데 없으니 이는 하나님의 영광이 비취고 어린 양이 그 등이 되심이라 And I saw no temple therein: for the Lord God Almighty and the Lamb are the temple of it. And the city had no need of the sun, neither of the moon, to shine in it: for the glory of God did lighten it, and the Lamb [is]

---

41) 신약에서는 성전이란 단어가 "ἱερόν(히에론) : 요2:14, 눅4:9)과 ναός(나오스) : 요2:21, 고전3:16, 고후6:16)" 두 단어로 쓰여져 있는데, 전자는 성전 자체뿐 아니라 경내도 포함하고, 후자는 성전 자체 및 그 중심인 성소(즉 성령이 머무시는 곳)를 가리킨다.

the light thereof.

땅의 성전은 하나의 비유에 불과하다.히8:5, 9:23 이 땅의 것은 영원한 것이 없기에 무너지고요2:19-20, 대신 진정으로 영적인 것, 영원한 것이 세워져야 한다.히7:12,18, 8:7,13

그러므로 완성될 성전의 영적인 의미는 하나님의 이름이 있는 곳, 영광과 임재가 있는 곳, 기름 부으심이 있는 곳을 의미한다. 그곳이 예수님 자신이요요2:21, 영으로 오신 예수님을 모신 성도가 바로 그 성전이 된다고 했다.고전3:16-17

> (히 8:5) 저희가 섬기는 것은 하늘에 있는 것의 모형과 그림자라 모세가 장막을 지으려 할 때에 지시하심을 얻음과 같으니 가라사대 삼가 모든 것을 산에서 네게 보이던 본을 좇아 지으라 하셨느니라

그러나 하나님은 "지극히 높으신 이는 손으로 지은 곳에 계시지 아니하시나니 선지자가 말한 바 주께서 이르시되 하늘은 나의 보좌요 땅은 나의 발등상이니 너희가 나를 위하여 무슨 집을 짓겠으며 나의 안식할 처소가 어디냐 이 모든 것이 다 내 손으로 지은 것이 아니야 함과 같으니라행7:48-50, 17:24"라 하시며, 진정한 성전은 땅의 것이 아닌 하나님의 이름을 모시고 그 이름으로 그분 앞에 분향기도하며 예배드리는 곳이라 하셨다. 42) 그리하여 성전

---

42) 신구약을 통하여 성전은 하나님과 그 백성과의 깊은 교제의 장소인 바 그 역할을 요약하면 다음과 같다. 즉
① 하나님의 이름을 모신 곳(대하2:4, 6:20, 7:16, 고전3:16, 요14:26)
② 하나님께 기도하는 곳(대하2:6, 6:20, 막11:17)
③ 하나님께 제사(곧 예배) 드리는 곳(대하7:12, 히9:14)
④ 하나님의 영광이 임하는 곳(대하5:14, 학2:7-9)
⑤ 하나님의 눈과 마음이 집중되어 있는 곳(대하7:16)
⑥ 하나님을 만나는 곳(곧 회막(meeting place) ; 출 25:21-22, 출29:42-43)
⑦ 하나님 말씀 받는 곳(출29:42-43, 민7:8-9)
⑧ (하나님께서) 택하시어 거룩하게 하신 곳(느1:9)

된 성도 안에 예수이름 곧 하나님 이름을 모신 곳이 되고, 성도는 예배의 삶을 살아감. 대하2:1-6, 막11:17, 요14:26, 롬12:1 그러므로 성도가 바로 성령으로 하나님 나라가 임한 곳이요 하나님의 이름이 머무신 곳으로고전3:9, 엡2:19-22, 히3:6, 10:21, 8:2, 요14:26, 이곳이 하나님이 친히 지으시고 거하시는고전3:16, 히8:2, 9:11-12, 24 하나님의 집, 곧 성전인 것이다. ναός 나오스, 지성소, 고전3:16, 그림1 할렐루야!

(히 3:6) 그리스도는 하나님의 집 맡은 아들로 충성하였으니 우리가 소망의 담대함과 자랑을 끝까지 견고히 잡으면 그(하나님)의 집이라

(슥 12:1)…여호와 곧 하늘을 펴시며 땅의 터를 세우시며 사람 안에 심령(영 spirit)을 지으신 자가 가라사대

(엡 2:21-22) 그의 안에서 건물마다 서로 연결하여 주 안에서 성전이 되어가고 22 너희도 성령 안에서 하나님의 거하실 처소가 되기 위하여 예수 안에서 함께 지어져 가느니라

(고전 1:30) 너희는 하나님께로부터 나서 그리스도 예수 안에 있고…

(요 3:6-8) 육으로 난 것은 육이요 성령으로 난 것은 영이니…8 바람이 임의로 불매 네가 그 소리를 들어도 어디서 오며 어디로 가는지 알지 못하나니 성령으로 난 사람은 다 이러하니라

(요 14:26) 보혜사 곧 아버지께서 내 이름으로 보내실 성령…

이곳에서 친히 하나님은 자신의 이름으로 섬김곧 예배을 받으시고 복을 내려 주신다. 히9:14, 출20:24, 엡1:3 하나님은 이러한 예배 처소에서 드리는 참된 예배자를 찾으시는 것이다. 요4:21-23, 롬12:1 아멘!

---

⑨ 하나님께서 복 내리시는 곳(곧 응답)(출20:24, 시106:8, 엡1:3)
⑩ 하나님의 영광으로 인해 회막이 거룩해 지며(출29:43), 제단에 접촉하는 것마다 거룩해짐(출29:37, 마23:19)

(히 9:14) 하물며 영원하신 성령으로 말미암아 흠 없는 자기를 하나님께 드린 그리스도의 피가 어찌 너희 양심으로 죽은 행실에서 깨끗하게 하고 살아 계신 하나님을 섬기게 못하겠느뇨

(출 20:24) 내게 토단을 쌓고 그 위에 너의 양과 소로 너의 번제와 화목제를 드리라 내가 무릇 내 이름을 기념하게 하는 곳에서 네게 강림하여 복을 주리라

(엡 1:3) 찬송하리로다 하나님 곧 우리 주 예수 그리스도의 아버지께서 그리스도 안에서 하늘에 속한 모든 신령한 복으로 우리에게 복 주시되

(롬 12:1) 그러므로 형제들아…너희 몸을 하나님이 기뻐하시는 거룩한 산 제사로 드리라 이는 너희의 드릴 영적 예배니라

(요 4:23) 아버지께 참으로 예배하는 자들은 신령과 진정으로 예배할 때가 오나니 곧 이 때라 아버지께서는 이렇게 자기에게 예배하는 자들을 찾으시느니라

[그림3-1]에서 우측 그림은 땅에 있는 구약의 증거장막이요 좌측 위 그림은 하늘 증거장막계15:5-8, 13:6, 11:19, 히8:5, 고후5:1, 시19:4을 나타낸다. 땅의 증거장막은 모형과 그림자로서 모리아 산에 있는 예루살렘이를 갈4:25에는 아라비아에 있는 시내산과 같은 곳이라 표현함에 위치한 것이요, 하늘 증거장막이는 위에 있는 예루살렘 즉 새 예루살렘에 위치하고 있음은 그 실체요 참 장막으로 주께서 부활하시어 들어가 친히 섬기시는 곳으로 이는 참 하늘에 위치하고 있다.히9:24, 히8:1-2 그리고 좌측 하단은 땅에 있는 성전의 실체로 성령이 임하시고 하나님의 이름요14:26을 모신 교회곧 하나님의 집를 의미한다.

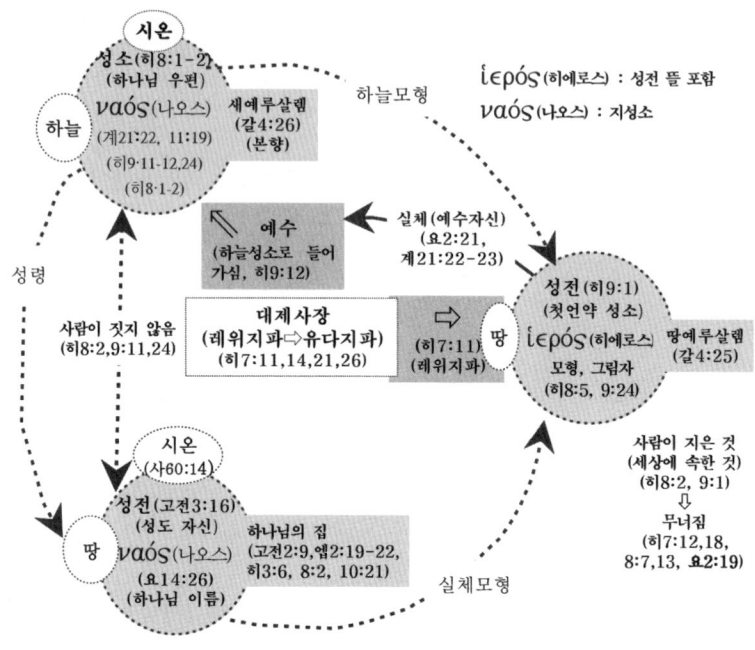

" 성령이 이로써 보이신 것은 첫 장막이 서 있을 동안에는
성소에 들어가는 길이 아직 나타나지 아니한 것이라(히9:8) "
" 또한 성령이 우리에게 증언하시되(히10:15) "

[그림3-1. 성전의 모형과 실체]

(히 8:1-2,5) 지금 우리가 하는 말의 요점은 이러한 대제사장이 우리에게 있다는 것이라 그가 하늘에서 지극히 크신 이의 보좌 우편에 앉으셨으니 2 성소와 참 장막에서 섬기는 이시라 이 장막은 주께서 세우신 것이요 사람이 세운 것이 아니니라 5 그들(땅의 제사장들)이 섬기는 것은 하늘에 있는 것의 모형과 그림자라 모세가 장막을 지으려 할 때에 지시하심을 얻음과 같으니 이르시되 삼가 모든 것을 산에서 네게 보이던 본을 따라 지으라 하셨느니라 (계 15:5-8) 또 이 일 후에 내가 보니 하늘에 증거 장막의 성전이 열리며 …8

하나님의 영광과 능력으로 말미암아 성전에 연기가 가득 차매 일곱 천사의
일곱 재앙이 마치기까지는 성전에 능히 들어갈 자가 없더라
(계 11:19) 이에 하늘에 있는 하나님의 성전이 열리니 성전 안에 하나님의 언
약궤가 보이며…
(갈 4:25-26) 이 하갈은 아라비아에 있는 시내 산으로서 지금 있는 예루살렘
과 같은 곳이니 그가 그 자녀들과 더불어 종 노릇 하고 26오직 위에 있는 예
루살렘은 자유자니 곧 우리 어머니라

예수님은 땅의 성전이 있는 예루살렘 성에 나귀타고 들어가셨으나, 십
자가를 지시고 다시 나오신 후 예루살렘 성의 동문은 영원토록 닫혀 버렸고
사44:1-2, 대신 영원한 하늘 성전에 들어가시어히9:11-12,24, 10:12 영광 가운데
등燈, 곧 말씀, 시119:105, 계21:22-23이 되어 계시며, 성도들 또한 이곳에서 영원
히 하나님과 함께 머물게 된다.계21:24-27, 엡2:6

(히 9:24) 그리스도께서는 참 것의 그림자인 손으로 만든 성소에 들어가지
아니하시고 오직 참 하늘에 들어가사…
(계 21:22-23) 성 안에서 내가 성전을 보지 못하였으니 이는 주 하나님 곧 전
능하신 이와 및 어린 양이 그 성전이심이라 23 그 성은 해나 달의 비췸이 쓸
데 없으니 이는 하나님의 영광이 비취고 어린 양이 그 등이 되심이라
(엡 2:6) 또 함께 일으키사 그리스도 예수 안에서 함께 하늘에 앉히시니

참 것의 모형이요 그림자였던 땅에 있는 성전은 무너져 내렸고, 예수님
을 통하여 진정한 하늘 참 성전의 모습을 이 땅에서 보게 하셨음에도 불구
하고, 이미 무너져 내린 땅의 예루살렘성전을 다시 세우려는 그 어떤 시도도
사도 바울로 하여금 "내가 헐었던 것을 다시 세우면 내가 나를 범법한 자로

만드는 것이라갈2:18"라는 의분을 토하게 만든다.갈3:3 땅의 증거 장막을 허물어 버리시고, 진정한 실체인 하늘 증거 장막을 세우시려 주님은 십자가에 성령으로 친히 재물이 되셨는데도히9:14, 다시 땅의 성전을 이루려하는 시도는 주님의 마음을 다시금 창으로 찌르고 못을 박는 일임을 명심해야 한다.

(갈 3:3) 너희가…성령으로 시작하였다가 이제는 육체로 마치겠느냐
(계 15:5) 또 이 일 후에 내가 보니 하늘에 증거 장막의 성전이 열리며
(히 8:5) 저희가 섬기는 것은 하늘에 있는 것의 모형과 그림자라 모세가 장막을 지으려 할 때에 지시하심을 얻음과 같으니…

3.4 경륜과 성전

피조 세계인 만물은 하나님 자신 계시 뿐만 아니라롬1:20 하나님의 뜻과 계획을 펼치시는 거대한 스크린 곧 활동 무대와도 같은 곳이라 했다.

(롬 1:20) 창세로부터 그의 보이지 아니하는 것들 곧 그의 영원하신 능력과 신성이 그 만드신 만물에 분명히 보여 알게 되나니 그러므로 저희가 핑계치 못할지니라
(엡 1:11) 모든 일을 그의 뜻의 결정대로 일하시는 이의 계획을 따라…
(계 4:11) 우리 주 하나님이여 영광과 존귀와 권능을 받으시는 것이 합당하오니 주께서 만물을 지으신지라 만물이 주의 뜻대로 있었고 또 지으심을 받았나이다 하더라
(골 1:16-17) 만물이 그에게 창조되되 하늘과 땅에서 보이는 것들과 보이지 않는 것들과 혹은 보좌들이나 주관들이나 정사들이나 권세들이나 만물이 다 그로 말미암고 그를 위하여 창조되었고 17 또한 그가 만물보다 먼저 계시

고 만물이 그 안에 함께 섰느니라

(엡 4:6) 하나님도 한 분이시니 곧 만유의 아버지시라 만유 위에 계시고 만유를 통일하시고 만유 가운데 계시도다

(고전 15:28) …이는 하나님이 만유의 주로서 만유 안에 계시려 하심이라

이는 계시적 경륜시각에서 보면 분명한 사실이다. 디도서1:2에서 약속하신 바와 같이 영원 전 하나님의 경륜의 원시복음이 바로 영생이셨다. 이는 오직 삼위일체 하나님 만이 선재先在하시는 세계, 그래서 죄도 악도 없는 상태에서의 영생 약속이셨다. 이러한 영생을 주님이 요한복음17:3에서 밝히 말씀하시기를 "유일하신 참 하나님과 그의 보내신 자 예수 그리스도를 아는 것이니이다"라 하셨고 주님은 이를 아버지께로부터 계명으로 받아 이행하셨다. 요12:49-50, 마1:23, 요일5:20 이는 삼위일체 하나님과의 친밀한 관계성에서 경험적 체험적 지식을 누릴 상대가 있음을 전제하는 것으로, 이는 곧 교회를 염두해 두시고 이르는 것이다. 요일1:3-4 아멘!

(요 12:49-50) 내가 내 자의로 말한 것이 아니요 나를 보내신 아버지께서 나의 말할 것과 이를 것을 친히 명령하여 주셨으니 50 나는 그의 명령이 영생인 줄 아노라 그러므로 나의 이르는 것은 내 아버지께서 내게 말씀하신 그대로 이르노라 하시니라

(마 1:23) 보라 처녀가 잉태하여 아들을 낳을 것이요 그 이름은 임마누엘이라 하리라 하셨으니 이를 번역 한즉 하나님이 우리와 함께 계시다 함이라

그런데 교회는 성령으로 예수를 하나님의 아들이요 그리스도이심을 시인하는 무리로서 하나님이 저들 안에 거하시고 저들도 하나님 안에 거하는

곳이다.요일4:15, 마16:16-19 다시 말하면 교회는 쉐키나43)의 하나님이 거하시는 거룩한 처소곧 성전인 것이다.고전3:16, 6:19-20

(마 16:16-18) 시몬 베드로가 대답하여 가로되 주는 그리스도시요 살아 계신 하나님의 아들이시니이다 17 예수께서 대답하여 가라사대 바요나 시몬아 네가 복이 있도다 이를 네게 알게 한 이는 혈육이 아니요 하늘에 계신 내 아버지시니라 18 또 내가 네게 이르노니 너는 베드로라 내가 이 반석 위에 내 교회를 세우리니 음부의 권세가 이기지 못하리라

(요일 4:15) 누구든지 예수를 하나님의 아들이라 시인하면 하나님이 저 안에 거하시고 저도 하나님 안에 거하느니라

(고전 3:16) 너희가 하나님의 성전인 것과 하나님의 성령이 너희 안에 거하시는 것을 알지 못하느뇨

(고전 6:19-20) 너희 몸은 너희가 하나님께로부터 받은바 너희 가운데 계신 성령의 전인 줄을 알지 못하느냐 너희는 너희의 것이 아니라 20 값으로 산 것이 되었으니 그런즉 너희 몸으로 하나님께 영광을 돌리라

하나님은 교회의 모형인 육적 이스라엘의 출애굽 이유를 "내가 이스라엘 자손 중에 거하여 그들의 하나님이 되리니 그들은 내가 그들의 하나님 여호

---

43) 쉐키나(shekinah) : '거주'라는 뜻을 지니며, 히브리 정경이 완결된 이후에 생긴 말이다. 유대교 신학의 특유의 관념을 표시한다. 하나님에 관해서만 사용되며 하나님의 현존 또는 하나님의 나타나심을 나타낸다. 탈굼과 랍비문서들에서 하나님이 자기 백성과 함께 함을 완곡하게 표현한 것이다. 특히 야훼의 가시적 임재를 나타낸다. 구약성서와 신약성서에 직접 나오지는 않지만, 그 사상은 많이 나온다. 특히 언약궤(민수기10:35-36)와 성전(왕상 8:29)은 그의 임재의 처소였다. 하나님이 자신의 임재를 알리는 가장 흔한 형태는 주의 천사, 하나님의 얼굴, 하나님의 영광이었다. 신약성서에는 임마누엘인 그리스도는 쉐키나이다.(마태복음1:23) 유대교 신학의 가장 큰 특색은 하나님과 사람 사이에 다리를 놓으려는 것이다. 후대의 유대인은 하나님이 직접 세상과 인류와 접촉한다고 생각하는 것은 하나님에 대한 불경건이라고 하여 하나님을 세상과 점점 멀어지게 하였다. 바울이 히브리 사람의 특권을 말하여 양자됨과 영광이라 하며(로마서9:4),《히브리서》기자가 하나님의 아들에 관해서 하나님의 영광의 광채라고 한 말 가운데 영광이라는 말은 쉐키나와 같은 뜻이다-두산백과

와로서 그들 중에 거하려고 그들을 애굽 땅에서 인도하여 낸 줄을 알리라 나는 그들의 하나님 여호와니라출29:45-46"라 하심으로 하나님의 처소로서의 육신의 장막을 묘사하셨다. 그러하니 성전되신 주님의 모형이요, 교회의 모형이었던 삼위일체 하나님의 형상으로 창조된 아담 가정엡5:31-32이 하나님의 처소 곧 성소가 되는 것이 지나친 상상일까?

다윗도 "내가 여호와께 바라는 한 가지 일 그것을 구하리니 곧 내가 내 평생에 여호와의 집에 살면서 여호와의 아름다움을 바라보며 그의 성전에서 사모하는 그것이라시27:4"라며 하나님의 거처인 여호와의 집 곧 성전을 사모하며 하나님을 경험하기를 바랬다. 또 다른 시편기자는 "한 시내가 있어 나뉘어 흘러 하나님의 성 곧 지존하신 이의 성소를 기쁘게 하도다 하나님이 그 성 중에 계시매 성이 흔들리지 아니할 것이라 새벽에 하나님이 도우시리로다.시46:4-5"며 하나님의 처소인 성소를 찬양했다. 특히 다윗은 성전에 올라가면서 노래하기를 "형제가 연합하여 동거함이 어찌 그리 선하고 아름다운고 머리에 있는 보배로운 기름이 수염 곧 아론의 수염에 흘러서 그 옷깃까지 내림 같고 헐몬의 이슬이 시온의 산들에 내림 같도다 거기서 여호와께서 복을 명하셨나니 곧 영생이로다.시133:1-3"며 성령으로 연합하여 그리스도 안에서 하나된 교회가 강력한 성령의 기름부으심 아래 누리는 복을 영생이라 불렀다!

할렐루야!
아멘!

동시에 바울은 "너희는 사도들과 선지자들의 터 위에 세우심을 입은 자라 그리스도 예수께서 친히 모퉁이 돌이 되셨느니라 그의 안에서 건물마다 서로 연결하여 주 안에서 성전이 되어가고 너희도 성령 안에서 하나님의 거하실 처소가 되기 위하여 예수 안에서 함께 지어져 가느니라엡2:20-22"며, 구원받은 무리가 늘어날수록, 이에 상응하여 그들 안에서는 성령으로 하나님 나라가 확장되어마12:28, 벧전2:9, 눅17:21 하나님이 거하시는 처소가 넓어져 나가는 영적원리를 성명했다.

하여 베드로는 하나님이 거하시는 처소 곧 영광 안에서 하나님을 만나고 경험한 바를 선포하는 증인의 모습을 그리고 있다. 이것이 바로 계시적 경륜과 연결된 성전의 모습이지 않는가?

"오직 너희는 택하신 족속이요 왕 같은 제사장들이요 거룩한 나라요 그의 소유된 백성이니 이는 너희를 어두운데서 불러 내어 그의 기이한 빛에 들어가게 하신 자의 아름다운 덕을 선전하게 하려 하심이라벧전2:9"

할렐루야!

3.4.1 성전의 시작, 아담

주님은 죄있는 육신의 모양으로 오신 하나님의 아들로 표현되셨다.롬8:3 주님은 근본 하나님의 본체이시나히1:8, 요1:1-2 하나님과 동등됨을 취하지 않으시고 자신을 비워 종의 형체를 가진 사람의 모양으로 나타나셨다고 했다.빌2:6-8, 요1:14 그리고 모든 일에 우리와 똑같이 시험을 받으셨으나 부활되심으로 죄가 없으신 유일한 분이심도 확인되셨다.히4:15, 요16:10, 사53:1-9, 롬1:4

그런데 육체를 입으시고 이 땅에 오신 하나님의 아들을 정확하게 닮은 존재가 이전에 있으니 바로 아담이었음을 확인했다. 주님이 보이지 않으시는 하나님의 형상이심과 같이, 아담 또한 보이지 않은 삼위일체 하나님의 형상이었고, 죄와는 전혀 상관이 없었다. 그리고 앞에서 잠시 언급된 바와 같이 아담은 땅을 통치하는 것에서 하나님의 생명과 그 이름의 권세가 있음이 분명했다. 눅4:6, 창1:26,28, 요1:12-13, 롬5:17

사람의 손으로 지은 눈에 보이는 성전은 무너져내리고, 이 땅에서 진정으로 하나님의 처소가 되신 참 성전은 주님이셨다. 요2:19-21, 14:10-11 그리고 살리는 영이신 주님으로 인해 살아난 몸되 교회가 그 성전이 되었다. 눈에 보여진 구약의 성전은 제물을 필요로 하는 제단이 있는 성전이나, 신약에서의 성전은 주님께서 십자가에서 제사를 완성하신히10:12, 레16장 이후부터는 제물과 상관없는 오직 하나님과의 관계성을 나타내는 성전이다.44) 고전3:16 그런데 아담은 하나님 나라의 모형인 에덴에서 하나님과 항상 함께 했고, 땅을 통치하는 하나님의 권세를 가지고 영생을 경험하는 자였기에 "영생하라 [창2:17]" 명령은 이 영생을 일상 경험하는 자로, 이 영생을 지속하란 명령이셨음, 이를 거부하는 것은 하나님의 언약을 어기는 것으로 여겨짐. 호6:7, 요17:3, 요일1:3-4, 하나님 이름을 모시고 하나님과 동행한 아담이 비록 자신이 성전이란 명시적인 말씀이 보이지 않는다.45) 하나, 창세전 '영생'을 약속하셨던 바, 요한복음17:3과 요한일서

---

44) 출애굽의 근본 이유가 바로 광야에서 절기를 지키며 하나님을 섬기기 위함(곧 제사)이셨다.(출5:1, 8:1) 그런데 제사를 요구하시는 의도가 바로 하나님께서 자기 백성들 중에 거하시며, 만나주시고 말씀을 주려는 의도셨다.(출29:42, 45-46) 핵심은 바로 형식적 제사가 아니라 바로 하나님의 마음과 목적이셨다. 하나님은 거룩이시오 영광(빛)이시기 하나님을 만나고 함께 거하려면 반드시 거룩해야 하고 영광을 구하는 자가 되어야 하기 때문이다. 레위기 기록 핵심은 바로 이러한 의도로 제사를 요구하시는 것이다. 그런고로 죄가 해결된 이들에겐 사실 제물이 필요없는 것이다. 제물이 필요없는 상태, 곧 삼위일체 하나님과 하나된 상태의 누림이 '영생'인 것이다.(요17:3, 요일1:3) 해서 하나님은 이런 의도로 형식적이고도 종교적인 제사를 거부하셨다.(호6:6, 마9:14, 시89:14, 사1:11-14, 말1:7-14) 다시 강조하면 레위기 기록 의도는 "함께 있자"라는 하나님의 갈망을 바라시는 귀한 하나님의 말씀이다.

45) 성경의 저자는 성령이시다.(딤후3:16, 벧후1:21 ← given by inspiration of God, God-breathed) 성령의 감동으로 40여명의 사람들이 받아 적은 하나님의 말씀이다. 고로 성경은 영적이다.(롬7:14상) 하나님은 영이시고 그분의 말씀도 영이다.(요4:24, 6:63) 동시에 성령님은 생명의 영이시기에 오직 성령으로 기록된 말씀을 보고 들을 때 말씀이 살아 역사하여 그 기록된 의미를 제대로 이해하는 것이다.(롬8:2, 히4:12-13, 요일2:20,27, 고전2:12-13, 요14:26, 16:13) 그러나 육신적으로 보고 이해했기에 오해하여 성경도 그 저자이신 하나님의 능력도 모르게 된다.(마22:29, 고후3:3,6, 롬7:14하) 안식일 논쟁이 그러했고 부활 논쟁도 그러했다.(막2:27-28, 마22:29-30) 니고데모에게의 중생문제도, 베드로에게의 용서문제도 그랬다.(요3:3-6, 마18:21) 예수님은 육체를 따라 판단치 않으셨다.(요8:15) 자칭 유대사람들은 예수님을 육체로 보고 판단한 결과 십자가 형으로 몰아갔다.(고

1:3-4, 베드로후서1:3-4에서 그 실체곧 삼위일체 하나님과 몸된 교회간의 친밀한 "하나됨"의 관계성 구조를 유추해 보면, 바로 이 땅에 존재했던 사람의 손으로 지음 받지 않은 실질적인 첫 성전이 아담였음이 합당한 영적진실이 아닌가?

> (딛 1:2) 영생의 소망을 인함이라 이 영생은 거짓이 없으신 하나님이 영원한 때 전부터 약속하신 것인데
> (요 17:3) 영생은 곧 유일하신 참 하나님과 그의 보내신 자 예수 그리스도를 아는 것이니이다
> (요일 1:3-4) 우리가 보고 들은 바를 너희에게도 전함은 너희로 우리와 사귐이 있게 하려 함이니 우리의 사귐은 아버지와 그 아들 예수 그리스도와 함께 함이라 4 우리가 이것을 씀은 우리의 기쁨이 충만케 하려 함이로라
> (벧후 1:3-4) 그의 신기한 능력으로 생명과 경건에 속한 모든 것을 우리에게 주셨으니 이는 자기의 영광과 덕으로써 우리를 부르신 자를 앎으로 말미암음이라 4 이로써 그 보배롭고 지극히 큰 약속을 우리에게 주사 이 약속으로 말미암아 너희로 정욕을 인하여 세상에서 썩어질 것을 피하여 신의 성품에 참예하는 자가 되게 하려 하셨으니
> (벧전 2:9) 오직 너희는 택하신 족속이요 왕 같은 제사장들이요 거룩한 나라요 그의 소유된 백성이니 이는 너희를 어두운데서 불러 내어 그의 기이한 빛에 들어가게 하신 자의 아름다운 덕을 선전하게 하려 하심이라

종의 신분46)인 이스라엘 조차에게도 하나님은 "나 여호와가 말하노라 너희는 나의 증인, 나의 종으로 택함을 입었나니….7 무릇 내 이름으로 일컫

후5:16, 계2:9) 고로 성경 전체에 흐르는 영적 맥락을 성령으로 깨닫는 것이 중요하다.(고전2:13) 성전에 대한 영적 의미 또한 동일하다.
46) 구약(곧 율법) 아래서의 백성은 종의 신분이다.(마11:11, 갈3:23-25, 4:1-5,24-25,요 7:38-39, 롬8:15, 갈4:5-7, 요15:15) 주님이 오신 것은 율법 아래 있는 종의 신분을 가진 자들을 속량하시고 아들의 신분을 얻게 하기 위하심이다.(갈4:4-5)

는 자 곧 내가 내 영광을 위하여 창조한 자를 오게 하라 그들을 내가 지었고 만들었느니라사43:10.7"라 하셨거늘, 하물며 하나님의 이름을 모신 자로서 요14:26, 1:12 그 이름으로 일컬어지고9:19, 사43:7 성령으로 하나님의 생명을 받아들이고창2:7, 요5:26, 요일5:11, 성령을 모셔 하나님의 처소가 되어고전3:16, 6:19-20, 성령으로 인도함 받는 이들을 하나님의 아들이요, 하나님의 증인이라 확증하지 않는가?롬8:14-16, 요7:38-39, 3:8, 행1:8, 벧전2:9 강조하지만 아담은 하나님의 경륜을 이행할 첫 작품으로 하나님의 말씀과 성령으로 하나님의 뜻에 따라 지음받는 자였음을 앞에서 밝혔다.약1:18, 창2:7 하나님은 아담을 흙에서 취하시어 자신의 생기the breath of life를 그 코에 불어넣으심으로 하나님의 생명을 지니며 동시에 통치하는 하나님의 권세를 가진 하나님의 아들로 창조하셨는 바창2:7, 눅3:38, 요1:12-13, 슥12:1 KJV, 아담은 오실 자 예수님의 모형으로 죄와 상관없는 완전한 영-혼-육의 모습으로 영생을 누리며, 하나님의 이름을 지닌 영적 성전이 되게 하신 사실은 분명해 보인다!

(요 3:8) 바람이 임의로 불매 네가 그 소리를 들어도 어디서 오며 어디로 가는지 알지 못하나니 성령으로 난 사람은 다 이러하니라

(요 1:12-13) 그분을 영접한 자 곧 그분의 이름을 믿는 자들에게는 다 하나님의 아들들이 되는 권능을 주셨으니 13 이들은 혈통으로나 육신의 뜻으로나 사람의 뜻으로 나지 아니하고 오직 하나님께로부터 태어난 자들이니라 [KJV]

(약 1:18) 그분께서 자신의 뜻에 따라 진리의 말씀으로 우리를 낳으셨으니 (ἀποκυέω 아포퀴에오, beget) 이것은 우리로 하여금 자신의 피조물 가운데 첫 열매가 되게 하려 하심이라[KJV]

(창 2:7) 여호와 하나님이 흙으로 사람을 지으시고 생기를 그 코에 불어 넣으시니 사람이 생혼이 된지라[KJV]

(롬 8:14-17) 무릇 하나님의 영으로 인도함을 받는 그들은 곧 하나님의 아들이라 15 너희는 다시 무서워하는 종의 영을 받지 아니하였고 양자의 영을 받았으므로 아바 아버지라 부르짖느니라 16 성령이 친히 우리 영으로 더불어 우리가 하나님의 자녀인 것을 증거하시나니 17 자녀이면 또한 후사 곧 하나님의 후사요 그리스도와 함께 한 후사니….

(슥 12:1) 이스라엘을 위한 주의 엄중한 경고라. 주 곧 하늘들을 펼치시고 땅의 기초를 놓으시며 사람 속에 영을 지으시는 이가 이르시되[KJV]

(대하 6:20)…내 이름을 거기 두리라 하신 곳 이 성전을 향하여 주의 눈이 주야로 보옵시며…

성령님은 예수님을 주主와 왕王으로 영접하게 하시고행2:36, 5:31,42, 고전12:3 또 주 예수님의 이름을 믿는 이들요1:12-13에게 하나님의 이름으로 임하시고요14:26, 자신의 처소로 삼으신다.고전3:16, 6:19-20, 벧전2:5, 히3:6 삼위일체 하나님께로 나서 하나님의 형상을 지녔고, 하나님을 닮은 자로 창조된 아담은 하나님을 알고 계시하는 위치에 있었음을 이미 설명하였다. 그리고 땅을 통치하며, 천하 영광과 권위를 가진 자였다.47) 창1:26,28, 눅4:5-6 이는 하나님의 권세를 가진 자의 모습이다.빌2:9-10, 엡1:21, 요1:12-13 하나님의 이름인 여호와는 말 그대로 자존자 하나님으로48) I AM WHO I AM, 혹은 I WILL

---

47) 하나님의 형상대로 창조된 아담이 타락하기 전에는 어둠의 영인 뱀을 통치할 권세가 있었고, 세상을 통치하고 있었다.(창1:26,28, 요일5:4) 그러나 하나님을 떠나 타락한 이후에는 모든 짐승과 땅이 저주받았고(창3:14,17), 아담은 뱀의 지배 아래 놓였고(창3:19,14, 벧후2:19), 아담에게 주어졌던 천하만국의 영광과 통치권이 뱀에게 넘겨졌다.(이 때부터 뱀(마귀)이 세상 임금이 됨, 눅4:5-6, 롬8:19-22)

48) 정학영, 『망원경으로 보는 창세기』 대장간, 2018, pp84-85 :…하나님은 모세에게 자신을 계시하시기를 자신의 이름을 통해서 하셨다. 곧 "자존하시는 자("에흐예 아쉘 에흐예", 곧 여호와, I am who I am, 출3:14-15)"로서 자신을 드러내셨다. "자존하시는 자 곧 스스로 계시는 자"는 바로 "생명과 영원, 자유"의 의미를 지니고 있다. 이는 바로 "영생(=영원+생명)"의 의미가 된다. 다시 말하면 하나님의 이름이 자신의 속성을 품고 있음을 나타낸다. 고로 아담이 받은 하나님의 형상은 하나님의 속성과 함께 하나님의 이름을 소유한 자라 볼 수 있으며, 하나님을 계시할 자라는 의미는 곧 하나님의 이름을 세상에 증거 할 자임을 나타낸다.(요17:6,12,26) 그러므로 하나님은 자신을 계시할 자로 아담(Adam)에게 하나님

BE WHAT I WILL BE, 출3:14-15, 그 이름 속에는 영원과 생명, 그리고 자유함을 담고 있다. 이는 하나님의 형상을 지닌 자가 품은 하나님의 속성이요 영생이다.

(요 1:12-13) 영접하는 자 곧 그 이름을 믿는 자들에게는 하나님의 자녀가 되는 권세를 주셨으니 13이는 혈통으로나 육정으로나 사람의 뜻으로 나지 아니하고 오직 하나님께로서 난 자들이니라

(고전 3:16) 너희가 하나님의 성전인 것과 하나님의 성령이 너희 안에 거하시는 것을 알지 못하느뇨

(요 14:26) 보혜사 곧 아버지께서 내 이름으로 보내실 성령…

(빌 2:9-10) 이러므로 하나님이 그를 지극히 높여 모든 이름 위에 뛰어난 이름을 주사 10하늘에 있는 자들과 땅에 있는 자들과 땅 아래 있는 자들로 모든 무릎을 예수의 이름에 꿇게 하시고

(엡 1:21) 모든 정사와 권세와 능력과 주관하는 자와 이 세상뿐 아니라 오는 세상에 일컫는 모든 이름 위에 뛰어나게 하시고

(눅 4:5-6) 마귀가 또 예수를 이끌고 올라가서 순식간에 천하 만국을 보이며 6 가로되 이 모든 권세와 그 영광을 내가 네게 주리라 이것은 내게 넘겨 준 것이므로…

(창 1:26) 하나님이 가라사대 우리의 형상을 따라 우리의 모양대로 우리가 사람을 만들고 그로 바다의 고기와 공중의 새와 육축과 온 땅과 땅에 기는

의 생명을 주어 영원토록 함께 살아가며 하나님의 영광을 돌려드리기를 원하셨다. 이것이 바로 그 핵심이 '영생'이다. 주님도 "영생(永生)은 곧 유일하신 참 하나님과 그의 보내신 자(者) 예수 그리스도를 아는(ידע, 야다, 깊은 관계 속에서 경험과 체험을 의미) 것이니이다. (요17:3)"라 하시며 영생이 단순히 영원한 생명을 소유하는 것 이상인 참 하나님과 예수그리스도를 아는 것(ידע, 야다)을 의미함을 말씀하셨다. 고로 이 영생은 "영원한 생명" 이기에 이는 하나님 자신의 속성을 대표한다고 했다. 스스로 계시어 자유하시는 하나님께서는 언제나 홀로 충만하시다. 홀로 충만히 존재하신다는 의미는 영원한 생명을 의미하며 부족함이 전혀 없음을 말한다. 영원한 생명이시기에 사망이 그를 다스릴 수가 없고, 완전한 빛 가운데 계심으로 어두움의 심판이 되신다. 하나님이 이 영생을 드러내신다는 의미는 곧 자신을 계시하시는 또 다른 뜻인 바, 자신의 이름에 이를 나타내신다.

모든 것을 다스리게 하자 하시고

예수님 안에서는 하나님의 모든 지혜와 지식의 보화가 감춰져 있었고, 주님 안에는 하나님의 신성의 모든 충만이 육체로 거하셨다.골2:2-3,9, 1:19, 엡3:8 몸된 교회가 그리스도 안에서 만물을 충만케 하시는 모든 충만으로 충만한 것처럼골2:10, 엡1:23, 3:19-20, 아담 또한 그러한 상태로 하나님과 깊은 관계 속에서 하나님과 함께 동역관계에 있었다.창1:26,28, 2:19-23,16

(창 2:19) 여호와 하나님이 흙으로 각종 들짐승과 공중의 각종 새를 지으시고 아담이 어떻게 이름을 짓나 보시려고 그것들을 그에게로 이끌어 이르시니 아담이 각 생물을 일컫는 바가 곧 그 이름이라

할렐루야!

참고로 주님이 다시 나타나실 때에는 모든 성도의 온 영과 혼과 육이 거룩한 모습으로 발견되어져야 한다.살전5:23, 딤전6:14, 엡5:26-27

(살전 5:23) 평강의 하나님이 친히 너희로 온전히 거룩하게 하시고 또 너희 온 영과 혼과 몸이 우리 주 예수 그리스도 강림하실 때에 흠 없게 보전되기를 원하노라
(딤전 6:14) 우리 주 예수 그리스도 나타나실 때까지 점도 없고 책망 받을 것도 없이 이 명령을 지키라
(엡 5:26-27) 이는 곧 물로 씻어 말씀으로 깨끗하게 하사 거룩하게 하시고 자기 앞에 영광스러운 교회로 세우사 티나 주름잡힌 것이나 이런 것들이 없이 거룩하고 흠이 없게 하려 하심이니라

이는 곧 아담이 창조되었을 때의 모습이다.창2:7, 1:26 온전한 모습으로 증인된 삶을 살아가다가히4:12-13, 그러한 모습으로 발견되는 것이 하나님의 뜻이다.살전4:3, 5:23 성령님이 임하시면 "그 날에는 내가 아버지 안에, 너희가 내 안에, 내가 너희 안에 있는 것을 너희가 알리라γινώσκω 기노스코, 요14:20"와 같이 "하나됨Oneness"의 상태가 되고, 동시에 "저는 진리의 영이라 세상은 능히 저를 받지 못하나니 이는 저를 보지도 못하고 알지도 못함이라 그러나 너희는 저를 아나니 저는 너희와 함께 거하심이요 또 너희 속에 계시겠음이라요14:17"의 모습이 된다. 이는 진리의 성령이 임하시는 날에는 주님이 아버지 안에, 성도가 지성소로서 성소이신주님 안에, 동시에 말씀이시오 법궤가 되신 주님이 지성소인성도 안에 있는 것을 스스로 체험49)하게 되는 것이다.요일 3:24, 4:13, 약4:5

아멘!

(요일 3:24) 그의 계명들을 지키는 자는 주 안에 거하고 주는 저 안에 거하시나니 우리에게 주신 성령으로 말미암아 그가 우리 안에 거하시는 줄을 우리가 아느니라(γινώσκω 기노스코)

(요일 4:13) 그의 성령을 우리에게 주시므로 우리가 그 안에 거하고 그가 우리 안에 거하시는 줄을 아느니라(γινώσκω 기노스코)

(요 17:3) 영생은 곧 유일하신 참 하나님과 그의 보내신 자 예수 그리스도를 아는(γινώσκω 기노스코) 것이니이다

(고후 13:5) 너희가 믿음에 있는가 너희 자신을 시험하고 너희 자신을 확증하라 예수 그리스도께서 너희 안에 계신 줄을 너희가 스스로 알지 못하느냐 그렇지 않으면 너희가 버리운 자니라

---

49) 여기서 실제적으로 경험과 체험을 통하여 아는 것을 "γινώσκω 기노스코/ἐπιγινώσκω 에피기노스코"라 한다. 이성적 머리 지식으로 인한 단편적 지식보다, 여자가 남자를 성적 경험을 통하여 아는 것처럼 깊은 개인적 친밀함에서 오는 경험적 지식을 의미한다.(참조: 눅1:34)

3.5 아담의 위치와 성전과의 관계

주님은 성령으로 아버지께서 거하시는 성전이셨고요2:21, 14:10-11, 교회는 성령으로 말미암아 삼위일체 하나님이 거하시는 성전이었다.약4:5, 고전3:16, 요일4:15-16 주님은 보이지 않으시는 삼위일체 하나님의 신성과 신격의 충만함을 육체적 형태로 품으신 분이셨다. 히1:3, 골1:15,19, 2:9, 요1:14, 14:9 주님은 말씀이 육신이 되신 분이시오요1:14, 하나님이 육체로 표현되신 분이시다. 요1:1-2, 히1:3上

> (골 1:15) 그는 보이지 아니하시는 하나님의 형상이요…
> (골 1:19) 아버지께서는 모든 충만으로 예수 안에 거하게 하시고
> (골 2:9) 그 안에는 신성의 모든 충만이 육체로 거하시고
> (요 1:1,14) 태초에 말씀이 계시니라 이 말씀이 하나님과 함께 계셨으니 이 말씀은 곧 하나님이시니라 14 말씀이 육신이 되어 우리 가운데 거하시매 우리가 그 영광을 보니 아버지의 독생자의 영광이요 은혜와 진리가 충만하더라
> (히 1:3) 이는 하나님의 영광의 광채요 그 본체의 형상이시라…
> (골 2:2-3)…하나님의 비밀인 그리스도를 깨닫게 하려 함이라 3 그 안에는 지혜와 지식의 모든 보화가 감추어 있느니라

삼위일체 하나님의 형상인 아담은 오실 주님의 모형이요 교회의 모습을 지닌 자였다. 이러기에 아담은 예수님과 교회의 공통된 부분 중 하나인 눈에 보이지 않는 하나님의 거처인 '성전'이 됨을 아래와 같이 다양한 영적원리로부터 다시 설명해 보고자 한다. 이 땅에 주님이 오시기 전, 주님이 바라시는 주님의 몸된 교회의 실제적 모습이 나타나기 이전이지만, 아담이 어떻게 사람의 손으로 지음 받은 눈에 보이는성전이 존재하기 이전에 이미 삼위일체 하나님이 거하시는 영적 성전이 될 수 있는지에 대한 영적사실을 정리해

보는 것도 의미가 있을 것 같다.

첫째, 아담은 하나님의 아들이다.눅3:38 KJV

하나님은 아담을 흙에서 취하시어 코에 생기the breath of life를 불어 넣으시어 삼위일체 하나님의 형상을 지닌 생혼이 되게 하셨다.창2:7 KJV, 1:26 생기는 히브리 원어로 "네샤마호흡, 바람, 영, 영혼 하야נשמה 남성명사, 생명"으로, "생명의 영the spirit of life" 곧 '성령'이란 뜻을 가지고 있다. 이것은 사람이 거듭날 때 "성령으로 난 것은 영"인 것과 같이요3:6, 성령이신 생기를 불어 넣었다는 의미인데 이것은 동시에 영의 창조를 의미한다. 고로 "생기를 불어 넣었다"라는 말은 곧 "영을 창조하셨다.슥12:1"와 같은 의미이다. 동시에 "생혼living soul"은 히브리 원어로 "네페쉬혼 하야חיה living", 헬라어로는 "프쉬케 자오 ψυχη ζαω"로서 "살아있는 혼living soul"을 의미한다. 이 생혼이라는 단어는 다양한 표현으로 성경 여러 곳에 등장하는 바, 로마서12:2에는 "새로이 변화된 마음곧 혼", 요한삼서1:2 KJV에는 "혼이 잘 됨같이", 그리고 베드로전서 1:9 KJV에는 "혼의 구원"으로 소개된다. 이는 "영성령에 지배당하고 영의 정보로 충만한 혼의 상태롬8:4-6"로서, 이를 "성령 충만하여 성령께서 일하시는데 전혀 방해를 주지 않는 혼의 상태엡5:18, 갈5:16-18"를 나타내는 단어이다. 그러므로 하나님 보시기에 "영이 죽은 자"를 '죽었다'라고 표현하며엡2:1, 영이 산 자를 "하나님께 살았다, 하나님의 생명을 소유하고 있다"라고 한다.롬6:11 어린 양의 생명책에 기록된 자들은 모두 생기를 부음 받은 하나님의 생명을 가진 자들을 일컫는다.요5:24

(롬 6:11) 이와 같이 너희도 너희 자신을 죄에 대하여는 죽은 자요 그리스도 예수 안에서 하나님께 대하여는 살아 있는 자로 여길지어다

성령님은 우리에게 생명을 주시고요3:5-8, 롬8:2, 주님은 우리의 죄를 담당하시고 살리는 영고전15:45으로 죽었던 우리 영을 살리신다.이때를 "성령께서 아들의 영을 주시어 아들삼으신다"라고 함. 엡2:1, 롬8:10,14-15, 4:25, 고전15:45 그리고 성령님은 우리 영을 지성소 삼으시어 우리 영과 "하나Oneness" 되어 계신다.고전3:16, 6:17, 롬8:16

(요 3:6) 육으로 난 것은 육이요 성령으로 난 것은 영이니

(롬 4:25) 예수는 우리 범죄함을 위하여 내어줌이 되고 또한 우리를 의롭다 하심을 위하여 살아나셨느니라

(고전 15:45) 기록된바 첫 사람 아담은 산 영이 되었다 함과 같이 마지막 아담은 살려 주는 영이 되었나니

(롬 8:2) 이는 그리스도 예수 안에 있는 생명의 성령의 법이 죄와 사망의 법에서 너를 해방하였음이라

(롬 8:10) 또 그리스도께서 너희 안에 계시면 몸은 죄로 인하여 죽은 것이나 영은 의를 인하여 산 것이니라

(롬 8:15-16) 너희는 다시 무서워하는 종의 영을 받지 아니하였고 양자의 영을 받았으므로 아바 아버지라 부르짖느니라(the Spirit you received does not make you slaves, so that you live in fear again ; rather, the Spirit you received brought about your adoption to sonship) 16 성령이 친히 우리 영으로 더불어 우리가 하나님의 자녀인 것을 증거하시나니

(고전 6:17) 주와 합하는 자는 한 영이니라

동일한 영적원리로, 아담에게 생기를 불어 넣으시어 아들 삼으셨다는 것을 "하나님께로부터 난 자born of God, 요1:12-13, 요일5:1,4,18, 고전1:30 곧 성령으로 난 자요3:6,8"라고 하며, 이때부터 아담은 성령 하나님과 친밀한 관계가

형성되어 하나님과 동행하게 된 것이다.창2:15-17,19-23, 요3:8, 롬8:14

(고후 3:17) 주는 영이시니 주의 영이 계신 곳에는 자유함이 있느니라

(요 1:12-13) 영접하는 자 곧 그 이름을 믿는 자들에게는 하나님의 아들이 되는 권세를 주셨으니 13 이는 혈통으로나 육정으로나 사람의 뜻으로 나지 아니하고 오직 하나님께로서 난 자들이니라[KJV]

(요일 3:9) 하나님께로서 난 자마다 죄를 짓지 아니하나니 이는 하나님의 씨가 그의 속에 거함이요 저도 범죄치 못하는 것은 하나님께로서 났음이라

(요일 5:4) 대저 하나님께로서 난 자마다 세상을 이기느니라…

(고전 1:30) 너희는 하나님께로부터 나서(of God) 그리스도 예수 안에 있고…

(요 3:6,8) 육으로 난 것은 육이요 성령으로 난 것은 영이니 8 바람이 임의로 불매 네가 그 소리를 들어도 어디서 오며 어디로 가는지 알지 못하나니 성령으로 난 사람은 다 이러하니라

(롬 8:14) 무릇 하나님의 영으로 인도함을 받는 그들은 곧 하나님의 아들이라

이렇게 하나님께로 난 자인 하나님의 아들은 "하나님의 씨"를 소유하고 그 형상을 가져 하나님을 닮은 자들associates of God-kind이 된다.엡4:23-24, 5:1, 요일3:9, 창1:26, 요10:30,35

(엡 4:23-24) 너희의 생각의 영(πνεύματι τοῦ νοός 심령 the spirit of your mind ← πνεῦμα ὁ νοῦς)이 새롭게 되어 24 하나님을 따라(after/like God) 의와 참된 거룩함으로 창조하신 새 사람을 입었도다.

(엡 5:1) 그러므로 사랑을 입은 자녀 같이 너희는 하나님을 본받는 자(followers/imitators of God)가 되고

(요일 3:9) 하나님께로서 난 자마다 죄를 짓지 아니하나니 이는 하나님의 씨가 그의 속에 거함이요 저도 범죄치 못하는 것은 하나님께로서 났음이라

(요 10:30) 나와 아버지는 하나이니라 하신대

(요 10:35) 성경은 폐하지 못하나니 하나님의 말씀을 받은 사람들을 신이라 하셨거든

(창 1:26) 하나님이 가라사대 우리의 형상(צלם, 첼렘, 닮음, image, icon)을 따라 우리의 모양대로 우리가 사람을 만들고 그로 바다의 고기와 공중의 새와 육축과 온 땅과 땅에 기는 모든 것을 다스리게 하자 하시고

예수님도 말씀이신 하나님이시나요1:1-2, 롬9:5, 육신을 입고 성령으로 잉태되어 오시니 하나님의 아들이라 불려지신다.마16:16, 요1:18 그리고 아버지께서 성령과 함께 주님 안에 계시니 성전이 되신 것이다.요2:21, 계21:22 이러하신 주님의 모형이 아담이니, 동일한 영적원리로 성령과 하나되어 삼위일체 하나님과 함께 한 아담이 영적 성전이 되는 확신에 믿음이 더하게 된다.고전6:17, 3:16, 요14:17

더군다나 성전은 하나님께 기도하는 집이요, 예배의 처소가 되기에막11:17, 벧전2:5, 히3:6, 성령으로 탄생한 아담은 그 영 속에 하나님의 생명과 본성, 의와 거룩함을 지니며골3:10, 엡4:23, 고전1:30, 본능적으로 하나님께 예배하는 자의 위치에 있었다. 하나님이 아담에게 "경작하라עבד 아바드: 땀흘려 일하다, 섬기다, 예배하다, 스스로 종이 되다"명령을 주신 것은 일상 삶이 하나님을 섬기며 예배자의 삶을 살란 명령이셨음. 창2:15, 막11:17, 롬12:1

(고전 6:17) 주와 합하는 자는 한 영이니라

(고전 3:16) 너희가 하나님의 성전인 것과 하나님의 성령이 너희 안에 거하

시는 것을 알지 못하느뇨

(벧전 2:5) 너희도 산 돌 같이 신령한 집으로 세워지고 예수 그리스도로 말미암아 하나님이 기쁘게 받으실 신령한 제사를 드릴 거룩한 제사장이 될지니라

(히 3:6) 그리스도는 그의 집 맡은 아들로 충성하였으니 우리가 소망의 담대함과 자랑을 끝까지 견고히 잡으면 그의 집이라

(요 14:17) 저는 진리의 영이라 세상은 능히 저를 받지 못하나니 이는 저를 보지도 못하고 알지도 못함이라 그러나 너희는 저를 아나니 저는 너희와 함께 거하심이요 또 너희 속에 계시겠음이라

(계 21:22) 성안에 성전을 내가 보지 못하였으니 이는 주 하나님 곧 전능하신 이와 및 어린 양이 그 성전이심이라

(고전 1:30) 너희는 하나님께로부터 나서 그리스도 예수 안에 있고 예수는 하나님께로서 나와서 우리에게 지혜와 의로움과 거룩함과 구속함이 되셨으니

(엡 4:23-24) 오직 심령으로 새롭게 되어 24 하나님을 따라 의와 진리의 거룩함으로 지으심을 받은 새 사람을 입으라

(골 3:10) 새 사람을 입었으니 이는 자기를 창조하신 자의 형상을 좇아 지식에까지 새롭게 하심을 받는 자니라

둘째, 아담은 예수의 모형이다. 롬5:14하

바울은 고전15:44-51에서 첫 사람 아담과 둘째 사람이요 마지막 아담이신 예수님을 비교하여 설명한다. 즉 "육의 몸a natural body"대對 vs "신령한 몸a spiritual body 영적인 신령한 몸, 고전15:44", "생혼a living soul"대 "살려주는 영a quickening[life-giving] spirit", "육 있는 사람natural"대 "신령한 사람spiritual", "땅에서 나고 흙에 속한 자of the earth, earthy"대 "하늘에서 난 자of heaven, the Lord from heaven"로 비교하고서는 다음과 같은 부활50)의 모습을 그려낸다,

"무릇 흙에 속한 자는 저 흙에 속한 자들과 같고 무릇 하늘에 속한 자는 저 하늘에 속한 자들과 같으니 As [is] the earthy, such [are] they also that are earthy: and as [is] the heavenly, such [are] they also that are heavenly 49 우리가 흙에 속한 자의 형상을 입은 것같이 또한 하늘에 속한 자의 형상을 입으리라 And as we have borne the image of the earthy, we shall also bear the image of the heavenly고전15:48-49"

---

50) 부활은 죽음을 정복한 강력한 증거이다.(고전15:26,54-55) 아담은 창조 시부터 생명나무 열매를 먹음으로 영-혼-육이 영생하도록 창조되었다.(창2:17, 3:22) 그러나 죄를 범함으로 죄가 세상에 들어왔고, 죄로 말미암아 죽음(사망)이 왔다.(고전15:21, 55-56, 롬6:23, 5:12) 죄가 없는 육체는 마치 부활체와 같은 몸의 형체이다. 그러나 아담의 범죄 이후론 죄 없는 육체는 없다. 하여 모두 썩어질 수 밖에 없다. 비록 영이 구원을 받아 하나님 앞에 살았다고는 하나(롬6:10-11) 여전히 육은 성화의 과정을 거쳐야 하기에, 이 땅을 지나는 동안엔 완전한 육체, 죄 없는 육체는 없다. 이러한 육체를 연약하다고 하며 썩어질 수 밖에 없는 육체라 한다.(mortal body 롬8:11) 하여 "썩어질 몸, 비천한 몸, 연약한 몸, 자연적인 육체의 몸"으로 땅에 묻히고 "썩지 않는 몸, 영광의 몸, 강건한 몸, 영적인 몸"으로 다시 살아난다.(곧 부활한다)고 한다.(고전15:42-44 쉬운말성경) 예수님은 육체로 오실 것이 영원 전부터 예정된 것이나(벧전1:19-20, 고전2:7, 요1:14), 아담의 범죄함으로 인해, 모든 죄와 저주를 지시고 십자가에서 피를 흘리시며 죽으셨다.(고후5:21, 창3:22) 그러나 하나님은 예수님을 다시 살리심으로, 예수님의 죽음이 온 인류의 죄를 대신하셨음을 증거셨고, 동시에 예수님 자신은 아무런 죄가 없음을 증거하셨다.(롬1:4 ← 죄인은 의의 부활이 없다. 그러나 심판을 위한 부활 만이 기다리고 있을 뿐임, 계20:13, 요5:29) 하여 이러한 사실을 믿는 자마다 영생을 얻게 하셨다.(롬10:9, 요5:24) 고로 아담의 범죄함이 없었다면, 피 흘림없이 예수님은 아버지께로 오셨다가 아버지의 뜻을 행하고는 아버지께로 돌아가시게 되어 있었다.(요13:1,3, 20:17) 예수님은 잠자는 자들의 부활의 첫 열매가 되셨다.(고전15:20) 성도의 영은 구원받는 순간 이미 주님과 함께 하나님 우편에 앉아 있다.(엡2:6, 골3:1-3, 이를 "영이 거듭남으로 부활했고 육의 부활"을 기다린다고 함) 그러나 육신이 떠나면, 육신은 흙으로 돌아가 썩어지고, 영은 영원토록 주님과 함께 보좌 우편에서 안식한다.('잠잔다'라 표현, 살전4:14) 그러나 주님이 재림하실 때에, 잠자던 이들의 썩어진 육체가 먼저 신령한 육으로 변하고, 이 땅에서 남아 있던 성도들의 육체는 홀연히 신령한 몸으로 변하여 재림하시는 주님과 함께 공중 혼인 잔치에 참여한다.(살전4:13-17, 골3:4, 고전15:50-54, 계19:7-9, 마25:10) 고로 주님의 부활이 없으면, 그 어떤 인간도 의로워질 수도, 의인의 부활을 기대할 수도 없다.(롬4:25, 8:10-11) 이런 의미로 아버지의 일은 하나님께서 보내신 이를 믿는 것이요(요6:29), 그렇지 않음을 죄라 하셨다.(요16:9) 하여 하나님의 뜻은 이렇게 믿는 자들을 마지막 날에 주님께서 다시 살리는 것이라 하셨다.(요6:38-40) 즉 이 땅에서 주님의 말씀을 듣고 주님을 보내신 하나님 아버지를 믿는 자마다 영생을 얻고(요5:24, 6:40, 3:16) 아들의 영을 받는다.(롬8:15) 그리고 성령으로 인도함 받으며 아들의 음성을 듣게 된다.(요10:3-4, 5:25, 28-29, 16:13-15) 이들은 주님이 재림하실 때 '일어나라!'란 주님의 음성을 듣고 생명의 부활에 참여하게 된다.(요5:28-29, 엡5:14, 살전4:16) 그러나 악인도 아들의 음성을 듣게 되나 이는 심판을 위한 부활 때의 일이다.(요5:28-29, 계20:13)

아멘!

그런데 창2:7에서처럼 "여호와 하나님이 흙으로 사람을 지으실 the LORD God formed man [of] the dust of the ground때"를 말 그대로 "육의 몸a natural body", "육 있는 사람natural", 그리고 땅에서 나고 흙에 속한 자the earth, earthy"로, 하나님 께서 "생기를 그 코에 불어 넣으시어 사람이 생혼이 되게 하실and breathed into his nostrils the breath of life; and man became a living soul 때"를 주님과 같이 하늘에 속한 자요 온전히 성령으로 인도함 받는 자인 "생혼a living soul"으로 묘사하고 있 다. 이는 성도가 부활될 때 묘사되는 비록 하늘에 속한 영적인 신령한 몸은 아니지만 부 활체 모습과도 흡사하다.마22:30하, 요일3:2하, 고전15:48-49, 요일3:2 죄와 악과 상 관이 없는 창세기2:7의 상태는 정확히 데살로니가전서5:23의 모습이요, 육 신을 입으시고 성전 되신 주님의 땅의 모습인 것이다!롬5:14하

(살전 5:23) 평강의 하나님이 친히 너희로 온전히 거룩하게 하시고 또 너희 온 영과 혼과 몸이 우리 주 예수 그리스도 강림하실 때에 흠 없게 보전되기 를 원하노라

(마 22:30) 부활 때에는 장가도 아니가고 시집도 아니가고 **하늘에 있는 천 사들과 같으니라** For in the resurrection they neither marry, nor are given in marriage, but *are as the angels of God in heaven*.

(요일 3:2)…그가 나타내심이 되면 **우리가 그와 같을 줄을 아는 것**은 그의 계 신 그대로 볼 것을 인함이니…but we know that, when he shall appear, *we shall be like him*; for we shall see him as he is

(고전 15:48-49) 땅에 속한 자들은 또한 땅에 속한 그 사람과 같고 하늘에 속한 자들은 또한 하늘에 속하신 그분과 같으니 49 우리가 땅에 속한 그 사 람의 형상을 지닌 것같이 또한 하늘에 속하신 그분의 형상을 지니게 되리라 [KJV].

(롬 5:14)…아담은 오실 자의 표상이라 who is the figure of him that was to come

예수님은 보이지 않으시는 하나님의 형상이셨다.골1:15, 히1:3 즉 하나님의 모형 곧 하나님의 표현과 증인이란 말씀이다.요14:9, 요일5:20, 계3:14, 요18:37 그런데 이러한 역할이 가능했던 것은 성령으로 하나님과 하나됨의 관계성에서 출발한다.요14:10-11,20, 17:21上, 23上, 10:30, 요3:31-33 아담은 보이지 않은 삼위일체 하나님의 형상창1:26으로 정확히 이 땅에 육체로 계셨던 주님의 모습과 사역 측면에서도 그 유사성에 일치한다!

(요 17:21) 아버지께서 내 안에, 내가 아버지 안에 있는 것같이 저희도 다 하나가 되어 우리 안에 있게 하사 세상으로 아버지께서 나를 보내신 것을 믿게 하옵소서
(요 17:23) 곧 내가 저희 안에, 아버지께서 내 안에 계셔 저희로 온전함을 이루어 하나가 되게 하려 함은 아버지께서 나를 보내신 것과 또 나를 사랑하심 같이 저희도 사랑하신 것을 세상으로 알게 하려 함이로소이다
(요 14:10-11) 나는 아버지 안에 있고 아버지는 내 안에 계신 것을 네가 믿지 아니하느냐 내가 너희에게 이르는 말이 스스로 하는 것이 아니라 아버지께서 내 안에 계셔 그의 일을 하시는 것이라 11 내가 아버지 안에 있고 아버지께서 내 안에 계심을 믿으라 그렇지 못하겠거든 행하는 그 일을 인하여 나를 믿으라
(요 14:20) 그 날에는 내가 아버지 안에, 너희가 내 안에, 내가 너희 안에 있는 것을 너희가 알리라
(요 10:30) 나와 아버지는 하나이니라 하신대
(요 3:31-33) 위로부터 오시는 이는 만물 위에 계시고 땅에서 난 이는 땅에

속하여 땅에 속한 것을 말하느니라 하늘로서 오시는 이는 만물 위에 계시나 니 32 그가 그 보고 들은 것을 증거하되 그의 증거를 받는 이가 없도다 33그 의 증거를 받는 이는 하나님을 참되시다 하여 인쳤느니라

(계 3:14) 라오디게아 교회의 사자에게 편지하기를 아멘이시요 충성되고 참 된 증인이시요 하나님의 창조의 근본이신 이가 가라사대

(요 18:37) …내가 왕이니라 내가 이를 위하여 났으며 이를 위하여 세상에 왔 나니 곧 진리에 대하여 증거하려 함이로라 무릇 진리에 속한 자는 내 소리 를 듣느니라 하신대

(요 14:9) …나를 본 자는 아버지를 보았거늘 어찌하여 아버지를 보이라 하 느냐

(창 1:26) 하나님이 가라사대 우리의 형상을 따라 우리의 모양대로 우리가 사람을 만들고…

성도의 부활체는 성화의 단계를 지난 교회고전3:16, 6:19-20, 히4:12, 살전5:23 의 아름답고도 온전한 형태로의 성전된 모습이다. 하늘 성 예루살렘이 신부요 교회이며, 이 예루살렘 성안에 삼위하나님이 거하심, 계21:9-10, 22-23

로마서5:12에서의 아담은 모든 사람을 죄인되게 한 원흉으로 묘사된다. 이는 죄인이요, 하나님과 원수요, 경건하지 않은 하나님의 진노를 받을 모습인데롬5:6-10 어떻게 감히 하늘로부터 오신 주님과 비교할 수가 있을까? 다시 말하면 죄와 악의 개념에서 출발하는 구속사관으로는 타락한 아담과 예수님과 비교되야 하는 신학적 논리인데, 위에서처럼 첫 사람 아담과 둘째 사람 아담과 비교하는 것 자체가 구속사관적 관점에서 다루어지는 논리가 아니다. 이는 오직 타락 전 즉 죄도 악도 없는 상태에서의 비교가 영적 논리 로도 맞고 설명이 가능하다. 다시 말하면 구속사관이 아닌 계시적 경륜사

관에서만 그 비교의 의미가 있다는 것이다!

　이런 의미에서 타락 전 아담은 피조물로서 완벽하며 죄없는 모습으로사람의 모양이신 예수의 모형, 롬5:14, 빌2:7-8, 땅에서 성화과정을 통과한 성도의 온전한 모습, 온 영과 혼과 몸이 거룩한 모습살전5:23으로 보존된 성전의 모습으로 상상하는 것은 그리 어려운 일이 아니다!아담은 예수님의 모형으로서의 완전한 인간이요, 예수님과 하나된 성화에 이른 교회의 모습임, 그림3-2,3

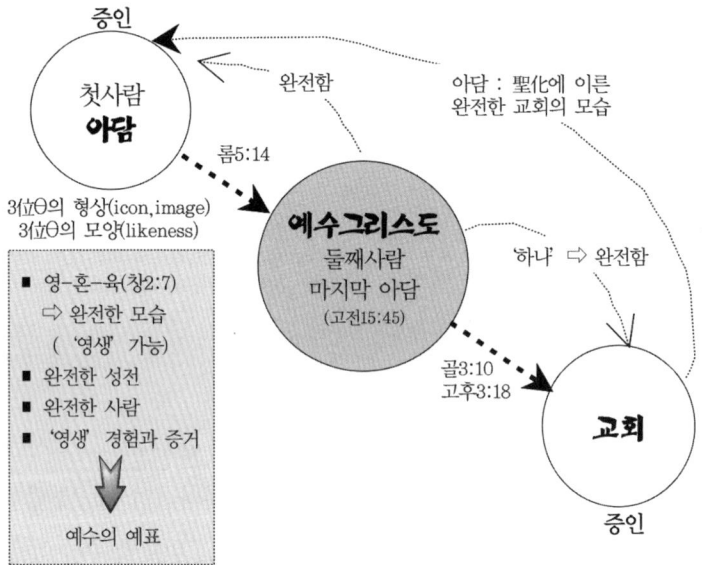

[그림3-2. 예수님의 모형 아담과 예수님의 증인 교회]

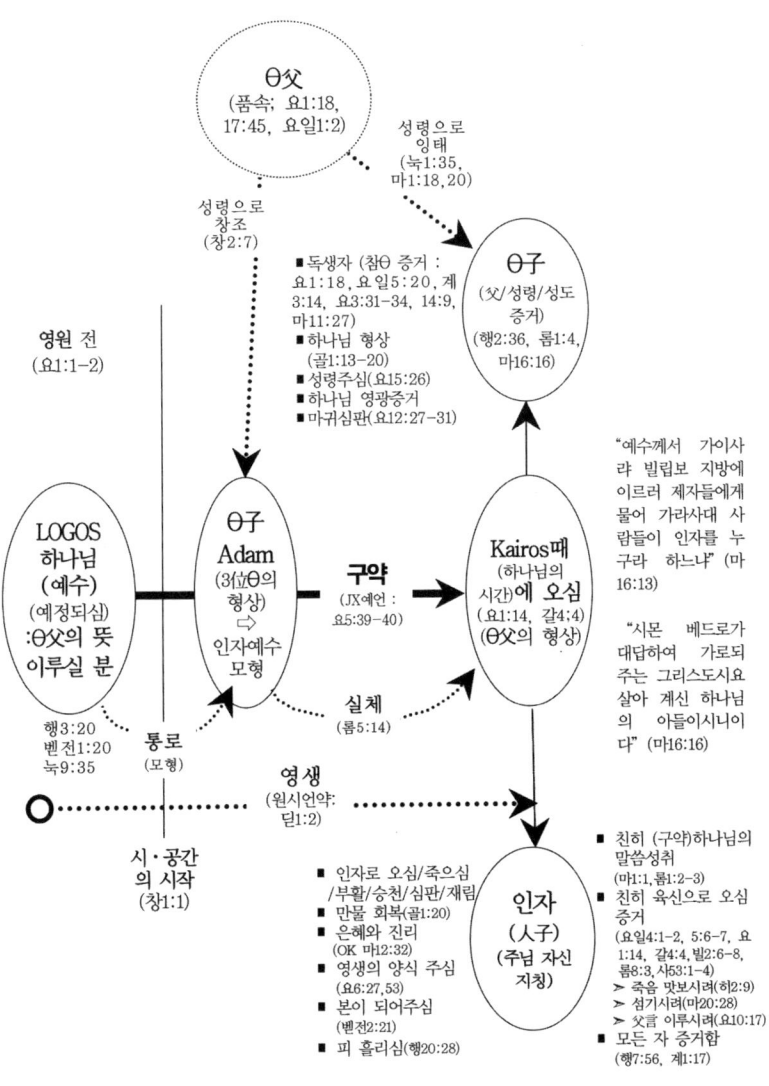

[그림3-3. 예수님 오심의 통로요 모형인 아담]

동시에 아담은 영-혼-육이 영생의 상태로 에덴의 삶을 영위했다. 이는 아담이 범죄하여 에덴에서 쫓겨날 때 하나님은 "여호와 하나님이 가라사대 보라 이 사람이 선악을 아는 일에 우리 중 하나 같이 되었으니 그가 그 손을 들어 생명나무 실과도 따먹고 영생할까 하노라 하시고창3:22"라시며, 타락한 아담에게 생명나무 열매로의 접근을 막으셨다. 이는 생명나무 열매를 따먹고 육체가 영생할 것을 막으시려는 의도이셨다. 타락 전에는 하나님은 아담에게 에덴 동산에서 선악과 만을 제외하고 동산 각종나무 열매를 먹게 하셨다.창2:15-16 그러니 이 때는 아담이 생명과 나무의 열매의 접근이 허용되었다. 그런데 타락한 아담은 이미 하나님과의 관계가 파괴되었고 영은 죽었다.엡2:1, 롬5:12

그런데 이런 상태에서 생명나무의 열매를 먹으면 타락한 죄의 상태로 육신이 영원히 살아가게 되므로 하나님은 이를 막으신 것이다. 놀라운 사실은 하나님은 아담이 타락하는 순간 마지막 아담이신 예수님의 십자가 죽으심을 예비하셨다는 것이다!창3:22

"…보라 이 사람아담이 선악을 아는 일에 우리삼위일체 하나님 중 하나마지막 아담이신 예수님같이 선과 악을 경험하게되었으니…창3:22 ← 고후5:21, 마27:46"

아멘!

타락 전 아담의 모습은 이 땅에서 마지막 아담이신 예수님의 모습이셨다. 예수님은 영생이시오 하나님을 증거하시고 나타내시는 참 하나님이셨음을 잘 인지하고 있지 않는가!요1:18, 3:32-33, 14:9, 요일5:20

(요일 5:20) 또 아는 것은 하나님의 아들이 이르러 우리에게 지각을 주사 우

리로 참된 자를 알게 하신 것과 또한 우리가 참된 자 곧 그의 아들 예수 그리스도 안에 있는 것이니 그는 참 하나님이시요 영생이시라

(요 3:32-33) 그가 그 보고 들은 것을 증거하되 그의 증거를 받는 이가 없도다 33 그의 증거를 받는 이는 하나님을 참되시다 하여 인쳤느니라

(요 1:18) 어느 때고 하나님을 본 사람이 없으되 아버지 품 속에 계신 독생자(獨生子)께서 그분을 밝히 드러내셨느니라[KJV]

(요 14:9) …나를 본 자는 아버지를 보았거늘…

요한일서5:20에서 요한이 증거한 "참 하나님"이란 보이지 않으시는 하나님을 드러내고 계시하시는 분이심을 나타내고계3:14, 요14:9, 1:18 KJV 동시에 '영생'은 "임마누엘마1:23, 출29:45-46"상태에서의 영적 관계성을 말하는 것으로, 이는 창세 전에 약속하신 계시적 경륜의 원시복음영생,딛1:2의 계시요 완성이신 이가 바로 예수님이심요12:49-50, 마1:23을 나타내는 말씀이다.

(계 3:14) 라오디게아 교회의 사자에게 편지하기를 아멘이시요 충성되고 참된 증인이시요 하나님의 창조의 근본이신 이가 가라사대

(마 1:23) 보라 처녀가 잉태하여 아들을 낳을 것이요 그 이름은 임마누엘이라 하리라 하셨으니 이를 번역 한즉 하나님이 우리와 함께 계시다 함이라

(출 29:45-46) 내가 이스라엘 자손 중에 거하여 그들의 하나님이 되리니 46 그들은 내가 그들의 하나님 여호와로서 그들 중에 거하려고 그들을 애굽 땅에서 인도하여 낸 줄을 알리라 나는 그들의 하나님 여호와니라

(요 12:49-50) 내가 내 자의로 말한 것이 아니요 나를 보내신 아버지께서 나의 말할 것과 이를 것을 친히 명령하여 주셨으니 50나는 그의 명령이 영생인 줄 아노라 그러므로 나의 이르는 것은 내 아버지께서 내게 말씀하신 그대로 이르노라 하시니라

(요 17:3) 영생은 곧 유일하신 참 하나님과 그의 보내신 자 예수 그리스도를 아는 것이니이다

구약은 오실 메시아이신 예수님을 예비하는 역할을 했다. 요5:39, 마3:3, 11:10,13, 눅1:76-77 신약에서의 성도는 다시 오실 재림 주님을 준비하는 이들이다. 마25:1,4,10 그런데 아브라함은 메시아이신 주님과 교회의 영적 태생의 출발이었다. 곧 예수님과 교회는 아브라함의 영적인 씨로. 갈3:16, 7, 29 그런데 아담은 아브라함이전 창조 때부터 예수님의 모형이자 교회의 예표였다. 롬5:14하, 엡 5:31-32 아멘!

(요 5:39) 너희가 성경에서 영생을 얻는 줄 생각하고 성경을 상고하거니와 이 성경이 곧 내게 대하여 증거하는 것이로다
(마 3:3) 저는 선지자 이사야로 말씀하신 자라 일렀으되 광야에 외치는 자의 소리가 있어 가로되 너희는 주의 길을 예비하라 그의 첩경을 평탄케 하라 하였느니라
(마 25:1,4,10) 그 때에 천국은 마치 등을 들고 신랑을 맞으러 나간 열 처녀와 같다 하리니 4슬기 있는 자들은 그릇에 기름을 담아 등과 함께 가져갔더니 10저희가 사러 간 동안에 신랑이 오므로 예비하였던 자들은 함께 혼인 잔치에 들어가고 문은 닫힌지라
(갈 3:16) 이 약속들은 아브라함과 그 자손에게 말씀하신 것인데 여럿을 가리켜 그 자손들이라 하지 아니하시고 오직 하나를 가리켜 네 자손이라 하셨으니 곧 그리스도라
(갈 3:7,29) 그런즉 믿음으로 말미암은 자들은 아브라함의 아들인 줄 알지어다 29 너희가 그리스도께 속한 자면 곧 아브라함의 자손이요 약속대로 유업을 이을 자니라

셋째, 하나님의 생명생기을 지녔다.

예수님은 살려주는 영life-giving[quickening] spirit,고전15:45, 엡2:1, 롬8:9-10이시다. 성령으로 우리에게 생명을 주시고요3:5-8, 5:11-12, 롬8:2 영광의 빛을 비추시어고후4:6, 요1:4, 5:24 우리 영을 살리신다.이때 "아들의 영"을 주시어 아들삼으신다.롬8:14-15 그리고 성령님께서 우리 영을 지성소 삼아 하나되어 계신다.고전3:16, 6:19-20 이러한 구원의 과정을 거쳐 교회는 성령으로 인도받는 하나님의 아들들이 되었다.요1:12-13, 3:5-8

(요 1:12-13) 그분을 영접한 자 곧 그분의 이름을 믿는 자들에게는 다 하나님의 아들들이 되는 권능을 주셨으니 13 이들은 혈통으로나 육신의 뜻으로나 사람의 뜻으로 나지 아니하고 오직 하나님께로부터 태어난 자들이니라[KJV].

(롬 8:14-16) 하나님의 영으로 인도함을 받는 자들은 다 하나님의 아들들이니 15 이는 너희가 다시 두려움에 이르는 속박의 영을 받지 아니하고 양자 삼으시는 영을 받았음이라. 그러므로 우리가 그분을 힘입어, 아바, 아버지라 부르짖느니라 16 성령께서 친히 우리의 영과 더불어 우리가 하나님의 자녀인 것을 증거하시나니[KJV].

(요 3:5-8) 예수님께서 대답하시되, 진실로 진실로 내가 네게 이르노니, 사람이 물에서 나고 또 성령에게서 나지 아니하면 하나님의 왕국에 들어갈 수 없느니라 6 육에서 난 것은 육이요, 성령에게서 난 것은 영이니 7 내가 네게, 너희가 반드시 다시 태어나야 하리라, 말한 것을 놀랍게 여기지 말라 8 바람이 마음대로 불매 네가 그 소리는 들어도 그것이 어디서 와서 어디로 가는지 알지 못하나니 성령에게서 난 사람도 다 이러하니라[KJV].

바울은 로마서5:17에서 "한 사람의 범죄를 인하여 사망이 그 한 사람으로 말미암아 왕 노릇 하였은즉 더욱 은혜와 의의 선물을 넘치게 받는 자들이 한 분 예수 그리스도로 말미암아 생명 안에서 왕 노릇 하리로다"라며 생명의 위력을 설명한다. 그런데 타락 전 아담은 죄와 상관없기에 생기를 부음받는 순간부터 하나님의 생명이 존재함으로 인해 땅에서 왕노릇하도록 창조되었다. 창1:26,28, 요1:12-13

이러한 영적 사실은 흙에서 취함 받은 아담에게 생기를 불어넣으시어, 하나님의 생명을 지닌 아들로 삼으신 것과 동일하다. 눅3:38 KJV, 슥12:1 KJV 하여 하나님의 아들이 된 아담은 삼위일체 하나님의 형상곧 하나님의 씨, 본성, 신성, 요일3:9를 지니고창1:26 KJV, 동시에 성령으로 삼위일체 하나님을 모시고 하나되어 있는 상태롬8:16 곧 영적 성전이란 사실을 받아들이기에 어려움이 있겠는가?

> (눅 3:38) 게난은 에노스의 아들이요, 에노스는 셋의 아들이요, 셋은 아담의 아들이요, 아담은 하나님의 아들이었느니라[KJV].
>
> (슥 12:1) 이스라엘을 위한 주의 엄중한 경고라. 주 곧 하늘들을 펼치시고 땅의 기초를 놓으시며 사람 속에 영을 지으시는 이가 이르되[KJV].
>
> (롬 8:16) 성령께서 친히 우리의 영과 더불어 우리가 하나님의 자녀인 것을 증거하시나니[KJV].
>
> (창 1:26) 하나님께서 이르시되, 우리가 우리의 형상(形像)으로 우리의 모양에 따라 사람을 만들고….
>
> (요일 3:9) 하나님께로서 난 자마다 죄를 짓지 아니하나니 이는 하나님의 씨가 그의 속에 거함이요 저도 범죄치 못하는 것은 하나님께로서 났음이라

재미있는 사실은 아담 타락 후에야 하나님께 드리는 제단[51]이 등장하는

---

51) 제사(祭祀, Sacrifice,[히] זֶבַח [헬] θυσία)는 하나님(θ)께 예배하기 위한 구약시대의 종교 의식, 또는 그 행사를 의미한다. 제사는 천지 만물을 지으신 하나님께 피조물의 영장인 인간

데 이는 하나님께 나아가는 방식으로 제물을 드리는 곳이 필요했다.출29:42, 출20:24-25, 신27:6, 레1장-16장 그러나 죄와 상관없는 아담은 늘상 하나님과 하나되어 깊은 교제가 이루어지는 상태곧 영생을 누리는 상태, 요17:3, 요일1:3에서 죄 사함을 위한 제물도 이 제물을 두는 제단도 존재해야 할 이유가 있을까? 그러니 아담에게는 하나님을 만나기 위해 또 다른 제물도 제단도 필요했을리 만무하다. 다시 말하면 아담 자체가 삼위일체 하나님을 모신 성전이기에 그럴 필요가 없었다. 이는 마치 천년왕국시에 성도가 재림 주 예수님과 함께 통치하는 모습과도 유사하며계20:4, 시온산정山頂에서 성전되신 어린양 예수님과 함께 서 있는계14:1, 21:23-24, 히12:22 하늘 예루살렘 성의 모습과도 유사하다.계21:9 그러므로 이 땅에서 제물이 놓이는 제단있는 성전의 시작은 아벨 때부터이지만, 제물 제단과 상관없는 성전의 시작은 아담부터라는 사실을 가슴에 세길 필요가 있다고 본다!

할렐루야!

아멘!

(계 20:4) 또 내가 보니 왕좌들과 그 위에 앉은 사람들이 있는데 그들에게 심

이 하나님께 나아가 경배하며 그를 뵙는 것을 의미한다. 하나님의 형상대로 지음 받은 인간은 영원을 사모하고 추구하는 마음을 지니고 있음으로(전3:11), 이의 표현이 바로 제사로 이어지기도 한다. 다시 말하면 영원이신 하나님께 나아가고자 하는 마음과 그 분으로부터 도움을 구하며, 도움에 대한 감사의 마음이 제사의 형태로 나타나는 것이다. 하나님은 제사를 받으시고 드린 제물의 향기를 받으심으로(창8:21, 레1:9,13,17, 출29:18) 인간을 만나주셨다.(출29:42,45-46) 하나님은 제물을 받으신 표로 불을 내리시어(삿6:21, 왕상18:38) 제단의 제물을 태우심으로(레9:24, 대하7:1) 그 향기를 흠향하셨다.(삿6:21, 왕상18:38, 레1:17, 창8:21, 출29:18) 이 불은 성령의 불로 성령의 임재를 의미하기도 한다.(대하7:1-3) 구약의 제사에는 성막제도가 완비되기 전에는 토단(土壇)이나 돌단 위에서 거룩한 짐승을 제물로 드렸다.(출20:24-25, 신27:6) 이 토단과 돌단은 순수한 자연 흙이나 다듬지 않는 돌로 해야 한다. 여기서 특히 돌단은 바로 산돌이시고 반석 되신 예수님을 예표하는 것이다. 돌을 다듬는 것과 같이 인간의 방식과 지혜로 드리는 것이 아닌 하나님이 원하시는 방식으로 하나님이 원하시는 제물을 받으시는 것이다. 고로 죄인이 하나님께 나아가는 수단이 제물을 통해서였다. 그러나 구약 제사 시 드리는 제물로는 양심상 온전케 할 수가 없었고, 해마다 죄가 생각나게 했다. (히10:2-4,11), 그러나 예수님은 십자가에서 이 제사를 완성하심(히10:12)으로 더 이상 제물이 필요없게 되었다. 친히 대제사장이 되셨던 주님은 이제 중보자로서 하나님 우편에 좌정해 계신다.(요일2:1, 히6:20, 9:24, 8:1)

판이 맡겨졌더라. 또 내가 보니 예수님의 증거와 하나님의 말씀으로 인하여 목 베인 자들의 혼들이 있는데 그들은 짐승과 그의 형상에게 경배하지도 아니하고 이마 위에나 손 안에 짐승의 표를 받지도 아니한 자들이라. 그들이 살아서 그리스도와 함께 천 년 동안 통치하되[KJV]

(계 21:9-10) 일곱 대접을 가지고 마지막 일곱 재앙을 담은 일곱 천사중 하나가 나아와서 내게 말하여 가로되 이리 오라 내가 신부 곧 어린 양의 아내를 네게 보이리라 하고 10 성령으로 나를 데리고 크고 높은 산으로 올라가 하나님께로부터 하늘에서 내려오는 거룩한 성 예루살렘을 보이니

(계 14:1) 또 내가 보니 보라 어린 양이 시온산에 섰고 그와 함께 십 사만 사천이 섰는데 그 이마에 어린 양의 이름과 그 아버지의 이름을 쓴 것이 있도다

(히 12:22) 그러나 너희가 이른 곳은 시온산과 살아 계신 하나님의 도성인 하늘의 예루살렘과 천만 천사와

(계 21:22-23) 성안에 성전을 내가 보지 못하였으니 이는 주 하나님 곧 전능하신 이와 및 어린 양이 그 성전이심이라 23 그 성은 해나 달의 비췸이 쓸데없으니 이는 하나님의 영광이 비취고 어린 양이 그 등이 되심이라

(고전 3:16) 너희가 하나님의 성전인 것과 하나님의 성령이 너희 안에 거하시는 것을 알지 못하느뇨

넷째, 통치권을 소유했다. 눅4:6, 롬5:17 ← 하나님의 생명과 권세, 영광을 지님

창세기1:26-28에서는 "하나님이 가라사대 우리의 형상을 따라 우리의 모양대로 우리가 사람을 만들고 그로 바다의 고기와 공중의 새와 육축과 온 땅과 땅에 기는 모든 것을 다스리게 하자 하시고…28 하나님이 그들에게 복을 주시며 그들에게 이르시되 생육하고 번성하여 땅에 충만하라, 땅을 정복하라, 바다의 고기와 공중의 새와 땅에 움직이는 모든 생물을 다스리라

하시니라창1:26-28"라 기록한다. 그런데 다스리는 행위는 통치력을 말하는데, "각 사람은 위에 있는 권세들에게 굴복하라 권세는 하나님께로 나지 않음이 없나니 모든 권세는 다 하나님의 정하신 바라롬13:1"말씀처럼 아담이 행한 권세는 하나님이 허락하신 권세임이 분명하다. 그런데 이 권세는 하나님의 아들에게 주어진 권세이기도 하다.요1:12-13 즉 영접하는 자 곧 그 이름을 믿는 자들에게는 하나님의 자녀가 되는 권세ἐξουσία 엑수시아를 주셨으니 이는 혈통으로나 육정으로나 사람의 뜻으로 나지 아니하고 오직 하나님께로서 난 자들이라는 말씀이다.

이미 앞에서도 언급한 것처럼, 하나님의 아들은 아들의 영을 주신 성령께서 하나님의 생명과 예수 이름으로 임하셨고롬8:2, 5:17, 요14:26, 이 생명과 이름이 바로 통치의 권세를 나타내게 하는 것이다.빌2:9-10

할렐루야!

아멘!

> (요 14:26) 보혜사 곧 아버지께서 **내 이름으로 보내실 성령** 그가 너희에게 모든 것을 가르치시고 내가 너희에게 말한 모든 것을 생각나게 하시리라
> (빌 2:9-10) 이러므로 하나님이 그를 지극히 높여 모든 이름 위에 뛰어난 이름을 주사 10하늘에 있는 자들과 땅에 있는 자들과 땅 아래 있는 자들로 모든 무릎을 예수의 이름에 꿇게 하시고
> (엡 1:21-22) 모든 정사와 권세와 능력과 주관하는 자와 이 세상뿐 아니라 오는 세상에 일컫는 모든 이름 위에 뛰어나게 하시고 22또 만물을 그 발 아래 복종하게 하시고 그를 만물 위에 교회의 머리로 주셨느니라

고로 아담이 행한 통치행위는 바로 아담 안에 임한 하나님의 이름으로 기인했음을 의미한다. 예수님도 성령으로 잉태되시어마1:18 하나님 아들이

되셨고, 하나님 이름으로 오신요5:43 성령님을 한량없이 부으심 받아요3:34 하나님의 이름으로 행하셨다!요10:25

(요 5:43) 나는 내 아버지의 이름으로 왔으매 너희가 영접지 아니하나 만일 다른 사람이 자기 이름으로 오면 영접하리라

(요 10:25) 예수께서 대답하시되 내가 너희에게 말하였으되 믿지 아니하는 도다 내가 내 아버지의 이름으로 행하는 일들이 나를 증거하는 것이어늘

(요 3:34) 하나님의 보내신 이는 하나님의 말씀을 하나니 이는 하나님이 성령을 한량 없이 주심이니라

다섯째, 하나님 나라곧 에덴가 주어져있었다.

주님은 자신이 자라나신 고향을 "이는 선지자 이사야로 하신 말씀을 이루려 하심이라 일렀으되 스불론 땅과 납달리 땅과 요단강 저편 해변 길과 이방의 갈릴리여 흑암에 앉은 백성이 큰 빛을 보았고 사망의 땅과 그늘에 앉은 자들에게 빛이 비취었도다 하였느니라마4:14-16"라고 영적 진단 하시고는 천국의 도래를 선포하셨다.마4:17 하나님 나라는 성령으로 선포되고 경험되어지는 것마12:28, 4:23-24, 9:35-36, 고전4:20, 살전1:5이기에 "예수께서 모든 성과 촌에 두루 다니사 저희 회당에서 가르치시며 천국 복음을 전파하시며 모든 병과 모든 약한 것을 고치시니라 무리를 보시고 민망히 여기시니 이는 저희가 목자 없는 양과 같이 고생하며 유리함이라마9:35-36"라시며 공생애 삼년동안 귀신을 쫓아내시며 병을 고치시며 천국복음의 실재를 몸소 보여주셨다.눅13:32 이 땅에서 선포되는 천국복음은 천년왕국 시대나 새하늘 새땅에서 경험하는 하나님 나라로 이 땅에서 겪는 그 어떤 저주도 사망도, 눈물도, 애통이나 곡함이나 그리고 밤도 없는 하늘에 속한 세계이다.계 21:4, 22:3,5 주님의 지상사역은 이 땅에서 하늘 나라를 경험케 하시는 천국복

음의 현장이셨다. 땅은 타락한 아담으로 인하여 저주 아래 놓이게 되었고창3:17, 롬8:18-22, 주님은 천국이 임하게 하심으로 회복된 화평을 증거하셨다!

에덴ןדֵעֶ 에덴, '기쁨', "우아한 즐거움"은 하나님 나라의 예표이다. 물론 에덴동산은 에덴 안에 있는 동산을 의미하므로 에덴의 의미가 우선한다. 다시 말하면 하나님 나라가 임한 곳에서는 그 땅 또한 축복의 땅으로 변하게하는 실재이다. 에덴동산은 하나님 나라가 임하므로 어떻게 하늘 축복이 경험되어 지는지에 명백한 증거이며, 에덴동산 주위로 어떻게 영향력을 보여주었는가에 대한 강력한 예표이다.창2:10-14

"하나님의 나라는 먹는 것과 마시는 것이 아니요 오직 성령 안에서 의와 평강과 희락이라롬14:17"한 것처럼 하나님 나라는 성령이 임하시어 하나님의 통치가 이루어지는 곳을 말한다. 성령이 임하신 장소에는 이미 하나님 나라가 임해있고 동시에 하나님 나라를 경험하게 되어 있다. 이는 물과 성령으로 거듭나는 순간 하나님 나라에 들어가 있게 되고요3:5, 엡2:6, 히12:22, 그 나라를 볼 수가 있기 때문이다.요3:3

> (요 3:3) 예수께서 대답하여 가라사대 진실로 진실로 네게 이르노니 사람이 거듭나지 아니하면 하나님 나라를 볼 수 없느니라
>
> (요 3:5) 예수께서 대답하시되 진실로 진실로 네게 이르노니 사람이 물과 성령으로 나지 아니하면 하나님 나라에 들어갈 수 없느니라
>
> (엡 2:6) 또 함께 일으키사 그리스도 예수 안에서 함께 하늘에 앉히시니
>
> (히 12:22) 그러나 너희가 이른 곳은 시온산과 살아 계신 하나님의 도성인 하늘의 예루살렘과 천만 천사와

고로 성도들이 모여 있는 곳곧 교회에 성령으로 인해 하나님 나라가 임해

있고 그들 안에도 임해 있는 것이다. 요14:17, 마12:28, 눅17:20-21, 벧전2:9, 계1:6, 5:10, 고전3:16, 골1:13

(요 14:17) 저는 진리의 영이라 세상은 능히 저를 받지 못하나니 이는 저를 보지도 못하고 알지도 못함이라 그러나 너희는 저를 아나니 저는 너희와 함께 거하심이요 또 너희 속에 계시겠음이라

(마 12:28) 그러나 내가 하나님의 성령을 힘입어 귀신을 쫓아내는 것이면 하나님의 나라가 이미 너희에게 임하였느니라

(눅 17:20-21) 바리새인들이 하나님의 나라가 어느 때에 임하나이까 묻거늘 예수께서 대답하여 가라사대 하나님의 나라는 볼 수 있게 임하는 것이 아니요 21 또 여기 있다 저기 있다고도 못하리니 하나님의 나라는 너희 안에 있느니라

(고전 3:16) 너희가 하나님의 성전인 것과 하나님의 성령이 너희 안에 거하시는 것을 알지 못하느뇨

(벧전 2:9) 오직 너희는 택하신 족속이요 왕 같은 제사장들이요 거룩한 나라요 그의 소유된 백성이니 이는 너희를 어두운데서 불러 내어 그의 기이한 빛에 들어가게 하신 자의 아름다운 덕을 선전하게 하려 하심이라

(계 1:6) 그 아버지 하나님을 위하여 우리를 나라와 제사장으로 삼으신 그에게 영광과 능력이 세세토록 있기를 원하노라 아멘

(계 5:10) 저희로 우리 하나님 앞에서 나라와 제사장을 삼으셨으니 저희가 땅에서 왕 노릇하리로다 하더라

할렐루야!
아멘!

동시에 에덴동산은 아담의 가정이자 에덴교회를 의미한다. "이러므로 사람이 부모를 떠나 그 아내와 합하여 그 둘이 한 육체가 될지니 이 비밀이 크도다 내가 그리스도와 교회에 대하여 말하노라엡5:31-32, 창2:24"

아멘!

하나님께서 머무시어 통치하시는 그의 나라가 이 땅에서는 교회요벧전2:9, 계1:6, 5:10, 그 나라 안에는 하늘 예루살렘 성의 성전이 있어, 주 하나님 곧 전능하신 이와 및 어린 양이 그 성전과 직결되어 있는 영적 사실을 우리는 기억해야 한다.계21:22-23 동시에 하늘 예루살렘성이 아버지께 바쳐진 나라 곧 교회인 신부와 영적으로 하나되어 있음도 기억해야 한다.고전15:24, 계21:9-10

(계 21:22-23) 성안에 성전을 내가 보지 못하였으니 이는 주 하나님 곧 전능하신 이와 및 어린 양이 그 성전이심이라 23 그 성은 해나 달의 비췸이 쓸데없으니 이는 하나님의 영광이 비취고 어린 양이 그 등이 되심이라

(계 21:9-10) 일곱 대접을 가지고 마지막 일곱 재앙을 담은 일곱 천사중 하나가 나아와서 내게 말하여 가로되 이리 오라 내가 신부 곧 어린 양의 아내를 네게 보이리라 하고 10 성령으로 나를 데리고 크고 높은 산으로 올라가 하나님께로부터 하늘에서 내려오는 거룩한 성 예루살렘을 보이니

(고전 15:24) 그 후에는 나중이니 저가 모든 정사와 모든 권세와 능력을 멸하시고 나라를 아버지 하나님께 바칠 때라

(벧전 2:9) 오직 너희는…거룩한 나라요…

(계 1:6) 그 아버지 하나님을 위하여 우리를 나라와 제사장으로 삼으신…

(계 5:10) 저희로 우리 하나님 앞에서 나라와 제사장을 삼으셨으니…

3.6 성전인 교회의 역할 : 증인[52]

"…그 배에서 생수의 강이 흘러나오리라…요7:38"의 말씀이 AMP Amplified Bible 성경 번역본에서는 "From his innermost being shall flow [continuously] springs and rivers of living water"라고 되어 있다. 다시 말하면 성령을 받은 사람은 자신의 깊은 곳에 계시는 성령으로부터 반드시 shall 생수의 샘물들과 강들이 계속적 continuously 으로 흐르도록 되어 있다는 것이다. 잠20:27 할렐루야!

여기서 주목할 것은 샘물과 강이 복수로 되어 있다는 사실이다. 마치 에덴동산에서 강들이 부요, 은혜, 능력, 및 결실의 강들임 ; 창2:10-14이 발원하여 동산 주위 온 땅을 적신 것과 같이 말이다. 성령을 모신 모든 성도는 성전이 되며 동시에 하나님의 임재가 강력한 지성소가 되어 고전3:16 하나님의 보좌를 모시게 된다. 또한 하나님 나라가 성령으로 임해 있다. 눅17:20-21, 마12:28 고로 성도의 영 속에는 이미 에덴이 형성되어 있는 것이다. 이 에덴에 있는 하나님의 지성소에서 부요, 은혜, 능력, 및 결실, 성령의 9가지 열매의 강들이 발원하여 흘러나가 들녘을 적시고, 사막에 길을 내며 많은 영혼들을 치료하며 살리는 것을 볼 수가 있다. 겔47:1-2,7-8,12, 계22:1-2, 사43:18-21 마치 일곱 영이신 성령께서

---

52) 증인(證人)은 "보고 들은 것을 목숨의 위협 아래서도 증거하는 자"라고 말할 수 있다. 이는 혈과 육으로는 불가능하다. 오직 성령으로 행하고 경험한 자만이 가능하다.(마10:17-20, 행1:8, 4:20, 마16:16-17, 요일3:24, 4:13, 요17:3, 요일1:3) 예수님은 아버지의 증인이셨고(계3:14, 요1:18, 3:31-34, 10:37-38, 14:10-11, 18:37), 교회는 예수님의 증인이다.(벧전2:9, 마16:16-17, 행4:20, 10:39, 26:16, 요14:12, 17:26) 그리고 구약의 백성들은 여호와의 증인으로 선택받았다.(사43:7-12) 주님은 아버지의 뜻을 행하시고 성취하는 것을 자신의 양식으로 삼으셨다.(요4:34, 6:57) 교회도 그러해야 한다.(요6:27, 55, 57, 15:26-27) 예수님의 모형이요 교회의 참 모습이었던 아담도 하나님과 동행하며 하나님의 일을 행하는 증인의 삶을 보여준다.(창2:19,23)
또한 증인(證人)은 상속자와도 깊은 상관이 있다. 아버지와 아들과의 관계성 중 중요한 원리이다. 아버지께서는 아들 예수님을 사랑하사 모든 것을 맡기셨다.(요17:7-8, 13:3, 5:22, 마11:27, 눅22:29, 골1:13, 요3:32,35, 10:37-38, 14:10-11, 16:13-15) 생명도, 사랑도, 이름도, 그의 나라도, 심판까지도(요5:26-27, 15:9, 눅22:29) 이는 상속자이기에 그러하시다.(히1:2, 롬8:17) 교회가 증인이 되는 것도(행1:8, 롬5:5, 12:3,6, 골1:13, 요20:21, 16:13-15, 눅22:29), 상속자이기에 그러하다.(롬8:17, 엡1:13-14) 고로 하나님의 형상을 지니고 하나님의 아들인 아담이 예수님과 교회의 공통된 정보를 지닌 자로서 삼위일체 하나님과 그의 나라의 증인이 되는 것은 자연스런 영적 원리이다.

지혜·지식·총명·상담·재능·경외의 영으로 역사하는 것사11:2과 같이 여러 종류의 샘들로부터 각각 강물이 흘러나오는 것이다. 할렐루야!

(창 2:10-14) 강이 에덴에서 발원하여 동산을 적시고 거기서부터 갈라져 네 근원이 되었으니 11 첫째의 이름은 비손이라 금이 있는 하윌라 온 땅에 둘렸으며 12 그 땅의 금은 정금이요 그곳에는 베델리엄과 호마노도 있으며 13 둘째 강의 이름은 기혼이라 구스 온 땅에 둘렸고 14 세째 강의 이름은 힛데겔이라 앗수르 동편으로 흐르며 네째 강은 유브라데더라

(마 24:45) 충성되고 지혜 있는 종이 되어 주인에게 그 집 사람들을 맡아 때를 따라 양식을 나눠 줄 자가 누구뇨

(겔 47:1-2,12) 그가 나를 데리고 전 문에 이르시니 전의 전면이 동을 향하였는데 그 문지방 밑에서 물이 나와서 동으로 흐르다가 전 우편 제단 남편으로 흘러 내리더라 2 그가 또 나를 데리고 북문으로 나가서 바깥 길로 말미암아 꺾여 동향한 바깥 문에 이르시기로 본즉 물이 그 우편에서 스미어 나오더라 12 강 좌우 가에는 각종 먹을 실과나무가 자라서 그 잎이 시들지 아니하며 실과가 끊치지 아니하고 달마다 새 실과를 맺으니 그물이 성소로 말미암아 나옴이라 그 실과는 먹을 만하고 그 잎사귀는 약재료가 되리라

(계 22:1-2) 또 저가 수정 같이 맑은 생명수의 강을 내게 보이니 하나님과 및 어린 양의 보좌로부터 나서 2 길 가운데로 흐르더라 강 좌우에 생명 나무가 있어 열 두가지 실과를 맺히되 달마다 그 실과를 맺히고 그 나무 잎사귀들은 만국을 소성하기 위하여 있더라

이처럼 성령님은 하늘 복과 부요함을 교회를 통하여 세상으로 흘러 보내게 하시는 것이다.벧전3:9, 마10:12 성령님은 하늘 부요함과 권세를 가지고 교회 안에 영광으로 계신다. 요14:26, 16:13-15, 벧전4:14, 엡1:3 구약에 레위인ㅅ들의

기업은 하나님 자신이셨다.수13:33, 신10:19 모든 성도는 영적인 레위 인에 해당되는 바민3:9-13, 벧전2:9, 사66:21 성도의 가장 큰 상속은 바로 성령 하나님과 그의 나라이다.눅11:13 결국 모든 성도는 하나님의 소유이요 그의 나라요벧전2:9 하나님의 상속자들인 것이다.롬8:17, 엡3:6, 1:14, 갈4:7

할렐루야!

이와 같이 아버지의 모든 것이 성령으로 예수님 안에 있음골1:19, 2:2-3,9같이 동일한 성령으로 교회혹은 성도 안에 부어져 있음골2:10, 엡1:3,8,23, 3:19-21을 알아야 한다.그림3-4

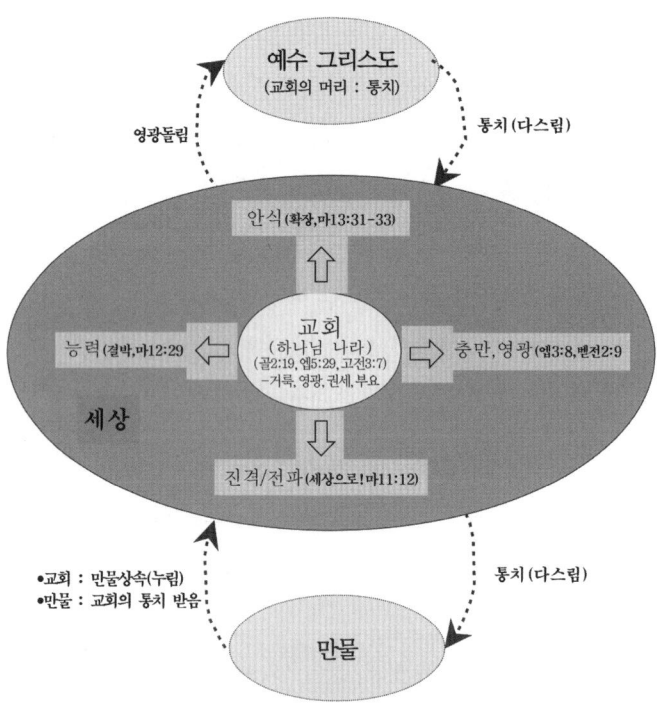

[그림3-4. 교회의 성격과 위치(엡1:21-23)]

고로 성도혹은 교회 안에는 생명시27:1, 요5:24, 건강요삼1:2, 시33:24, 부요와 형통고전3:21, 빌4:19, 시1:3, 예수이름요14:26, 믿음엡2:8, 롬12:3,6, 소망벧전3:15, 복엡1:3, 신성벧후1:4, 골2:10, 기쁨과 평강시16:3,11, 롬14:17, 요14:27, 사랑롬5:5, 각종 보화골2:2-3, 고후4:7, 빛영광, 고후3:18, 엡5:8, 마5:14, 하나님의 생명, 향기아름다움, 고후2:14, 그리고 편지말씀, 빌2:15, 마5:13,16, 고후3:3 등이 이미 내재되어 있는데 하나님은 이를 기뻐하신다.롬8:32, 엡3:19

아멘!

주님은 포도나무시며 교회는 그 가지이다. 주님은 교회의 머리시며, 교회는 주의 몸의 각 지체이다.고전6:15, 엡5:30, 2:23 열매는 가지에서 열린다. 그리고 열매는 그 나무의 증거이다.마7:16, 요15:8 우리가 주님을 사랑할수록요14:21, 주님의 말씀에 순종할수록요14:31, 15:7,14, 육체의 소욕을 거부하고 성령을 따라 행할수록갈5:16, 24-25, 고후4:10-11, 마16:24 성령혹은 의와 빛의 열매로 풍성하게 된다. 이처럼 열매는 억지로 맺으려 애쓰는 것이 아니라, 스스로 맺을 수도 없으며요15:4-5 포도나무에서 나오는 진액을 취하므로 맺혀지는 것이며, 그 성령·의·빛의 열매의 향기를 성도를 통하여 자연스럽게 세상에 발하게 되는 것이다.마5:16 이로써 세상 사람들은 요셉과 다니엘처럼, 창41:38-40, 단2:46-47, 3:28-29, 4:34-37, 7:26-27성도를 통하여 예수님을 알게 되어 비로소 '그리스도인'이라 불리게 된다.행11:26, 요17:21,23, 시61:3,6,9, 62:4 이것이 바로 진정한 그리스도의 편지요 향기이며고후2:14, 3:3, 증인의 삶인 것이다.슥8:20-23, 사60-61장, 시46:10

아멘!

요약하면, 에덴 교회는 이 땅에서 하나님 나라가 경험되어지는 장소였다.53) 하나님 나라에는 주님이 통치하는 곳으로 인해 권세예수이름은 하늘과 땅,

---

53) 교회는 또한 하나님 나라가 임한 주님과 하나가 된 주님의 몸이다.(벧전2:9, 계1:6, 5:10, 고전6:15,17, 엡1:23, 5:30) 구약에서 하나님께서 시온을 친히 세우시리란 예언이 완성된

그리고 땅 아래에 있는 모든 것을 통치하는 이름임. 이 이름이 교회에 있음으로 인해 교회는 만물을 통치하는 권세가 주어짐 ; 엡1:21, 빌2:10-11, 요14:26, 엡1:22와 권능이 있다. 영원한 생명을 경험하며 하늘 부요로 가득 차 있다.엡1:3, 8 성령이 임한 신약교회는 바로 예수이름을 품은 하나님 나라 자체가 된다. 계1:6, 5:10, 벧전2:9, 요14:26 이는 하나님 나라가 아버지로부터 예수님께 임하시니눅22:29 그의 아들의 나라가 된 것같이 말이다. 골1:13 교회는 주님의 통치를 받지만 만물은 주의 이름이 있는 교회의 통치를 받게 되어 있는 것이다. 엡1:20-23, 롬8:19-22, 그림3-4

" 또 만물을 그의 발아래에 복종하게 하시고 그를 만물 위에 교회의 머리로 삼으셨느니라엡1:22"

바울은 로마서8:19-23에서 현재 피조물의 상태를 진단했다. 즉 "피조물의 고대하는 바는 하나님의 아들들의 나타나는 것이니 20 피조물이 허무한 데 굴복하는 것은 자기 뜻이 아니요 오직 굴복케 하시는 이로 말미암음이라 21 그 바라는 것은 피조물도 썩어짐의 종노릇 한데서 해방되어 하나님의 자녀들의 영광의 자유에 이르는 것이니라 22 피조물이 다 이제까지 함께 탄식하며 함께 고통하는 것을 우리가 아나니롬8:19-22"말씀에서 나타난 바와 같이 현재 신음하고 있는 온 피조물이 고대하는 바는 하나님의 아들들즉 교회이 나타나 하나님의 통치하심에 따라 통치받아 영광의 자유에 이르기를 원하고 있음을 밝히고 있다.이는 이 땅에서 천년왕국 때에 에덴에서처럼 온전히 경험되어 짐. 주님과 함께 통치하는 세계임; 계20:4,6, 사32:1-8, 11:1-9 이는 마치 아담이 처음부터

곳이다.(시87:3,5) 특히 출19:5 KJV에서는 하나님의 백성을 특별한 보물(보석)이라 칭하셨다. 하나님은 자기 백성을 자신의 것으로 인치셨고(사43:1, 고후1:22) 특별한 존재 즉 보석으로 삼으셨다. 참고로 마13:14에서 천국을 진주(특별한 보석)으로 비유했다. 베드로 사도가 교회를 특별한 백성이요 거룩한 나라(곧 진주)로 부른 이유가 여기에 있다.(벧전2:9) 하나님 나라에는 질병도, 연약함도, 애통함도, 눈물도, 저주도, 죽음도, 그리고 밤도 없다.(계21:4,25,27, 22:3,5) 하늘 평강과 기쁨, 의를 체험하게 되는 곳이다.(롬14:17, 갈5:22-23, 요14:27) 에덴 동산이 메시아 왕국(곧 천년 왕국)과 같은 그러한 장소였다.

하나님 아들로서의 권세를 가지고 이 땅을 통치하도록 창조된 바와 같이 말이다. 창1:26-28, 요1:12-13

할렐루야!

이로써 하나님은 교회를 통하여 하나님 자신의 지혜로 각종 비밀을 밝히시고 엡3:9-11, 1:8-11, 17-19, 골1:26, 고전2:6-10, 교회는 하나님의 처소가 되어 하나님의 영광을 온 세상에 비추게 된다. 하나님 나라가 선포되는 곳마다 하나님을 아는 지식을 온 세계에 드러내게 되고, 하나님 나라의 풍성함을 체험하게 된다. 마24:14, 9:37-38, 행1:8 이를 만물이 회복되고 화해된다고 하는 것이다. 행3:21, 고후5:18-19, 골1:20

(엡 1:23) 교회는 그의 몸이니 만물 안에서 만물을 충만케 하시는 이의 충만함이니라

(합 2:14, 3:3) 이는 물이 바다를 덮음 같이 여호와의 영광을 인정하는 것이 세상에 가득함이니라…그의 영광이 하늘을 덮었고 그의 찬송이 세계에 가득하도다

(사 11:9) 내 거룩한 산 모든 곳에서 해 됨도 없고 상함도 없을 것이니 이는 물이 바다를 덮음 같이 여호와를 아는 지식이 세상에 충만할 것임이니라

(엡 3:8) … 측량할 수 없는 그리스도의 풍성함을 이방인에게 전하게 하시고

(골 1:20) 그의 십자가의 피로 화평을 이루사 만물 곧 땅에 있는 것들이나 하늘에 있는 것들을 그로 말미암아 자기와 화목케 되기를 기뻐하심이라

(고후 5:18-21) 모든 것이 하나님께로 났나니 저가 그리스도로 말미암아 우리를 자기와 화목하게 하시고 또 우리에게 화목하게 하는 직책을 주셨으니 19 이는 하나님께서 그리스도 안에 계시사 세상을 자기와 화목하게 하시며 저희의 죄를 저희에게 돌리지 아니하시고 화목하게 하는 말씀을 우리에게

부탁하셨느니라 20 이러므로 우리가 그리스도를 대신하여 사신이 되어 하나님이 우리로 너희를 권면하시는 것같이 그리스도를 대신하여 간구하노니 너희는 하나님과 화목하라

(행 3:21) 하나님이 영원 전부터 거룩한 선지자의 입을 의탁하여 말씀하신 바 만유를 회복하실 때까지는 하늘이 마땅히 그를 받아 두리라

(벧전 2:9)…이는 너희를 어두운 데서 불러내어 그의 기이한 빛에 들어가게 하신 이의 아름다운 덕을 선포하게 하려 하심이라

(사 60:1) 일어나라 빛을 발하라 이는 네 빛이 이르렀고 여호와의 영광이 네 위에 임하였음이니라 …

(마 9:37-38) 이에 제자들에게 이르시되 추수할 것은 많되 일군은 적으니 38 그러므로 추수하는 주인에게 청하여 추수할 일군들을 보내어 주소서 하라 하시니라

(마 24:14) 이 천국 복음이 모든 민족에게 증거되기 위하여 온 세상에 전파되리니 그제야 끝이 오리라

(행 1:8) 오직 성령이 너희에게 임하시면 너희가 권능을 받고 예루살렘과 온 유대와 사마리아와 땅 끝까지 이르러 내 증인이 되리라 하시니라

그러므로 모든 성도들은 성령의 인도함으로 살아가야 한다. 성령님은 하나님의 말씀을 감동으로, 깨달음으로, 그리고 생각나게 하심으로 전해 주신다. 모든 성도는 성령의 기름 부으심 아래서 말씀대로 세상에 빛을 발하는 자가 되어야 하는 것이다!

"…그의 기이한 빛에 들어가게 하신 이의 아름다운 덕을 선포하게 하려 하심이라벧전2:9"

> "이러므로 우리도 항상 너희를 위하여 기도함은 우리 하나님이 너희를 그 부르심에 합당한 자로 여기시고 모든 선을 기뻐함과 믿음의 역사를 능력으로 이루게 하시고 살후1:11"

아멘!

에베소서5:31-32에서 바울은 아담의 에덴가정이 에덴교회라는 영적 비밀을 밝혔다. 이는 신약에 나온 예수님과 교회, 그리고 하나님 나라의 모든 모습과 영적 원리가 창세 전에 그리스도 안에서 계획되고 예정되었고 품어졌던 것들의 모습이 실재적 모형으로 이미 아담과 에덴동산 안에 담겨져 있었던 것이다!

할렐루야!

> (엡 5:31-32) 이러므로 사람이 부모를 떠나 그 아내와 합하여 그 둘이 한 육체가 될지니 32 이 비밀이 크도다 내가 그리스도와 교회에 대하여 말하노라
> (창 2:24) 이러므로 남자가 부모를 떠나 그 아내와 연합하여 둘이 한 몸을 이룰지로다

[그림3-5]는 신천신지 하늘 예루살렘성과 성소ναός 나오스,지성소, 그리고 보좌와의 관계를 그림으로 표현했다. 구약백성들이 이 땅에 속한 성소에서 하나님을 섬기고 지성소에서 하나님의 영광을 뵙던 그 실체가 신천신지 하늘 예루살렘에서 이루어진 모습이다. 하나님이 아브라함에게 약속하신 큰 민족은 실제로는 이 땅에 속하지 않는 나라의 모형이었고창12:2, 요18:36-37, 약속의 땅 가나안에 있던 예루살렘성은 본향인 하늘 예루살렘성의 모형이었다. 히11:9-16, 슥14:8

(창 12:2) 내가 너로 큰 민족을 이루고 네게 복을 주어 네 이름을 창대케 하리니 너는 복의 근원이 될지라

(요 18:36-37) 예수께서 대답하시되 내 나라는 이 세상에 속한 것이 아니라 …37 빌라도가 가로되 그러면 네가 왕이 아니냐 예수께서 대답하시되 네 말과 같이 내가 왕이니라 내가 이를 위하여 났으며 이를 위하여 세상에 왔나니 곧 진리에 대하여 증거하려 함이로라 무릇 진리에 속한 자는 내 소리를 듣느니라 하신대

(히 11:9-16) 믿음으로 저가 외방에 있는 것같이 약속하신 땅에 우거하여 동일한 약속을 유업으로 함께 받은 이삭과 야곱으로 더불어 장막에 거하였으니 10 이는 하나님의 경영하시고 지으실 터가 있는 성을 바랐음이니라… 14 이같이 말하는 자들은 본향 찾는 것을 나타냄이라 15 저희가 나온바 본향을 생각하였더면 돌아갈 기회가 있었으려니와 16 저희가 이제는 더 나은 본향을 사모하니 곧 하늘에 있는 것이라 그러므로 하나님이 저희 하나님이라 일컬음 받으심을 부끄러워 아니하시고 저희를 위하여 한 성을 예비하셨느니라

(갈 4:25-26) 이 하가는 아라비아에 있는 시내산으로 지금 있는 예루살렘과 같은 데니 저가 그 자녀들로 더불어 종노릇하고 26 오직 위에 있는 예루살렘은 자유자니 곧 우리 어머니라

(슥 14:8) 그 날에 생수가 예루살렘에서 솟아나서 절반은 동해로, 절반은 서해로 흐를 것이라 여름에도 겨울에도 그러하리라

"첫 언약에도 섬기는 예법과 세상에 속한 성소^{αγιος} 하기오스가 있더라히9:1" 말씀에서처럼, 첫 언약에서는 성소와 지성소가 있었고, 지성소에서는 하나님의 영광이 머물며 법궤가 있었다. 법궤 안에는 아론의 싹난 지팡이와 만나를 담은 항아리, 그리고 십계명이 새겨진 돌판이 있었고, 두 그룹으로 둘

러싸인 은혜의 보좌가 있었다. 여기서 법궤는 성령과 하나 되어 살아 역사하는 하나님 말씀이요 보좌의 중심 심정(心情)임을 암시한다. 요1:1-2, 18

> (요 1:1-2,14) 태초에 말씀이 계시니라 이 말씀이 하나님과 함께 계셨으니 이 말씀은 곧 하나님이시니라 2 그가 태초에 하나님과 함께 계셨고 14 말씀이 육신이 되어 우리 가운데 거하시매 우리가 그 영광을 보니 아버지의 독생자의 영광이요 은혜와 진리가 충만하더라
> (요 17:5) 아버지여 창세 전에 내가 아버지와 함께 가졌던 영화로써 지금도 아버지와 함께 나를 영화롭게 하옵소서
> (요일 1:2) 이 생명이 나타내신바 된지라 이 영원한 생명을 우리가 보았고 증거하여 너희에게 전하노니 이는 아버지와 함께 계시다가 우리에게 나타내신 바 된 자니라
> (요일 1:5) …곧 하나님은 빛이시라 그에게는 어두움이 조금도 없으시니라
> (요일 1:7) 저가 빛 가운데 계신 것같이…
> (요 1:18) 본래 하나님을 본 사람이 없으되 아버지 품속에 있는 독생하신 하나님이 나타내셨느니라

주님은 하나님의 영광 가운데 계셨던 말씀이셨고 아버지 품속에 하나님 아버지와 하나되어 계셨다. 요1:1-2.18, 17:5, 요일1:1-2, 7 그런데 [그림3-5][54]에

---

54) 정학영, 『이스라엘의 영적 의미』 (푸른미디어, 2015) pp84-90 : ….부연 설명하면, 슥14:8절은 현재 이스라엘 지역을 들어 설명하지만, 영적으로는 하늘 신천신지(新天新地)의 새 예루살렘을 나타내는 것이다. 계22:1-2에서도 "또 그가 수정 같이 맑은 생명수의 강을 내게 보이니 하나님과 및 어린 양의 보좌로부터 나와서 길 가운데로 흐르더라…"묘사된 것처럼, 하늘 예루살렘 성(城)안의 성소에서 수정 같이 맑은 생명수가 흘러 사해와 지중해로 흘러내려 온 아라바(평지)를 적시며, 사람들은 (여호와께서 천하의 왕이 되심같이) 하나님의 통치를 받으며 온전한 하늘 평강과 부요함 가운데 살며 예루살렘이 평안히 서가는 천국의 모습을 그리고 있다. (겔47:1-12) 이때의 예루살렘의 모습은 "…예루살렘이 높이 들려 그 본처에 있으리니…"함 같이 신천신지 중심 시온 산정에 높이 서 있는 새 예루살렘의 모습을 그려내고 있다. 여기서 우리가 영적 돋보기로 다시 한 번 보아야 할 사항은, 하나님께로부터 하늘에서 내려오는 거룩한 성(城) 예루살렘과 생명수 강이 예루살렘 성(城)안 주님의 보좌에서 흘러나와 온 성을 적시고 신천신지로 흘러내리는 모습이 유대 이스라엘

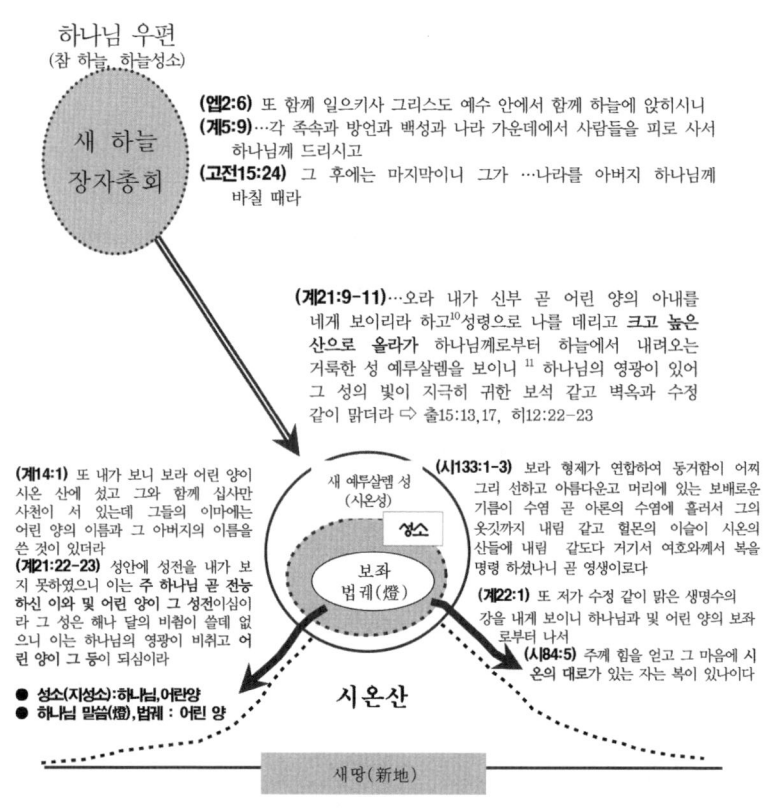

(속14:7-11) 여호와의 아시는 한 날이 있으리니 낮도 아니요 밤도 아니라 어두워 갈 때에 빛이 있으리로다 8 "그 날에 생수가 예루살렘에서 솟아나서 절반은 동해로, 절반은 서해로 흐를 것이라 여름에도 겨울에도 그러하리라" 9 여호와께서 천하의 왕이 되시리니 그 날에는 여호와께서 홀로 한 분이실 것이요 그의 이름이 홀로 하나이실 것이라 10 온 땅이 아라바 같이 되되 게바에서 예루살렘 남쪽 림몬까지 이를 것이며 예루살렘이 높이 들려 그 본처에 있으리니 …11 사람이 그 가운데에 살며 다시는 저주가 있지 아니하리니 예루살렘이 평안히 서리로다
(사59:19) 서쪽에서 여호와의 이름을 두려워하겠고 해 돋는 쪽에서 그의 영광을 두려워할 것은 여호와께서 그 기운에 몰려 급히 흐르는 강물 같이 오실 것임이로다
(히12:22-23) 그러나 너희가 이른 곳은 시온산과…하나님의 도성인 하늘의 예루살렘과…23 하늘에 기록된 장자들의 모임(곧 총회)과 교회와 만민의 심판자이신 하나님 및 온전하게 된 의인의 영들이
(계14:1) 또 내가 보니 보라 어린 양이 시온산에 섰고 그와 함께 십 사만 사천이 섰는데 그 이마에 어린 양의 이름과 그 아버지의 이름을 쓴 것이 있도다

[그림3-5. 새 예루살렘 성과 성소, 그리고 법궤(言)]

서처럼 신천신지 하늘 예루살렘 성의 모습을 보면 성소지성소는 볼 수 없고 하나님과 어린 양이 성소가 되어 하늘 영광으로 가득차 있고, 어린양은 등燈, 말씀으로 계신다.계21:9-10, 22-23, 시119:105, 요1:1,14 이는 첫 언약에서 모형으로 묘사되었던 것의 실체의 모습이다.

할렐루야!

아멘!

(시 119:105) 주의 말씀은 내 발에 등(燈)이요 내 길에 빛이니이다

(계 22:1-2) 또 저가 수정 같이 맑은 생명수의 강을 내게 보이니 하나님과 및 어린 양의 보좌로부터 나서 2 길 가운데로 흐르더라 강 좌우에 생명 나무가 있어 열 두가지 실과를 맺히되 달마다 그 실과를 맺히고 그 나무 잎사귀들은 만국을 소성하기 위하여 있더라

(계 21:21) 그 열 두 문은 열 두 진주니 문마다 한 진주요 성의 길은 맑은 유리 같은 정금이더라

(계 21:9-10,22-23) 일곱 대접을 가지고 마지막 일곱 재앙을 담은 일곱 천사 중 하나가 나아와서 내게 말하여 가로되 이리 오라 내가 신부 곧 어린 양의 아내를 네게 보이리라 하고 10 성령으로 나를 데리고 크고 높은 산으로 올라가 하나님께로부터 하늘에서 내려오는 거룩한 성 예루살렘을 보이니 22 성 안에 성전을 내가 보지 못하였으니 이는 주 하나님 곧 전능하신 이와 및 어린 양이 그 성전이심이라 23 그 성은 해나 달의 비췸이 쓸데 없으니 이는 하나님의 영광이 비취고 어린 양이 그 등(燈)이 되심이라

(요 1:1) 태초에 말씀이 계시니라 이 말씀이 하나님과 함께 계셨으니 이 말씀은 곧 하나님이시니라

의 지역적 모형과 너무나 흡사하게 묘사되어 있다는 사실이다. 다시 말해, 이스라엘 유대 지형은 예루살렘 성(城)을 최 정점으로 서편으로 지중해가, 동쪽으로 사해가 있으며, 바다에 이르기 전에 해안 평원이 넓게 펼쳐져 있는 모습을 그리고 있다.

(요 1:14) 말씀이 육신이 되어 우리 가운데 거하시매 우리가 그 영광을 보니 아버지의 독생자의 영광이요 은혜와 진리가 충만하더라

요한계시록12:12은 하늘에 거하는 이들인 성도들과 땅과 바다에 거하는 이들을 비교 설명한다. 땅과 바다는 창조 둘째 날 궁창 아래 물에서 나온 것들창1:8-10, 벧후3:5로 영적으로는 타락한 천사가 갇혀있는 세계와도 연계되어 있다. 이런 의미에서 바다에서 나오는 짐승과 땅에서 올라오는 짐승이란 표현을 사용하며, 사단을 흑암,음부,세상,공중,사망의 권세자로 표현되어 비록 활동이 제한되어 있으나 여전히 굶주린 사자처럼 삼킬 자를 찾아 다니는 세계임 ,계13:1-2,11, 엡2:2-3, 유1:6, 벧전5:8, 요일5:19 영적으로 이스라엘 나라는 하늘 나라의 예표로서 이스라엘 지역 외의 에굽과 바벨론은 땅으로. 지중해는 바다로 영적인 어두운 세계를 비유적으로 설명한다.

이런 의미에서 [그림3-5]는 땅의 이스라엘의 실제 영적 세계인 신천신지 새 예루살렘 성을 묘사한 것으로, 하늘 시온성 보좌에서에서 출발한 기름부으심계22:1-2, 슥14:8, 겔47:1-12, 창2:10이 에덴에서 출발해서 사막 같았던 아라바를 지나 큰 평원을 이루고 대해 지중해로 흘러나가는 모습이다. 이는 이 땅에서 에덴이 형성된 시온성인 교회로부터 하늘의 부요함이 세상동:사해, 서:지중대해으로 흘러나가 온 세상으로 하나님의 영광과 그 이름을 경외하게 하는 것이 하나님의 경륜의 깊은 의도시다. 합2:14, 사11:9, 마24:14, 사59:19-60:1

4장

천국 삶과 증거의 예표

나의 거룩한 산 모든 곳에서 해됨도 없고
상함도 없을 것이니 이는 물이 바다를 덮음 같이 여호와를
아는 지식이 세상에 충만할 것임이니라 사11:9

4장
천국 삶과 증거의 예표

> 내가 여호와께 청하였던 한 가지 일 곧 그것을 구하리니 곧
> 나로 내 생전에 여호와의 집에 거하여 여호와의 아름다움을
> 앙망하며 그 전에서 사모하게 하실 것이라
> 시27:4

아담55)은 이 땅에서 하나님과의 깊은 관계성을 유지하면서요17:3, 요일1:3 동시에 하나님의 통치를 받으며 천국의 삶을 살아간 완벽한 예표이다. 아담이 살아간 곳이 바로 에덴 안에 있는 동산이므로, 이 땅에서 구체적으로 천국의 삶을 경험한 첫 사람이었다.

에덴גַּן Eden, παραδεισος 파라데이소스의 의미가 바로 "기쁨, 환희, 우아한 즐거움"의 의미를 지님으로 바로 천국의 다른 표현이기도 하다. 바울은 천국의 삶을 성령 안에서의 의義와 희락과 평강이라고 요약했고롬14:17, 베드로 사도 또한 하나님의 속성을 경험하는 곳으로 표현했다.벧후1:3-4 원래 하나님 나라에는 질병도, 연약함도, 애통함도, 눈물도, 저주도, 죽음도, 그리고 밤도 없다.계21:4,25,27, 22:3,5 그러나 이 세상에는 이런 것들이 일상이다. 그렇기 때문에 하나님 나라가 성령으로 이 세상에 전파될 때 세상에 있

---

55) 아담이 창조될 시 삼위일체 하나님의 형상과 그 모습대로 창조된 하나님의 아들이었다.(창1:26, 눅3:38 KJV) 창조시의 아담의 영과 혼이 완전히 하나되어 온전히 영으로 이끌리는 생혼(ψυχὴν ζῶσαν, living soul)의 모습이었다.(창2:7 KJV, 고전15:45 KJV) 즉 생혼의 상태는 성령께서 사람의 영과 하나되어 일하시는 바, 심령(heart)을 통하여 혼의 영역 안으로 전달되고, 혼은 이를 전적으로 순응하는 모습이다.(이러한 모습을 영의 생각으로 충만한 상태를 나타냄, 롬8:5-6하) 즉 온전히 성령으로 인도함 받는 성령 충만한 상태를 말한다. 하나님은 이러한 모습으로 살아가다가(히4:12, 롬8:14, 요일2:6) 재림 때 창조 시의 온전한 모습으로 발견되어지기를 원하신다.(살전5:23) 이러한 모습이 삼위일체 하나님의 표현과 계시의 삶이 되기도 한다. 참고로 아담은 오실 예수님의 모형이었다.(롬5:14)

는 이러한 것들이 떠나가고마12:28, 4:23-24, 9:35-36, 막16;17-18, 행10:28, 하나님의 평강과 기쁨, 의를 체험하게 되는 것이다.롬14:17, 갈5:22-23, 요14:27 이를 다른 말로 "천국복음이 전파되고 증거된다.마4:23-25, 9:35, 24:14, 막16:19-20"라고 한다. 주님은 아버지와 함께 하심으로 아버지께서 주신 것으로 세상을 이기셨고요16:32-33, 마28:18, 골2:2-3,9, 제자들에게도 성령으로 하나님과 그의 나라에 속한 것들이 주어졌다. 56) 요14:27, 롬8:17, 골2:10, 히2:4

(마 9:35) 예수께서 모든 성과 촌에 두루 다니사 저희 회당에서 가르치시며 천국 복음을 전파하시며 모든 병과 모든 약한 것을 고치시니라

(마 10:1) 예수께서 그 열 두 제자를 부르사 더러운 귀신을 쫓아내며 모든 병과 모든 약한 것을 고치는 권능을 주시니라

(마 10:7) 가면서 전파하여 말하되 천국이 가까왔다 하고

(롬 14:17) 하나님의 나라는 먹는 것과 마시는 것이 아니요 오직 성령 안에서 의와 평강과 희락이라

(막 16:19-20) 주 예수께서 말씀을 마치신 후에 하늘로 올리우사 하나님 우편에 앉으시니라 제자들이 나가 두루 전파할새 주께서 함께 역사하사 그 따르는 표적으로 말씀을 확실히 증거하시니라

(요 16:32-33) 보라 너희가 다 각각 제 곳으로 흩어지고 나를 혼자 둘 때가 오나니 벌써 왔도다 그러나 내가 혼자 있는 것이 아니라 아버지께서 나와

---

56) 교회 안에는 이미 성령으로 말미암아 삼위일체 하나님과 그의 나라가 임하게 된다.(약 4:5, 요일4:13-15. 눅17:21, 마12:28) 다시 말하면 교회와 하나님, 교회와 하나님의 나라는 "하나(Oneness)"가 되는 것이다. (요17:21-23, 14:20, 요3:3,5, 골1:13) 그러니 교회는 성령으로 하나님과 그의 나라를 경험하고 또 증인이 되는 것이다.(벧전2:9, 마24:14, 눅4:18, 마12:29) 고로 교회 안에는 경건과 생명에 속한 모든 것이 이미 와 있다.(벧후1:3, 롬8:17) 하나님의 모든 충만으로 충만해져 있다.(엡1:23, 3:19, 골2:2-3,9-10) 즉 하늘에 속한 모든 신령한 복(엡1:3) 하나님의 생명, 본성, 의, 사랑, 믿음, 선, 영광, 이름, 지혜와 지식, 총명 등이 이미 와 있는 것이다.(요일5:11-12, 요5:24-26, 요일5:1, 벧후1:3, 엡4:23-24, 고후5:21, 롬1:17, 5:5, 12:3.6, 마17:20, 몬1:6, 벧전5:1, 마5:14, 고후8:23, 요14:26, 엡1:8) 교회의 정보로 풍성한 아담과 에덴 교회가 에덴을 누리며 하나님의 지혜와 지식의 영으로 충만한 것은 삼위일체 하나님의 형상이요 하나님의 아들로서 당연한 것이다.(창2:19,23)

함께 계시느니라 33 이것을 너희에게 이름은 너희로 내 안에서 평안을 누리게 하려 함이라 세상에서는 너희가 환난을 당하나 담대하라 내가 세상을 이기었노라 하시니라

(요 14:27) 평안을 너희에게 끼치노니 곧 나의 평안을 너희에게 주노라 내가 너희에게 주는 것은 세상이주는 것 같지 아니하니라 너희는 마음에 근심도 말고 두려워하지도 말라

(롬 8:17) 자녀이면 또한 후사 곧 하나님의 후사요 그리스도와 함께 한 후사니 우리가 그와 함께 영광을 받기 위하여…

아담은 성령곧 생기으로 창조되었고 삼위일체 하나님의 형상닮음과 표현을 지닌 자였다.창2:7, 1:26 그래서 그의 삶은 성령으로 인도함 받아 하나님의 일 즉 영의 일을 수행하는 자였다.롬8:14, 6, 마16:23 아담은 성령으로 인도함 받는 하나님의 아들이요눅3:38 KJV, 롬8:14, 생혼을 지닌 자였기에창2:7 KJV, 늘상 영의 생각으로 충만했다.롬8:5

바울도 강조하기를 성령의 사람은 영의 생각으로 생명과 평강을 누리고 영을 쫓아 영의 일을 생각하는요일1:3, 롬8:6, 고전2:11, 마16:24자가 되었기에, 아담의 삶도 삼위일체 하나님과 하나가 되어 매 순간 하나님의 생명을 경험하며 그의 나라의 평강을 누리는 삶이었다. 그러나 결과적으로 아담은 땅을 통치하며롬5:17, 창1:26 하나님과 그의 나라를 세상에 나타내고 증거하는 영생의 삶이 된 것이다.창2:10-14

(롬 8:5-6) 육신을 좇는 자는 육신의 일을, 영을 좇는 자는 영의 일을 생각하나니 6 육신의 생각은 사망이요 영의 생각은 생명과 평안이니라

(마 16:23) 예수께서 돌이키시며 베드로에게 이르시되 사단아 내 뒤로 물러가라 너는 나를 넘어지게 하는 자로다 네가 하나님의 일을 생각지 아니하고

도리어 사람의 일을 생각하는도다 하시고

(롬 8:14) 무릇 하나님의 영으로 인도함을 받는 그들은 곧 하나님의 아들이라

(롬 5:17) …더욱 은혜와 의의 선물을 넘치게 받는 자들이 한 분 예수 그리스도로 말미암아 생명 안에서 왕 노릇 하리로다

(요 17:3) 영생은 곧 유일하신 참 하나님과 그의 보내신 자 예수 그리스도를 아는 것이니이다

(요일 1:3) 우리가 보고 들은 바를 너희에게도 전함은 너희로 우리와 사귐이 있게 하려 함이니 우리의 사귐은 아버지와 그 아들 예수 그리스도와 함께 함이라

베드로도 택함받은 족속이요 왕같은 제사장의 나라인 영적 이스라엘의 모습인 교회를 영광의 삶으로 인해 하나님의 아름다운 덕ἀρέτη 아레테, beauty and excellence57)을 세상에 드러낸다고 했다! 하나님의 아름다움을 경험하기에 이를 세상에 증거할 수가 있음. 벧전2:9

하여 이 땅에서 아담이 누렸던 하나님 자신과 에덴곧 천국을 성령 안에서의 의義와 안식평강과 희락이 포함됨과 자유요8:32, 고후3:17, 눅4:18, 딤전2:4를 중심으로 보다 상세히 다루어 보고자 한다. 롬14:17

(시 8:1) …여호와 우리 주여 주의 이름이 온 땅에 어찌 그리 아름다운지요 주의 영광을 하늘 위에 두셨나이다

(시 27:4) 내가 여호와께 청하였던 한 가지 일 곧 그것을 구하리니 곧 나로

---

57) "아름다움(נֹעַם 노암, beauty)"의 근원은 하나님으로부터이다.(벧전2:9, 시27:4) 하여 하나님의 이름도(시8:1), 하나님의 보좌가 있는 성소도(시96:6), 하늘 예루살렘 성(城)도(시48:2), 그리고 시온 산(시48:2)도 이 땅의 그 어느 것과도 비교할 수 없는 아름다운 모습을 하고 있다. 베드로는 교회가 이 아름다움을 증거하는 위치에 있음을 말하고 있다.(벧전2:9) 할렐루야!

내 생전에 여호와의 집에 거하여 여호와의 아름다움을 앙망하며 그 전에서 사모하게 하실 것이라

(시 48:2) 터가 높고 아름다워 온 세계가 즐거워함이여 큰 왕의 성 곧 북방에 있는 시온산이 그러하도다

(시 50:2) 온전히 아름다운 시온에서 하나님이 빛을 발하셨도다

(시 65:4) 주께서 택하시고 가까이 오게 하사 주의 뜰에 거하게 하신 사람은 복이 있나이다 우리가 주의 집 곧 주의 성전의 아름다움으로 만족하리이다

(시 96:6) 존귀와 위엄이 그 앞에 있으며 능력과 아름다움이 그 성소에 있도다

(벧전 2:9) 오직 너희는 택하신 족속이요 왕 같은 제사장들이요 거룩한 나라요 그의 소유된 백성이니 이는 너희를 어두운데서 불러 내어 그의 기이한 빛에 들어가게 하신 자의 아름다운 덕을 선전하게 하려 하심이라

(요 8:32) 진리를 알지니 진리가 너희를 자유케 하리라

(고후 3:17) 주는 영이시니 주의 영이 계신 곳에는 자유함이 있느니라

(딤전 2:4) 하나님은 모든 사람이 구원을 받으며 진리를 아는데 이르기를 원하시느니라

(눅 4:18) 주의 성령이 내게 임하셨으니 이는 가난한 자에게 복음을 전하게 하시려고 내게 기름을 부으시고 나를 보내사 포로 된 자에게 자유를, 눈먼 자에게 다시 보게 함을 전파하며 눌린 자를 자유케 하고

참고로 이사야11:6-9은 메시아가 통치하는 나라 즉 이 땅에서 완성되는 천년왕국에서의 모습을 그려주고 있다. 사32:1-8,17-18 이러한 모습은 또한 아담이 살았던 에덴의 삶을 보여주기도 한다. 이때 메시아의 모습을 사11:1-5에서 상상할 수 있는 바, 메시아 예수님의 모형인 아담의 모습을 상상하게 한다. 창2:19,23, 사11:2

(사 11:6-9) 그 때에 이리가 어린 양과 함께 거하며 표범이 어린 염소와 함께 누우며 송아지와 어린 사자와 살찐 짐승이 함께 있어 어린 아이에게 끌리며 7 암소와 곰이 함께 먹으며 그것들의 새끼가 함께 엎드리며 사자가 소처럼 풀을 먹을 것이며 8 젖먹는 아이가 독사의 구멍에서 장난하며 젖뗀 어린 아이가 독사의 굴에 손을 넣을 것이라 9 나의 거룩한 산 모든 곳에서 해됨도 없고 상함도 없을 것이니 이는 물이 바다를 덮음 같이 여호와를 아는 지식이 세상에 충만할 것임이니라

4.1 의義

하나님은 삼층하늘을 창조하시고 그 곳에 보좌를 베푸셨다. 마5:34, 시 103:19, 102:21, 11:4 그리고 보좌의 기초로 "의義"와 "공의公義"를 두셨다. 시 89:14, 요17:25 이는 기본적으로 하나님의 보좌의 기초가 "מָרָק,체데크, δικαιοσύ-νη 디카이오수네, Righteousness, Justice"와 "공의משפט 미쉬파트, judgment"가 됨으로 이는 각각 하나님의 공평, 의로움, 옳음, 표준, 기준, 그리고 이에 근거한 판결의 기준을 두게 되신 것과도 일반이다. 이 둘은 법정에서 다루는 용어이기에, 심판의 판단 근거가 되신다. 그러나 인자함과 진실함이 주를 앞서 행하시기에 심판에 앞서 긍휼과 자비와 사랑을 먼저 드러내시는 분이시다. 요3:16, 마 23:23, 시89:14 그러한 하나님의 사랑을 거부할 시에 나타나는 것이 바로 심판인 것이다. 요3:36, 16:9-10, 히3:7-18, 롬1:18, 2:5

> (시 89:14) 의와 공의가 주의 보좌의 기초라 인자함과 진실함이 주를 앞서 행하나이다
>
> (마 6:33) 너희는 먼저 그의 나라와 그의 의를 구하라 그리하면 이 모든 것을 너희에게 더하시리라

(요 3:16) 하나님이 세상을 이처럼 사랑하사 독생자를 주셨으니 이는 저를 믿는 자마다 멸망치 않고 영생을 얻게 하려 하심이니라

(요 3:36) 아들을 믿는 자는 영생이 있고 아들을 순종치 아니하는 자는 영생을 보지 못하고 도리어 하나님의 진노가 그 위에 머물러 있느니라

(히 3:15) 성경에 일렀으되 오늘날 너희가 그의 음성을 듣거든 노하심을 격동할 때와 같이 너희 마음을 강퍅케 하지 말라 하였으니

하나님은 자신의 보좌의 기초인 "의義"와 "공의公義"가 이 땅에 나타나기를 원하신다. 암5:24, 롬3:25-26, 4:25, 마6:33 하나님의 '의義'는 바로 '믿음'을 통하여 구체화된다. 하나님을 신뢰하는 것은 바로 하나님께서 선포하신 말씀, 곧 약속의 말씀을 신뢰하는 것과 동일하다.

아담 타락 후 아벨은 믿음의 제사를 하나님께 드림으로 의로운 자라 인정받았다. 히11:4, 노아는 하나님이 물로 세상을 심판하신다는 말씀을 신뢰했고 아브라함은 자신의 씨아들 이삭를 통해 큰 민족을 이루실 것을 믿었다. 하나님은 이러한 믿음을 "의義"로 여기셨다. 히11:7, 롬4:22 이제 하나님께서 구약을 통하여 오시리라 하신 메시아를 믿고, 오신 그분을 주主로 시인하고 또한 하나님께서 죽으신 그분을 살리심을 믿는 모든 이들에게 하나님의 "의義"가 되게 하셨다. 롬4:24, 10:9-10, 빌3:9, 고후5:21 이렇게 하나님은 이러한 "믿음의 의"를 소유한 자들을 그의 자녀로 삼으시고, 이들에게 하나님의 것을 상속받게 하셨다. 롬4:13,25, 8:10, 갈4:7

예수님은 침례요한이 행하는 물 침례를 받으심으로 "모든 의義를 완성하는 첫 출발"로 여기시고 마3:15, 십자가상에서 죽으시고 부활하심으로 그 "의義"를 완성하셨다. 막10:38, 눅12:50, 마20:23, 롬4:25, 10:4 그러므로 하나님은 누구든지 예수님을 진정으로 믿고 영접한 자마다 하나님의 의義를 소유하게 하셨고 빌3:9, 롬3:21-22, 1:17 막1:1, 동시에 그 의義가 되어 증인되게 하셨다. 고후

5:21

(롬 3:25-26) 이 예수를 하나님이 그의 피로 인하여 믿음으로 말미암는 화목 제물로 세우셨으니 이는 하나님께서 길이 참으시는 중에 전에 지은 죄를 간과하심으로 자기의 의로우심을 나타내려 하심이니 26 곧 이 때에 자기의 의로우심을 나타내사 자기도 의로우시며 또한 예수 믿는 자를 의롭다 하려 하심이니라

(롬 4:25) 예수는 우리 범죄함을 위하여 내어줌이 되고 또한 우리를 의롭다 하심을 위하여 살아나셨느니라

(롬 10:9-10) 네가 만일 네 입으로 예수를 주로 시인하며 또 하나님께서 그를 죽은 자 가운데서 살리신 것을 네 마음에 믿으면 구원을 얻으리니 10 사람이 마음으로 믿어 의에 이르고 입으로 시인하여 구원에 이르느니라

(빌 3:9) 그 안에서 발견되려 함이니 내가 가진 의는 율법에서 난 것이 아니요 오직 그리스도를 믿음으로 말미암은 것이니 곧 믿음으로 하나님께로서 난 의라

(롬 1:17) 복음에는 하나님의 의가 나타나서 믿음으로 믿음에 이르게 하나니 기록된바 오직 의인은 믿음으로 말미암아 살리라 함과 같으니라

(막 1:1) 하나님의 아들 예수 그리스도 복음의 시작이라

(고후 5:21) 하나님이 죄를 알지도 못하신 자로 우리를 대신하여 죄를 삼으신 것은 우리로 하여금 저의 안에서 하나님의 의가 되게 하려 하심이니라

원죄가 없는 아담은 하나님의 의를 소유하고 있었다. 왜냐하면 아담이 삼위일체 하나님의 형상이요, 또 아담의 실체시요 보이지 않으시는 하나님의 형상이신 주님이 바로 이 땅에서 하나님의 의義였다. 요16:10, 사42:6, 렘33:16, 23:6는 사실로 충분히 유추된다. 하늘 보좌에 의義와 공의公義를 두신 하나님

은 성경 전체를 통하여 다양한 방법으로 자신의 의를 나타내시고요16:10, 그 의로 통치하기를 원하신다.사32:1

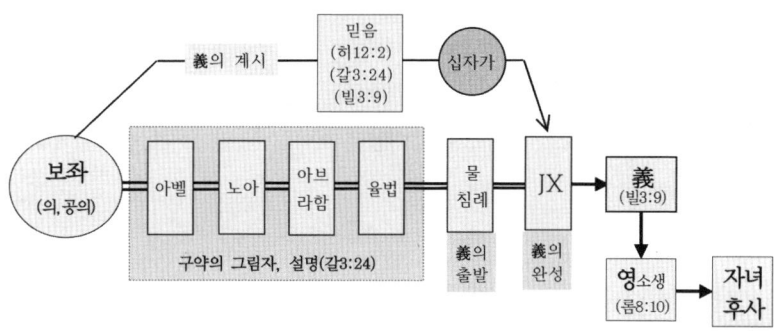

[그림4-1. 의(義)의 흐름과 완성도]

아담의 범죄 이후 이 땅에서의 하나님의 의는 바로 예수그리스도를 믿음으로 인해 완성되어진다.롬4:25, 사53:5 우리가 살았다고 말하는 것은 하나님께 대하여 살았음을 인정받는 것롬6:10-11과 유사하게 하나님의 기준으로 의롭다함을 인정받은 자를 의인이라 칭함을 받는 것인데, 믿음으로 하나님께로부터 온 의를 소유한 것벧전2:24, 빌3:9과 동일하다.

(요 16:10) 의에 대하여라 함은 내가 아버지께로 가니 너희가 다시 나를 보지 못함이요

(사 42:6) 나 여호와가 의로 너를 불렀은즉 내가 네 손을 잡아 너를 보호하며 너를 세워 백성의 언약과 이방의 빛이 되게 하리니

(렘 33:16) 그 날에 유다가 구원을 얻겠고 예루살렘이 안전히 거할 것이며 그 성은 여호와 우리의 의라 일컬음을 입으리라

(렘 23:6) 그의 날에 유다는 구원을 얻겠고 이스라엘은 평안히 거할 것이며 그 이름은 여호와 우리의 의라 일컬음을 받으리라

(벧전 2:24) 친히 나무에 달려 그 몸으로 우리 죄를 담당하셨으니 이는 우리
로 죄에 대하여 죽고 의에 대하여 살게 하려 하심이라…
(롬 4:25) 예수는 우리 범죄함을 위하여 내어줌이 되고 또한 우리를 의롭다
하심을 위하여 살아나셨느니라
(빌 3:9) 그 안에서 발견되려 함이니 내가 가진 의는 율법에서 난 것이 아니
요 오직 그리스도를 믿음으로 말미암은 것이니 곧 믿음으로 하나님께로서
난 의라

그리고 하나님의 의는 오직 하나님 나라가 임한 곳에 존재하는 하나님의
통치 기준이기도 하다.사32:1, 벧후3:13 하나님 나라는 성령이 임하심으로 경
험되어지고 의의 통치가 이루어 지는 바사32:1, 이사야 선지자는 "필경은 위
에서부터 성신을 우리에게 부어주시리니 광야가 아름다운 밭이 되며 아름
다운 밭을 삼림으로 여기게 되리라 16그 때에 공평이 광야에 거하며 의가 아
름다운 밭에 있으리니 17의의 공효는 화평이요 의의 결과는 영원한 평안과
안전이라사32:15-17"라며 하나님 나라가 임하므로 에덴과 같이 회복되며사
62:4 화평과 평안, 안전을 누리게 됨을 말하고 있다. 딤전2:1 아담은 이러한 하
나님의 통치 아래서 하나님 나라곧 에덴의 의와 평강을 누리며 생명의 하나님
을 깊이 체험하면서곧 영생을 누림, 요17:3, 요일1:3-4, 벧후1:3-4 하나님의 의를 드
러내는 삶을 살았음이 분명하다. 왜냐하면 하나님의 의는 오직 하나님 나라에서만 발견되
기 때문임, 벧후3:13, 2:5, 암5:24

(벧후 3:13) 우리는 그의 약속대로 의의 거하는바 새 하늘과 새 땅을 바라보
도다
(렘 33:16) 그 날에 유다가 구원을 얻겠고 예루살렘이 안전히 거할 것이며 그
성은 여호와 우리의 의라 일컬음을 입으리라

(사 32:1) 보라 장차 한 왕이 의로 통치할 것이요 방백들이 공평으로 정사할 것이며

(사 62:4) 다시는 너를 버리운 자라 칭하지 아니하며 다시는 네 땅을 황무지라 칭하지 아니하고 오직 너를 헵시바라 하며 네 땅을 쁄라라 하리니 이는 여호와께서 너를 기뻐하실 것이며 네 땅이 결혼한 바가 될 것임이라

(암 5:24) 오직 공법을 물 같이, 정의를 하수 같이 흘릴지로다

(벧후 2:5) …오직 의를 전파하는 노아와 그 일곱 식구를 보존하시고 경건치 아니한 자들의 세상에 홍수를 내리셨으며

(벧후 2:7) 무법한 자의 음란한 행실을 인하여 고통하는 의로운 롯을 건지셨으니

(롬 14:17) 하나님의 나라는 먹는 것과 마시는 것이 아니요 오직 성령 안에서 의와 평강과 희락이라

(요 17:3) 영생은 곧 유일하신 참 하나님과 그의 보내신 자 예수 그리스도를 아는 것이니이다

(요일 1:3-4) 우리가 보고 들은 바를 너희에게도 전함은 너희로 우리와 사귐이 있게 하려 함이니 우리의 사귐은 아버지와 그 아들 예수 그리스도와 함께 함이라 4 우리가 이것을 씀은 우리의 기쁨이 충만케 하려 함이로라

(벧후 1:3-4) 그의 신기한 능력으로 생명과 경건에 속한 모든 것을 우리에게 주셨으니 이는 자기의 영광과 덕으로써 우리를 부르신 자를 앎으로 말미암음이라 4 이로써 그 보배롭고 지극히 큰 약속을 우리에게 주사 이 약속으로 말미암아 너희로 정욕을 인하여 세상에서 썩어질 것을 피하여 신의 성품에 참예하는 자가 되게 하려 하셨으니

하나님의 의를 소유한 하나님의 백성은 의의 나무사61:3가 되어 의의 열매를 맺어야 진정한 주님의 제자임을 인정받는다. 요15:8 하나님의 시각과 관

점, 그 기준으로 세상을 보며 의와 불의, 선함과 악함을 분별하며 행하게 되는 것이다. 히5:14 이사야 선지자는 의의 나무를 "여호와의 심으신 바 그 영광을 나타낼 자"고 했다. 사61:3 다시 말하면 하나님의 영광을 계시할 하나님의 증인이라는 것이다. 사43:7,12, 48:11, 42:8 우리는 하나님의 의의 기준인 그리스도의 심판대 앞에 드러나 각각 선악간에 그 몸으로 행한 것을 따라 받게 될 것을 명심해야 한다. 고후5:10, 마12:36

(사 61:3)…그들로 의의 나무 곧 여호와의 심으신 바 그 영광을 나타낼 자라 일컬음을 얻게 하려 하심이니라

(사 43:7) 무릇 내 이름으로 일컫는 자 곧 내가 내 영광을 위하여 창조한자를 오게 하라 그들을 내가 지었고 만들었느니라

(사 43:12)…그러므로 너희는 나의 증인이요 나는 하나님이니라 여호와의 말이니라

(사 42:8) 나는 여호와니 이는 내 이름이라 나는 내 영광을 다른 자에게, 내 찬송을 우상에게 주지 아니하리라

(사 48:11) 내가 나를 위하며 내가 나를 위하여 이를 이룰 것이라 어찌 내 이름을 욕되게 하리요 내 영광을 다른 자에게 주지 아니하리라

(고후 5:10) 이는 우리가 다 반드시 그리스도의 심판대 앞에 드러나 각각 선악간에 그 몸으로 행한 것을 따라 받으려 함이라

(요 15:8) 너희가 과실을 많이 맺으면 내 아버지께서 영광을 받으실 것이요 너희가 내 제자가 되리라

부연하자면 아담은 삼위일체 하나님의 형상대로 지음받은 자이다. 창1:26 하나님은 자신의 이름과 영광을 위해 일하시는 분이시기에 창조사역도 그러하다. 사43:7, 시23:3 첫 사람 아담이 최초로 죄없는 의인으로 하나님의 영광

에 거하며벧전2:9, 요일1:5, 하나님의 생명 안에서 통치하는창1:26,28, 롬5:17 "여호와의 심으신 바 그 영광을 나타낼 자[58]" 곧 하나님의 영광을 계시할 자가 됨은 자명한 사실이다. 이는 주님의 몸된 교회가 기도와 예배처소로서의 성전으로 하나님의 생명과 본성, 하나님의 의와 거룩함을 지닌 자로 증인의 삶을 살아가게 한 것처럼, 아담은 이 모든 것의 원조元朝였음이 분명하다.

아멘!

(벧전 2:9)…이는 너희를 어두운데서 불러 내어 그의 기이한 빛에 들어가게 하신 자의 아름다운 덕을 선전하게 하려 하심이라

(요일 1:5)…곧 하나님은 빛이시라 그에게는 어두움이 조금도 없으시니라

(요일 1:7) 저가 빛 가운데 계신 것같이…

(골 3:10) 새 사람을 입었으니 이는 자기를 창조하신 자의 형상을 좇아 지식에까지 새롭게 하심을 받는 자니라

(엡 4:23-24) 오직 심령으로 새롭게 되어 24 하나님을 따라 의와 진리의 거룩함으로 지으심을 받은 새 사람을 입으라

(고전 1:30) 너희는 하나님께로부터 나서 그리스도 예수 안에 있고 예수는 하나님께로서 나와서 우리에게 지혜와 의로움과 거룩함과 구속함이 되셨으니

(고후 5:21) 하나님이 죄를 알지도 못하신 자로 우리를 대신하여 죄를 삼으신 것은 우리로 하여금 저의 안에서 하나님의 의가 되게 하려 하심이니라

---

58) 성령을 받은 의인을 "의의 나무"라 했다.(사61:1-3) 그런데 야고보 사도는 성령으로 "사람이 성내는 것이 하나님의 의를 이루지 못한다.(약1:20)"라 기록했다. 이는 하나님을 계시하고 증거하는 증인으로의 당위성을 설명하는 말씀이다. 하나님은 거룩하시기에 반드시 거룩해야 하며(레11:45, 10:3, 살전4:3), 이를 세상에 드러내야 한다.(겔36:23) 비록 모세의 온유함이 지면의 모든 사람보다 더 했지만(민12:3), 이스라엘의 계속된 불평과 불만으로 인해(약5:9, 신4:21, 32:51, 민20:2-5) 모세는 분노와 혈기로 반응하여 자기 입술로 경솔히 말하고 하나님의 거룩을 나타내지 못했다.(시106:32-33, 민20:10-11) 이로 인해 모세는 약속의 땅에 들어가지 못했다.(민20:12, 갈5:20-21) 이런 이유로 주님은 이 땅의 것을 구하기 전에 먼저 하나님의 의를 구하라 하셨다.(마6:33) 노함과 분노는 성령을 근심시키는 일임을 잊지 말아야 한다.(엡4:29-31, 갈5:20-21)

(롬 5:17) …더욱 은혜와 의의 선물을 넘치게 받는 자들이…생명 안에서 왕 노릇 하리로다

(창 1:26) …그로 바다의 고기와 공중의 새와 육축과 온 땅과 땅에 기는 모든 것을 다스리게 하자 하시고

4.2 안식

안식安息Rest, [히] מְנוּחָה 메누-하, שַׁבָּת 샤바-트 shabbath, [헬] κατάπαυσις 카타파우시스일은 하나님이 6일간의 천지창조 사역을 마치시고 복주시고 거룩하게 하신 일곱째 날이다. 창2:2-3 하나님은 일곱째 날에 안식하셨다. 하나님은 인생이 아니시기에 피곤하시고 곤비하심으로 따로 휴식이 필요한 분이 아니시다. 인생처럼 주무셔야 할 분도 아니시다. 그분은 졸지도 주무시지도 아니하신 다. 사40:28, 시121:4 그러므로 이는 피조 세계에 대한 하나님의 소망이시다. 하나님은 홀로 자유하시고 하나님은 영원하신 분이시다. 딤전1:17, 6:16 안식은 영원한 휴식을 의미한다. 하나님 만이 영원한 안식이시다. 그런데 하나님이 7일째 날에 안식을 선포하시고 쉬셨다. 이는 하나님께서 천지만물을 지으신 후 자신이 만드신 피조 세계가 자신과 같이 영원한 휴식 안에 있기를 원하심을 의미한다. 히4:10,4-6 그런고로 창조사역은 6일째로 끝나는 것이 아니라 7일째 안식을 향해가는 것임을 알 수가 있다. 7일째가 최종 목표이다. 하나님은 인간을 포함한 모든 피조 세계가 안식하기를 원하신다. 롬8:19-22 하나님은 이를 십계명에 안식일로 명시하시고 반드시 지키기를 요구하셨 다. 창20:8-11 율법은 하나님의 법이기에 신령하고 하나님의 공의公儀를 나타낸다. 롬7:14 그러나 인간의 노력으로 하나님의 요구인 의로움과 안식을 얻을 어느 육체도 없다. 갈3:10, 약2:10, 히9:9, 롬3:20,13 그러나 예수님은 율법 아래 오시어 율법을 완성하셨다. 육신으로는 할 수 없는 것을 육신을 입고 오신 주

님께서 하나님의 요구를 다 이루셨다. 롬8:3-4, 10:4, 마5:17, 갈4:4-7 이러한 결과로 인간이 지킬 수 없는 안식을 이제는 예수님을 통하여 온전하게 이룰 수 있게 되었다. 하나님은 진정으로 인류가 안식 안에 있기를 원하심을 7일째 창조기사를 통해 알 수가 있다. 안식일은 사람을 위해 존재하지 사람이 안식일을 위해 존재하는 것이 아니다. 막2:27-28 이런 이유로 예수님은 온 인류에게 하나님의 안식을 주러 오셨고, 이를 십자가를 통하여 완성하셨다. 요19:30 이제는 누구든지 예수님 안에 있는 자는 그 안식을 누릴 수가 있게 되었다. 이는 예수님이 안식일의 주인이시기 때문이다. 마12:8, 11:28-29, 요8:32 우리 영혼의 휴식도, 마음의 평안도, 육체의 진정한 치유도, 그리고 나아가 모든 온전한 환경도 예수님 안에서 누릴 수 있게 되었다. 사53:5, 요8:32, 7:37, 6:35-38 성령님은 영생이신 예수님 안에 우리를 깊이 거하게 하시고 교제하게 하신다. 갈6:7, 요17:3 고로 성령의 임재 안에서 온전한 안식과 휴식을 누릴 수가 있다. 눅4:17-18

(창 2:2-3) 하나님의 지으시던 일이 일곱째 날이 이를 때에 마치니 그 지으시던 일이 다하므로 일곱째 날에 안식하시니라 3 하나님이 일곱째 날을 복 주사 거룩하게 하셨으니 이는 하나님이 그 창조하시며 만드시던 모든 일을 마치시고 이 날에 안식하셨음이더라

(히 4:10) 이미 그의 안식에 들어간 자는 하나님이 자기 일을 쉬심과 같이 자기 일을 쉬느니라

(사 40:28) 너는 알지 못하였느냐 듣지 못하였느냐 영원하신 하나님 여호와, 땅 끝까지 창조하신 자는 피곤치 아니하시며 곤비치 아니하시며 명철이 한이 없으시며

(시 121:4) 이스라엘을 지키시는 자는 졸지도 아니하고 주무시지도 아니하시리로다

(사 53:5) 그가 찔림은 우리의 허물을 인함이요 그가 상함은 우리의 죄악을 인함이라 그가 징계를 받음으로 우리가 평화를 누리고 그가 채찍에 맞음으로 우리가 나음을 입었도다

(롬 14:17) 하나님의 나라는 먹는 것과 마시는 것이 아니요 오직 성령 안에서 의와 평강과 희락이라

(요 17:3) 영생은 곧 유일하신 참 하나님과 그의 보내신 자 예수 그리스도를 아는 것이니이다

(요 14:27) 평안을 너희에게 끼치노니 곧 나의 평안을 너희에게 주노라 내가 너희에게 주는 것은 세상이주는 것 같지 아니하니라 너희는 마음에 근심도 말고 두려워하지도 말라

"우리가 무슨 일이든지 우리에게서 난 것같이 생각하여 스스로 만족할 것이 아니니 우리의 만족은 오직 하나님께로서 났느니라고후3:5"의 바울의 고백처럼, 우리의 겉사람이 낡아지므로 낙심할 것이 아니라 매 순간 성령의 임재 속에서 하늘 새로움^{ἀνακαινόω} 아나카이노오, 위로부터 오는 새로워짐으로 채움받아시92:10-14, 133:2-3, 비록 이 땅에서의 경건과 증인의 삶으로 인해 고난과 핍박이 있을지라도 늘 누림과 승리의 삶을 살아가는 것이다.고후4:16-18, 10-11, 딤후3:12, 마5:10-12, 요일4:4

(고후 4:16-18) 그러므로 우리가 낙심하지 아니하노니 겉사람은 후패하나 우리의 속은 날로 새롭도다 17우리의 잠시 받는 환난의 경한 것이 지극히 크고 영원한 영광의 중한 것을 우리에게 이루게 함이니 18우리의 돌아보는 것은 보이는 것이 아니요 보이지 않는 것이니 보이는 것은 잠간이요 보이지 않는 것은 영원함이니라

(시 92:10-16) 그러나 주께서 내 뿔을 들소의 뿔 같이 높이셨으며 내게 신선

한 기름으로 부으셨나이다…12 의인은 종려나무 같이 번성하며 레바논의 백향목 같이 발육하리로다 여호와의 집에 심겼음이여 우리 하나님의 궁정에서 흥왕하리로다 14 늙어도 결실하며 진액이 풍족하고 빛이 청청하여 15 여호와의 정직하심을 나타내리로다…

(시 133:2-3) 머리에 있는 보배로운 기름이 수염 곧 아론의 수염에 흘러서 그 옷깃까지 내림 같고 3 헐몬의 이슬이 시온의 산들에 내림 같도다…

(고후 4:7-11) 우리가 이 보배를 질그릇에 가졌으니 이는 능력의 심히 큰 것이 하나님께 있고 우리에게 있지 아니함을 알게 하려 함이라 8 우리가 사방으로 우겨쌈을 당하여도 싸이지 아니하며 답답한 일을 당하여도 낙심하지 아니하며 9 핍박을 받아도 버린바 되지 아니하며 거꾸러뜨림을 당하여도 망하지 아니하고…

(딤후 3:12) 무릇 그리스도 예수 안에서 경건하게 살고자 하는 자는 핍박을 받으리라

(마 5:10-12) 의를 위하여 핍박을 받은 자는 복이 있나니 천국이 저희 것임이라 11 나를 인하여 너희를 욕하고 핍박하고 거짓으로 너희를 거슬러 모든 악한 말을 할 때에는 너희에게 복이 있나니 12 기뻐하고 즐거워하라 하늘에서 너희의 상이 큼이라 너희 전에 있던 선지자들을 이같이 핍박하였느니라

(요일 4:4) 자녀들아 너희는 하나님께 속하였고 또 저희를 이기었나니 이는 너희 안에 계신 이가 세상에 있는 이보다 크심이라

4.2.1 안식은 일상의 삶

하나님은 영원 전에 "영원한 생명" 곧 '영생'을 자신의 가슴에 품으셨다고 했다. 딛1:2 그리고 이를 이루시기 위하여 일을 시작하셨음을 이제 이해하게 되었다. 이 일이 바로 6일간의 창조사역으로 시작하셨다. 하나님은 창조사역을 매우 기쁘고 선하게 여기셨다. 창1:10, 12, 18, 21, 25, 31 "…보시기 좋았더라!"

그리고 앞에서 언급된 바와 같이 7일째 안식을 선포하신다.창2:2-3 그리고 이날을 거룩하게 하시고 복주시고 자신이 쉬셨다. 그렇지만 하나님은 인생이 아니시기에 피곤하시고 곤비하심으로 따로 휴식이 필요하신 분이 아니시다. 인생처럼 주무셔야 하실 분도 아니시다. 그분은 졸지도 주무시지도 아니하신다고 했다. 예수님이 "내 아버지께서 지금까지 항상 일하시니 나도 일한다.요5:17 쉬운성경"하셨다. 그런데 하나님은 7일째 쉬셨다. 여기에는 분명 의도가 있다. 마치 성령의 권능으로 충만하신 예수님이 성령님에 이끌리시어 광야로 마귀의 시험을 받으러 나가신 것은 마귀의 실체와 그의 궤계를 온 세상에 나타내시고, 승리하는 방법을 알게 하신 것처럼 말이다. 창조 7일째 안식 이야기를 히브리서 기자는 다음과 같이 증거한다.

> (히 4:4-6) 제 칠일에 관하여는 어디 이렇게 일렀으되 하나님은 제 칠일에 그의 모든 일을 쉬셨다 하였으며 5 또 다시 거기 저희가 내 안식에 들어오지 못하리라 하였으니 6 그러면 거기 들어갈 자들이 남아 있거니와 복음 전함을 먼저 받은 자들은 순종치 아니함을 인하여 들어가지 못하였으므로
> (히 4:10) 이미 그의 안식에 들어간 자는 하나님이 자기 일을 쉬심과 같이 자기 일을 쉬느니라
> (계 14:13) 또 내가 들으니 하늘에서 음성이 나서 가로되 기록하라 지금 이후로 주 안에서 죽는 자들은 복이 있도다 하시매 성령이 가라사대 그러하다 저희 수고를 그치고 쉬리니 이는 저희의 행한 일이 따름이라 하시더라

할렐루야! 하나님은 자신이 쉬심과 같이 온 인류가 온전한 쉼 곧 안식에 들어오기를 원하신다. 이것이 영생과 연관되어 있다. 영생은 영원한 생명을 의미하지만 예수님은 이를 "영생은 곧 유일하신 참 하나님과 그의 보내신 자 예수 그리스도를 아는 것이니이다.요17:3"이라고 하셨다. 여기서 '알

다'는 헬라어 "γινώσκω 기노스코"로서 히브리어 "야다"와 같은 의미의 단어로, 단순히 머리 지식으로서 아는 것이 아닌 경험적, 체험적으로 아는 것을 의미한다.창4:1, 눅1:34 이는 하나님과 깊은 교제와 사귐이 있지 않으면 안 된다. 그러므로 진정한 안식은 하나님 품안에 안기는 것이요 하나님과 깊은 교제 안에 있는 것을 의미한다.

하나님은 자신이 창조하신 아담을 에덴동산에 두셨다. 그리고 그에게 영생을 명령하셨다. "선악을 아는 열매를 먹는 날에는 정녕 죽으리라"하심은 곧 "죽지 않으려면 곧 영생하려면 선악과를 먹지 말라"는 뜻과 동일한 의미다. 아담은 하나님 말씀을 불순종함으로 에덴에서 쫓겨나고 말았다. 명령으로 주어진 하나님의 말씀을 거부한 결과로 아담은 하나님의 임재와 안식에서 쫓겨난 것이다. 하나님의 안식에 있을 때는 아담은 하나님의 닮음이 실재 경험으로 왔다. 그의 영성은 대단했다. 아담은 늘 하나님과 친구처럼 이야기를 나누었다. 한번은 하나님이 흙으로 각종 짐승과 새들을 지어 아담에게로 데리고 왔을 때에 아담은 그 즉시 그들에게 이름을 지어 주었다.창2:19 각종 짐승과 새의 이름은 그들의 특징을 담고 있는 것인데 아담은 그 수 많은 각종 짐승과 새의 특징을 즉각적으로 알았고 이에 걸맞은 이름을 지어준 것이다. 그리고 아담을 깊이 잠들게 하시고 그의 몸에서 갈비뼈를 취하여 사람을 만들어 아담 곁에 두었는데, 잠에서 깨어난 아담은 이를 즉시로 알아 보았다. "…이는 내 뼈중의 뼈요 내 살 중에 살이로다…창2:23"라고 고백했다. 그리고 이름을 여자라 불렀다.

이것이 하나님 안에서 안식을 누리는 자의 선물이다. 하나님 안에서 진정한 안식을 누리는 자는 하나님의 신성본성, 형상을 경험하며벧후1:4, 엡5:1, 창5:1 그에게 속한 모든 것을 누리게 된다.벧후1:3, 요일1:3

(엡 5:1) 그러므로 사랑을 입은 자녀 같이 너희는 하나님을 본받는 자가 되고

(벧후 1:3-4) 그의 신기한 능력으로 생명과 경건에 속한 모든 것을 우리에게 주셨으니 이는 자기의 영광과 덕으로써 우리를 부르신 자를 앎으로 말미암음이라 4 이로써 그 보배롭고 지극히 큰 약속을 우리에게 주사 이 약속으로 말미암아 너희로 정욕을 인하여 세상에서 썩어질 것을 피하여 신의 성품에 참예하는 자가 되게 하려 하셨으니

4.2.2 안식의 삶은 계시의 삶

이렇듯 예수님이 오신 이유는 바로 온 인류에게 하나님의 안식을 주시고자 함이다. 주님은 "진리를 알지니 진리가 너희를 자유케 하리라!"요8:32라고 하셨고, "수고하고 무거운 짐 진 자들아 다 내게로 오라 내가 너희를 쉬게 하리라 나는 마음이 온유하고 겸손하니 나의 멍에를 메고 내게 배우라 그러면 너희 마음이 쉼을 얻으리니"마11:28-29라고 하셨다. 이처럼 주님은 온 인류를 자유케 하려 오셨다. 이를 안식일의 주인마12:8이라는 뜻이다. 안식을 주시는 분이라는 뜻이다. 구약의 율법은 온 인류가 죄인임을 철저히 깨닫게 하는 일이다.롬3:20, 5:20 그러므로 모두가 죄인임을 알게 됨으로, "죄의 삯은 사망"임을 고백하게 된다.롬6:23 그러면 죄인은 살려고 해야 살게 된다. 이런 모든 자에게 궁극적으로 피난처 되신 예수님께로 인도받게 된다. 이것이 율법의 의도이다.갈3:24 예수님은 구약의 도피성을 다스리는 대 제사장을 의미한다. 누구든지 비록 십자가 주님 옆에 달려있던 극악무도한 살인자라 할지라도 주님께 달려가는 자는 결코 내 쫓김을 당하지 않고요6:37 죄사함과 함께 영원한 낙원의 안식을 누리게 되는 것이다.눅23:43

> (롬 3:20) 그러므로 율법의 행위로 그의 앞에 의롭다 하심을 얻을 육체가 없나니 율법으로는 죄를 깨달음이니라
> (롬 5:20) 율법이 가입한 것은 범죄를 더하게 하려 함이라 그러나 죄가 더한

곳에 은혜가 더욱 넘쳤나니

(롬 6:23) 죄의 삯은 사망이요 하나님의 은사는 그리스도 예수 우리 주 안에 있는 영생이니라

(갈 3:24) 이같이 율법이 우리를 그리스도에게로 인도하는 몽학선생이 되어 우리로 하여금 믿음으로 말미암아 의롭다 함을 얻게 하려 함이니라

(마 12:8) 인자는 안식일의 주인이니라 하시니라

안식일에도 주님은 38년된 병자를 고치셨고, 한쪽 손 마른 자를 회복시키셨다. 주님 안에 계신 아버지께서는 쉬지 않으시고 예수를 통하여 일을 하셨다.요5:17, 14:10-11 이는 하나님이 계속 일을 하신다는 것은 곧 믿는 자들에게는 계속해서 하나님의 안식과 생명을 누리게 됨을 의미한다. 해서 이사야 선지자는 "나는 시온의 공의가 빛 같이, 예루살렘의 구원이 횃불 같이 나타나도록 시온을 위하여 잠잠하지 아니하며 예루살렘을 위하여 쉬지 아니할 것인즉사62:1"라 말씀하시며 하나님의 의를 드러내도록 시온곧 교회을 위해 일하시며 동시에, "예루살렘이여 내가 너의 성벽 위에 파숫군을 세우고 그들로 종일 종야에 잠잠치 않게 하였느니라 너희 여호와로 기억하시게 하는 자들아 너희는 쉬지 말며 7 또 여호와께서 예루살렘을 세워 세상에서 찬송을 받게 하시기까지 그로 쉬지 못하시게 하라사62:6-7"와 같이 하나님이 계속하여 일하시도록 하나님의 영광과 그 이름을 위해 살아가는 증인의 삶을 요구하고 계신 것이다.사43:7, 10.12,21, 사42:8, 48:11

(사 43:7) 무릇 내 이름으로 일컫는 자 곧 내가 내 영광을 위하여 창조한자를 오게 하라 그들을 내가 지었고 만들었느니라

(사 43:21) 이 백성은 내가 나를 위하여 지었나니 나의 찬송을 부르게 하려함이니라

(사 42:8) 나는 여호와니 이는 내 이름이라 나는 내 영광을 다른 자에게, 내 찬송을 우상에게 주지 아니하리라

(사 48:11) 내가 나를 위하며 내가 나를 위하여 이를 이룰 것이라 어찌 내 이름을 욕되게 하리요 내 영광을 다른 자에게 주지 아니하리라

아멘!
하나님의 형상인 아담이 보이지 않는 삼위일체 하나님을 계시하는 삶을 살아간 것처럼…

4.3 자유

자유自由Freedom, Liberty, [히] דְּרוֹר deror 데로-르 Let him go [헬] ἐλευθερία 엘류데리아는 원래 하나님의 속성을 의미한다. 하나님은 스스로 계시는 분 곧 自存자이시다.출3:14 그런데 하나님은 인간을 창조하실 때 자신의 형상을 따라 창조하셨다. 그 형상 속에는 하나님의 영적 속성을 지니고 있다. 이 영적 속성 중에 자유는 분명 자존자 하나님의 속성이다. 그렇기에 하나님은 인간이 이 속성을 사용하는데 그 어떤 제한도 가하지 않으시고 존중하신다. 신30:19 이 자유는 구약 전체를 통하여 나타난다. 출21:2, 신15:12, 레25:10 하나님은 이스라엘 백성들을 애굽과 바벨론의 통치 하에서 자유롭게 하셨다. 하나님은 이스라엘 백성들이 하나님을 떠나지 말고 하나님을 사랑하며 하나님만 섬기도록 명령하셨다. 율법은 그 내용을 담고 있다. 그러나 하나님의 의도와는 상관없이 이 율법은 이스라엘 백성들이 지키기 힘든 무거운 멍에와 짐이 되어 버렸다. 마11:28-30, 갈3:10, 약2:10 그리하여 하나님은 아들 예수님을 율법 아래 보내시어 율법의 속박에서 성령으로 자유롭게 하셨다. 갈4:4-5, 요8:32, 고후3:17 그리고 하나님의 유업을 이어받게 하셨다. 갈4:6-7 그러나 하나님은 이

자유를 육신의 욕심과 마음의 원대로 사용되어지기를 원치 않으시고 또한 그 상응한 책임을 요구하신다. 동시에 자유는 하나님의 영광을 위해 그리고 이웃을 사랑하는 수단으로 사용되기를 원하신다.^{갈5:1,13, 벧전2:16, 고전8:9} 그러므로 성도들은 진정한 자유자인 동시에 이웃을 사랑으로 섬기며 그들을 성령의 능력으로 자유케 하는 자로 부름을 받았다. 이는 오직 하나님의 사랑과 믿음으로 가능한 것이다.

(출 3:14) 하나님이 모세에게 이르시되 나는 스스로 있는 자니라 또 이르시되 너는 이스라엘 자손에게 이같이 이르기를 스스로 있는 자가 나를 너희에게 보내셨다 하라

(신 30:19) 내가 오늘날 천지를 불러서 너희에게 증거를 삼노라 내가 생명과 사망과 복과 저주를 네 앞에 두었은즉 너와 네 자손이 살기 위하여 생명을 택하고

(출 21:2) 네가 히브리 종을 사면 그가 육년 동안 섬길 것이요 제 칠년에는 값 없이 나가 자유할 것이며

(레 25:10) 제 오십년을 거룩하게 하여 전국 거민에게 자유를 공포하라 이해는 너희에게 희년이니 너희는 각각 그 기업으로 돌아가며 각각 그 가족에게로 돌아갈지며

(갈 3:10) 무릇 율법 행위에 속한 자들은 저주 아래 있나니 기록된바 누구든지 율법 책에 기록된 대로 온갖 일을 항상 행하지 아니하는 자는 저주 아래 있는 자라 하였음이라

(약 2:10) 누구든지 온 율법을 지키다가 그 하나에 거치면 모두 범한 자가 되나니

(갈 4:4-7) 때가 차매 하나님이 그 아들을 보내사 여자에게서 나게 하시고 율법 아래 나게 하신 것은 5 율법 아래 있는 자들을 속량하시고 우리로 아들

의 명분을 얻게 하려 하심이라 6너희가 아들인 고로 하나님이 그 아들의 영을 우리 마음 가운데 보내사 아바 아버지라 부르게 하셨느니라 7 그러므로 네가 이 후로는 종이 아니요 아들이니 아들이면 하나님으로 말미암아 유업을 이을 자니라

(고후 3:17) 주는 영이시니 주의 영이 계신 곳에는 자유함이 있느니라

(벧전 2:16) 자유하나 그 자유로 악을 가리우는 데 쓰지 말고 오직 하나님의 종과 같이 하라

이처럼 자유는 아담을 창조하실 때 주신 하나님의 본성 중 하나이다. "하나님의 씨"와도 연계됨, 요일3:9 하나님은 "스스로 계시는 분"으로 스스로 모든 것으로 충만하시고 자유하시다. 어제나 오늘이나 내일도 영원부터 영원까지도 그런 상태로 계신 분이시다. 변함도 없으시고 회전하는 그림자도 없으신 항상 충만한 상태로 그 자리에 계신 분이시다.약1:17 이 모습이 '자유'라는 단어 속에 숨어 있다. 아담은 그리스도의 예표요롬5:14 동시에 교회의 예표로서엡5:31-32 만물을 충만케 하시는 충만한 모습을 하게 된 이유도 그러하다.엡1:23, 3:19

동시에 하나님은 공의와 사랑절제와도 상관됨이란 두 본성이 있으시다.시89:14 자유는 이 본성들과도 연결되어 있다. 고로 성경에서 말하는 자유는 하나님의 속성으로 충만과 중심, 절제가 병존하는 모습으로 아담과 교회에게로 주어진 것이다.

바울은 갈라디아서와 로마서에서 강조하기를 모든 성도는 율법과 육체, 세상과 옛사람, 그리고 정과 욕심에서 죽었음곧 자유했음을 알려준다. 물론 죄와 저주에서도 그러하다. 갈3:13,19, 6:14, 5:24, 롬6:6

하나님은 모든 사람이 구원받으며 진리를 알기를 원하신다. 딤전2:4 자유는 진리로부터 기인하므로 진정한 자유는 참 진리의 경험에서 출발한다. 요

8:32 이 자유는 누림을 가져온다. 참 진리는 하나님과 주 예수그리스도 자체이시므로 하나님과 그리스도와 깊은 관계에서의 누림의 자유라고 요한은 말했다. 요17:3, 요일1:3

그렇다!

만족을 스스로 만들지 못한다. 하나님으로부터 채움 받아야 진정한 만족이 온다. 고후3:5, 4:7,16 이것이 진정으로 자유한 상태이다. 그러니 세상에는 이러한 자유가 없다. 해아래 새것이 없으니 새것은 반드시 하늘로부터 와야 하는 것이다. 고후4:16 계시록에서도 "하늘과 그 가운데 있는 자들은 즐거워 하라"고 했다. 계12:12

하나님은 이러한 자유를 성령으로 주셨다. 고후3:17 주의 영 곧 진리의 영이 있는 곳에 자유가 있단 뜻이다. 동시에 이를 누리길 원하신다. 이 자유는 삶을 풍요롭고도 겸손하게 만든다. 거룩과 영광을 쫓아가게 한다. 승리케 하는 원동력이다. 왜냐하면 죄와 옛사람, 정욕과 세상으로 분리되야 하기에 그러하다.

이러한 사람은 상대방을 품는다. 상처를 주지도 받지도 않는다. 주의 품성이 그대로 드러난다. 히브리서에서 모든 사람들과 더불어 화평함과 거룩함을 따르지 않으면 아무도 주를 뵐 수 없다고 했다. 히12:14 주를 뵐 수 없으니 영광에 거하지 못한다. 그러니 당연히 자유는 없는 것이다.

보라!

어떻게 자유함과 거룩함과 절제와 화평이 서로 연결되어 있는지를, 그리고 임재와 연계되어 있는지 말이다.

하나님은 아담에게 이 자유를 계속 누리길 원하셨고 창2:17, 이것이 선악과를 먹지 말라하신 중요한 이유이기도 하셨다!

아멘!

(딤전 2:4) 하나님은 모든 사람이 구원을 받으며 진리를 아는 데에 이르기를 원하시느니라

(요 8:32) 진리를 알지니 진리가 너희를 자유롭게 하리라

(고후 3:17) 주는 영이시니 주의 영이 계신 곳에는 자유가 있느니라

(요일 1:3) 우리가 보고 들은 바를 너희에게도 전함은 너희로 우리와 사귐이 있게 하려 함이니 우리의 사귐은 아버지와 그의 아들 예수 그리스도와 더불어 누림이라

(고후 3:5) 우리가 무슨 일이든지 우리에게서 난 것 같이 스스로 만족할 것이 아니니 우리의 만족은 오직 하나님으로부터 나느니라

(고후 4:7) 우리가 이 보배를 질그릇에 가졌으니 이는 능력의 심히 큰 것이 하나님께 있고 우리에게 있지 아니함을 알게 하려 함이라

성령으로 자유를 누리는 우리는 당연히 아담과 같이 저주가 없는 에덴의 삶을 누리고 땅을 통치하면서 증인의 삶을 살아가게 된다.

아멘!

힐렐루야!

5장

영적 대칭과 성경구조

새 사람을 입었으니 이는 자기를 창조하신 자의 형상을
좇아 지식에까지 새롭게 하심을 받는 자니라 골3:10

5장
영적 대칭과 성경구조

> 그의 신기한 능력으로 생명과 경건에 속한 모든 것을 우리에게 주셨으니
> 이는 자기의 영광과 덕으로써 우리를 부르신 이를 앎으로 말미암음이라
> 벧후1:3

육체로 오신 주님과 그의 몸된 교회에 대한 모형과 정보가 아담임을 이미 밝혔다. 이는 구속사적 관점이 아니라 계시적 경륜 시각에서 보이는 귀한 영적 지식이다. 디도서1:2에서 약속하신 바와 같이 하나님의 경륜의 원시복음이 바로 영생이었다. 이는 만물이 존재하기도 전, 오직 삼위일체 하나님 만이 선재하시어 죄도 악도 없는 상태에서의 약속이셨다. 이러한 영생을 주님이 요한복음17:3에서 밝히 말씀하시기를 "유일하신 참 하나님과 그의 보내신 자 예수 그리스도를 아는 것이니이다"라 하셨고 주님은 이를 아버지께로부터 계명으로 받아 말씀하시고 이루셨다. 요12:49-50, 요일5:20 말씀이 육신이 되어 오신 분의 이름을 임마누엘마1:23이라 하신 이유가 하나님과의 친밀한 관계성에서 오는 경험적 체험적 지식을 누릴 수 있는 것으로, 삼위일체 하나님과의 깊은 관계를 가질 교회를 염두에 두신 것이다. 요일1:3-4

> (요일 1:3-4) 우리가 보고 들은 바를 너희에게도 전함은 너희로 우리와 사귐이 있게 하려 함이니 우리의 사귐은 아버지와 그 아들 예수 그리스도와 함께 함이라 4 우리가 이것을 씀은 우리의 기쁨이 충만케 하려 함이로라

아멘!

고로 아담은 하나님이 아들 예수님께와 교회에 맡기신 경륜의 비밀을 공유한 자임을 말한다. 왜냐하면 예수님도 교회도 하나님의 작정에 따라 계획된 목적과 뜻 곧 하나님의 경륜을 친히 이룰 분으로 이미 창세 전에 택정되고 예정되셨기 때문이다.눅9:35, 마12:18, 벧전2:4,6, 1:20, 고전2:7, 골1:26-27, 롬16:25-26, 행3:20, 요12:49-50, 롬8:29, 엡1:4-5,11, 3:6

이런 이유로 주님과 교회에 대한 공통 영적원리를 영적 대칭 spiritual symmetry 이라 부르기로 함을 담고 있는 첫 사람 아담 안에 담겨져 있는 많은 영적사실을 깨닫는 것은 매우 귀중하다.

5.1 태생의 유사성

아담은 삼위일체 하나님의 형상대로, 하나님의 아들로 지음받았음을 밝혔다.창1:26, 2:7, 눅3:38 KJV 이러한 태생의 유사성이 주님과 교회에 그대로 나타난다.

예수님은 하늘에 계실 때에는 말씀이신 하나님이시다.요1:1-2 그러나 그 말씀이 육신이 되셨는 바요1:14, 이를 "성령으로 잉태되셨다!"라고 한다.마1:23 말씀이 눈으로 볼 수 있고, 만질 수 있고, 느낄 수 있는 실재incarnation, substance-요일1:1-2가 되신 것을 말하는데 이는 반드시 성령의 역사로 성취되는 것이다.눅1:35 이는 마치 하나님이 만물창조를 선포하시기 전에 이미 하나님의 영이 수면 위로 운행하셨던 사실과도 같은 원리이다.창1:2-3

> (요 1:1-2) 태초에 말씀이 계시니라 이 말씀이 하나님과 함께 계셨으니 이 말씀은 곧 하나님이시니라 그가 태초에 하나님과 함께 계셨고
>
> (마 1:20) 이 일을 생각할 때에 주의 사자가 현몽하여 이르되 다윗의 자손 요

셈아 네 아내 마리아 데려오기를 무서워하지 말라 그에게 잉태된 자는 성령으로 된 것이라

(눅 1:35) 천사가 대답하여 이르되 성령이 네게 임하시고 지극히 높으신 이의 능력이 너를 덮으시리니 이러므로 나실 바 거룩한 이는 하나님의 아들이라 일컬어지리라

(요 1:14) 말씀이 육신이 되어 우리 가운데 거하시매…

(요일 1:1–3) 태초부터 있는 생명의 말씀에 관하여는 우리가 들은 바요 눈으로 본 바요 자세히 보고 우리의 손으로 만진 바라 이 생명이 나타내신 바 된 지라 이 영원한 생명을 우리가 보았고 증언하여 너희에게 전하노니 이는 아버지와 함께 계시다가 우리에게 나타내신 바 된 이시니라 우리가 보고 들은 바를 너희에게도 전함은 너희로 우리와 사귐이 있게 하려 함이니 우리의 사귐은 아버지와 그의 아들 예수 그리스도와 더불어 누림이라

(창 1:2–3) 그 땅이 혼돈하고 공허하며 흑암이 깊음 위에 있고 하나님의 영은 수면 위에 운행하시니라 하나님이 이르시되 빛이 있으라 하시니 빛이 있었고

이와 유사하게 성도의 거듭남도 성령과 물로 이루어진다. 요3:5-8 이를 "하나님의 뜻에 따라 진리의 말씀으로 낳음을 받았다"라고 한다. 약1:18, 고전4:15, 벧전1:23, 엡2:1 은혜와 믿음으로 구원받는 것이 엡2:8-9 말씀 곧 물위에 성령께서 함께하심으로 빛을 비추시어 사람의 영이 살아나게 하는 것과 동일하다. 고전15:45下, 고후4:6

영원 전부터 계셨던 이 말씀LOGOS 안에는 하나님의 생명이 있다. 요1:4, 요5:26 그 생명이 세상 사람들에게는 빛이었다. 고후4:4,6 말씀의 실재는 예수님이신데, 그분의 말씀을 들을 때 믿음이 생겨-롬10:17 그 말씀이 성령에 의해 생명이 되는 것이다. 요6:63 이를 "살려주는 영고전15:45"이라고도 한다. 이는 이

생명의 빛을 받아들이고 비침을 받는 영은 살아나는 것으로고후4:4,6, 이를 성령으로 난 것은 영이라 말하는 것이다.요3:6

(고후 3:6) ….영은 살리는 것이니라
(요 1:4) 그 안에 생명이 있었으니 이 생명은 사람들의 빛이라
(고후 4:4) 그 중에 이 세상의 신이 믿지 아니하는 자들의 마음을 혼미하게 하여 그리스도의 영광의 복음의 광채가 비치지 못하게 함이니…
(고후 4:6) 어두운데서 빛이 비취리라 하시던 그 하나님께서 예수 그리스도의 얼굴에 있는 하나님의 영광을 아는 빛을 우리 마음에 비춰셨느니라
(고전 15:45)…마지막 아담은 살려 주는 영이 되었나니

이렇게 성령으로 거듭난 자를 하나님으로부터 난 자요 하나님의 생명을 소유한 자라고 부른다.요5:24,26, 요일5:11 이러한 자는 역시 성령으로 맡겨진 증인의 사명을 감당하는 자이다.요일5:1, 마28:18-20, 행1:8

이처럼 성도가 거듭나는 일도 모두 말씀과 성령으로 하나님께로 시작되는 것이다. 하여 모든 성도는 하늘에 속해 있고요17:14, 빌3:20 아버지의 소유가 된다.벧전2:9, 고후1:22 마치 예수님이 아버지로부터 나시어 아버지의 소유가 되신 것처럼 말이다.고전1:30, 3:23

(고전 1:30) …예수는 하나님으로부터 나와서
(고전 3:23) 너희는 그리스도의 것이요 그리스도는 하나님의 것이니라

아멘!

5.2 사역의 유사성

하나님은 영요4:24이시기에 비非형상 비非물질이시다. 그럼에도 "하나님의 형상eikών 에이콘, Image과 그 모양likeness"으로 창조된 이유는 보이지 않으시는 하나님을 보이는 하나님으로, 만질 수 없는 하나님을 만질 수 있는 하나님으로, 그리고 느낄 수 없는 하나님을 느낄 수 있는 하나님으로 나타내고 증거하는 역할임을 의미한다. 이는 예수님께서 하나님의 형상으로 자신을 보내신 하나님 아버지를 계시하고 증거한 원리와도 동일하다.골1:15上, 요1:18 KJV, 계3:14, 요14:9-11, 18:37

이스라엘이 하나님의 이름으로 불려지고단9:19 하나님의 영광을 위해 지음받아, 제사장의 나라가 되어 하나님께 예배하며 만방에 증인으로의 역할을 감당하기를 원하셨다.사43:7, 10,12, 21 즉 "나는 여호와니 이는 내 이름이라 나는 내 영광을 다른 자에게, 내 찬송을 우상에게 주지 아니하리라사42:8 내가 나를 위하며 내가 나를 위하여 이를 이룰 것이라 어찌 내 이름을 욕되게 하리요 내 영광을 다른 자에게 주지 아니하리라사48:11"말씀처럼 하나님의 이름과 그 영광을 드러낼 민족으로의 영광스러운 선택받음이었다.롬9:4-5

아담은 마지막 아담되신 예수님의 모형으로 창조되었기에 예수님과의 사역과도 비교된다. 베드로 사도는 "이를 위하여 너희가 부르심을 입었으니 그리스도도 너희를 위하여 고난을 받으사 너희에게 본을 끼쳐 그 자취를 따라 오게 하려 하셨느니라벧전2:21"하여, 주님의 모형을 따르는 아담은 사역 측면에도 모형적으로 주님의 사역을 포함하고 있음을 기억해야 한다. 다시 말하면, 기본적으로 예수님의 모형인 아담은 삼위일체 하나님과 "하나됨oneness"의 모습으로 창조된 바, 이 '하나됨'의 의미는 영적 위치로는 태생적 닮음형상, to be like God, afer God, 엡4:24, 5:1, 골3:10, 고후3:18이요, 기능적으로는 사역적 사명모양, 곧 하나님의 기름 부음 받은 자, 하나님 경륜 동역자, 증인, follower[imitator] of God, 눅22:29, 히3:1, 요20:21, 창2:23-24, 엡5:32, 5:1의 의미를 지니고 있음을 이미 설명한 부분이다. 그림5-1,2,3 아멘!

(창 2:23-24) 아담이 가로되 이는 내 뼈 중의 뼈요 살 중의 살이라 이것을 남자에게서 취하였은즉 여자라 칭하리라 하니라 24이러므로 남자가 부모를 떠나 그 아내와 연합하여 둘이 한 몸을 이룰지로다
(엡 5:31-32)…사람이 부모를 떠나 그의 아내와 합하여 그 둘이 한 육체가 될지니 이 비밀이 크도다 나는 그리스도와 교회에 대하여 말하노라
(골 3:10) 새 사람을 입었으니 이는 자기를 창조하신 자의 형상을 좇아 지식

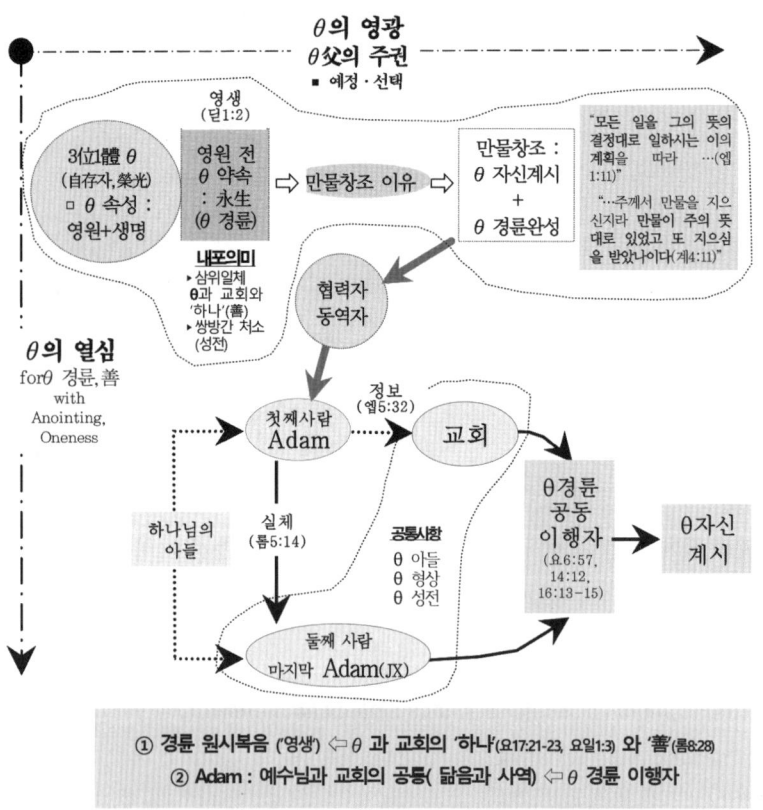

[그림5-1. 하나님의 경륜 공동 이행자 관점]

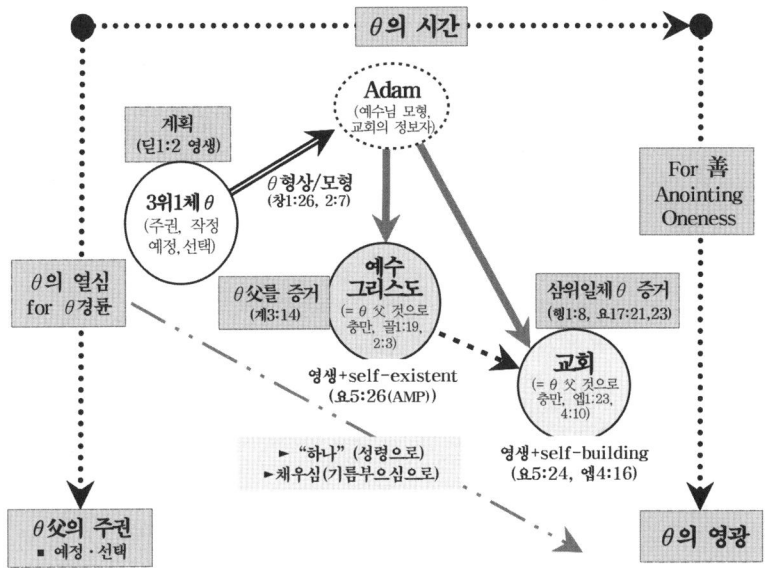

[그림5-2. θ경륜을 위한 맡기심과 채우심, 증거하심]

에까지 새롭게 하심을 받는 자니라 And have put on the new [man], which is renewed in knowledge after the image of him that created him:

(롬 5:14) …아담은 오실 자의 표상이라

(골 1:15) 그는 보이지 아니하시는 하나님의 형상이요 Who is the image of the invisible God…

(엡 4:23-24) 오직 심령(πνεῦμα ὁ νοῦς)으로 새롭게(ἀνανεόω)되어 And be renewed in the spirit of your mind 24 하나님을 따라 의와 진리의 거룩함으로 지으심을 받은 새 사람을 입으라 And that you put on the new man, which after God is created in righteousness and true holiness.

(엡 5:1) 그러므로 사랑을 입은 자녀 같이 너희는 하나님을 본받는 자가 되고

Be you therefore followers(imitators) of God, as dear children

(눅 22:29) 내 아버지께서 나라를 내게 맡기신 것같이 나도 너희에게 맡겨

(고후 1:21) …우리에게 기름을 부으신 이는 하나님이시니

(요 13:3)…예수는 아버지께서 모든 것을 자기 손에 맡기신 것과 또 자기가 하나님께로부터 오셨다가 하나님께로 돌아가실 것을 아시고

(벧후 1:3) 그의 신기한 능력으로 생명과 경건에 속한 모든 것을 우리에게 주셨으니 이는 자기의 영광과 덕으로써 우리를 부르신 이를 앎으로 말미암음이라

(엡 1:13-14)…너희도…믿어 약속의 성령으로 인치심을 받았으니 14 이는 우리의 기업의 보증이 되사 그 얻으신 것을 속량하시고 그의 영광을 찬송하게 하려 하심이라

[그림5-1,2,3]은 이를 간략하게 그림으로 묘사하고 있는 바, 하나님의 경륜을 이룰 아담으로 출발한 예수님과 교회와의 관계성을 요약한 그림이다. 각 그림 속 말씀들을 자세히 읽고 관계를 살피면 중요한 의미를 파악하게 될 것임

이 그림들 속에는 하나님의 첫 사람 아담을 중심으로 창세 전과 이후 아담에게 맡겨진 선善59)한 일엡2:14, 딛2:14, 롬8:28이 완성되어지는 영적인 로드맵을 나타낸다. 이미 창세기1장에서 각 창조시마다 말씀하신 선善하심의 의도는 바울이 언급한 "선善을 위하여 만물창조를 포함하여모든 것이 합력하며롬8:28, 엡1:11, 계4:11, 이 선善을 이룰 자하나님의 아들의 예지 예정롬8:29"이라는 하나님의 주권을 바탕으로 삼위일체 하나님의 형상과 모양인아담의 탄생을 말하고 있는 것이다.

---

59) 여기서 선(善)은 악(惡)과 함께 연관되어 있는 영적 의미를 가진 단어로서, 하나님을 떠난 상태를 죄와 악(렘2:13)으로 표현되는 반면, 하나님과 함께 하는 것을 선(善)으로 표현한다. 고로 선(善)한 일을 하나님 아버지와 관련되어 있는 일이다. 이는 곧 하나님 아버지의 뜻과 계획을 의미하기도 한다.(사42:8, 48:11) 주님도 이 선한 일을 성령으로 행하셨고(행10:38, 요10:17-18, 12:49-50, 17:4-5), 주님과 하나된 몸된 교회도 이를 위해 창조되었고 존재하는 것이다.(엡2:10, 딛2:14, 히13:21, 롬8:28, 사43:7,10)

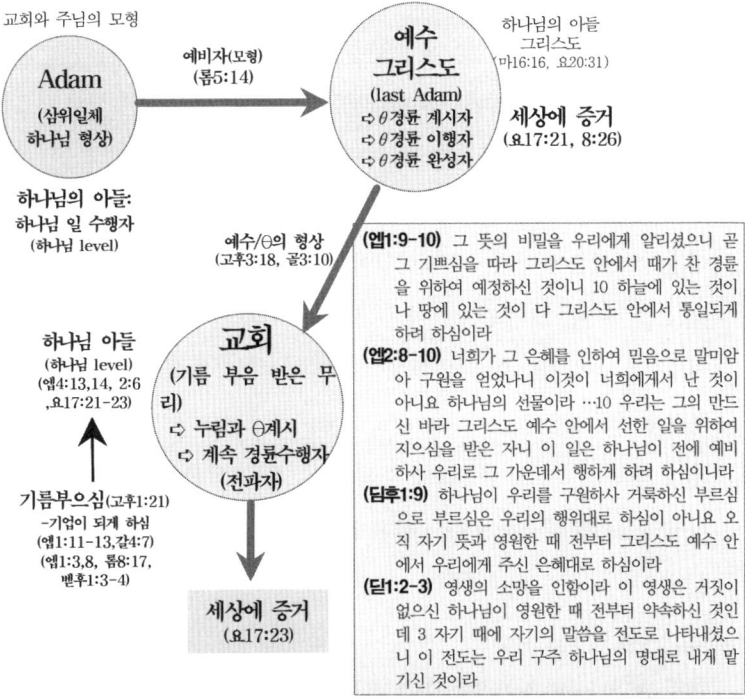

[그림5-3. 하나님 경륜의 수행 경로]

(계 4:11) 우리 주 하나님이여 영광과 존귀와 능력을 받으시는 것이 합당하오니 주께서 만물을 지으신지라 만물이 주의 뜻대로 있었고 또 지으심을 받았나이다 하더라

(엡 1:11) 모든 일을 그 마음의 원대로 역사하시는 자의 뜻을 따라 우리가 예정을 입어 그 안에서 기업이 되었으니

(롬 8:28-29) 우리가 알거니와 하나님을 사랑하는 자 곧 그 뜻대로 부르심을 입은 자들에게는 모든 것이 합력하여 선을 이루느니라 29하나님이 미리 아신 자들로 또한 그 아들의 형상을 본받게 하기 위하여 미리 정하셨으니 이는 그로 많은 형제 중에서 맏아들이 되게 하려 하심이니라

(엡 2:10) 우리는 그의 만드신 바라 그리스도 예수 안에서 선한 일을 위하여 지으심을 받은 자니 이 일은 하나님이 전에 예비하사 우리로 그 가운데서 행하게 하려 하심이니라

(딛 2:14) 그가 우리를 대신하여 자신을 주심은 모든 불법에서 우리를 구속하시고 우리를 깨끗하게 하사 선한 일에 열심하는 친 백성이 되게 하려 하심이니라

(행 10:38) 하나님이 나사렛 예수에게 성령과 능력을 기름 붓듯 하셨으매 저가 두루 다니시며 착한 일을 행하시고 마귀에게 눌린 모든 자를 고치셨으니 이는 하나님이 함께 하셨음이라

이미 여러 번 언급된 바와 같이 창세 전에 약속하신 영생은 바로 하나님과 교회와의 깊은 관계성 설정이 미리 담겨져 있고, 이 둘사이에의 친밀한 관계성인 "하나됨서로의 처소 곧 성전이 됨"을 품고 있다. 이 부분에 해당하는 말씀이 요한복음17:3과 요한일서1:3-4이다. 하나님의 선善과 선善한 일이 바로 창세 전에 약속하신 이 "영생딛1:2"과도 직접적인 영적 연관이 있음을 아는 것은 매우 중요한 부분이었다. 즉 선善이란 바로 하나님 함께 하나된 상태요, 선한 일이란 이러한 상태하나님과 그의 나라의 앎과 누림:고후3:17, 요일1:3-4, 벧후1:3-4, 빌3:8, 딤전2:4, 요8:32, 엡1:17-29, 고후3:18, 히2:10, 마11:27에서 이루어지는 하나님과의 동역적 사역계시와 증인: 벧전2:9, 행1:8을 말하는 것이다.

이를 위하여 하나님0은 "아들 됨"이라는 독특한 단어를 아담과 주님, 교회에 공히 사용하신다. 하나님 자신의 아들의 형상을 닮은 단체 곧 교회60)를 그리스도 안에서 미리 아시고 미리 정하시며 의롭게 하시고 영화롭게 하시어롬8:29-30, 엡1:5 예수 그리스도 안에서 하나님의 선善 곧 하나님의 계획과 뜻을 완성하게 하는 하나님 자신과 동역하는기관으로 선택하신고전3:9, 고후6:1, 엡2:10, 딛2:14, 히13:21, 사43:7 그 첫 걸음이 바로 아담이었다. 아들만이 성령으로아버지를 알고마11:27, 요일4:7, 3:24, 고전2:10-11,, 요16:13-15, 아버지의 뜻을 행할 수가 있다.히10:7,9, 요17:4 그리고 하나님은 자신의 뜻과 작정이신 계시적 경륜을 아들에게 기름부어 자격을 부여하시고 맡기시며, 이를 이룰 수 있도록 하나님의 모든 것으로 채우신다.하나님의 신성, 권세, 권능과 상속권 등 ; 요3:35, 그림 5-2,3

이 땅에 계실 때 하나님의 아들 예수님 만이 하나님 아버지를 아시고 기름 부음받아, 자신을 보내신 아버지의 뜻을 행하시며 증거 하신 바와 같이, 계시의 영을 받은 교회도 아버지를 알고 증거 하는 것과 동일하다.마11:27 "…아들의 소원대로 계시를 받는 자 외에는 아버지를 아는 자가 없느니라" 주님이 아버지의 이름을 영화롭게 하신 것 같이 교회도 다시 아버지의 이름을 영화롭게 한다.요

---

60) 교회는 "구별된 거룩한 무리 곧 성도들의 모임"으로 불린다.(고전1:2, 엡4:12) 하나님은 이스라엘 백성들을 사랑하사 택하시고 부르셨다. 이를 성민(קדוש עם 암 카도쉬, 聖民, holy people, saint) 곧 하나님의 성스러운 백성, 거룩한 백성이라고 한다. (신7:6-7) 동시에 성도(קדש 코데쉬, ἅγιος 하기오스)라고도 하는데, 성도는 "하-시드(חסד) 경건하며 자비한)"와 "카-도-쉬 (קדוש) 경건하여 예배를 위해 성별된)"의 뜻을 가지는 단어이다.(고전 1:2, 골1:2) 또한 동시에 성도는 "두려운 것"의 뜻을 가진 "ἁγός 하고스"와 "신성한, 순결한, 거룩한, 봉헌된"뜻을 가진 "ἁγνός 하그노스"의 두 의미를 내포하고 있다. 이 두 단어 곧 '두려움'과 '거룩'은 원래 하나님께 대해 쓰이는 단어이다. 익히 알듯이 하나님은 경외의 대상이요, 거룩의 기준이 되신다. 이처럼 하나님의 백성에게 사용되어진 이 두 단어를 보면 성도와 하나님 사이가 얼마나 밀접한 관계에 있는가에 대한 단적인 증거를 보여준다. 성경에서 말씀하시기를 모든 성도는 하나님을 닮는 자가 되어야 한다고 한다. 그리고 인간이 창조될 때부터 하나님을 닮은 자로 창조되었음을 기억할 필요가 있다.(엡4:23-24) 이미 밝힌 바이지만 하나님의 형상과 모양은 하나님의 영적 속성과 역할을 의미한다. 이처럼 인간은 처음부터 영적 존재로 지음 받았고, 하나님의 영적 속성을 지닌 자로 창조되었다. 그리고 보이지 않는 삼위일체 하나님을 나타내고 증거하는 역할이 있음을 명심해야 한다.

27-28 "…또 다시 영광스럽게 하리라" 그리고 주님이 아버지의 이름을 알고 세상에 나타내심 같이 교회가 하나님의 이름을 경험하고 세상에 증거 하는 것이다. 요17:26 "…또 알게 하리니" 이 모든 일은 몸된 교회가 주님의 장성한 분량의 충만한 데까지 온전해짐으로 가능한 것이다. 엡4:13,15, 마5:48, 히6:2, 골2:10 주님께서 성령으로 아버지와 온전히 하나되시어 아버지를 증거하심같이요 14:10-11, 3:31-35, 10:30, 3-38, 몸된 교회도 주님과 성령으로 하나가 되어 주님을 증거하기를 바라신다. 요14:12, 요일2:6, 행1:8

"…주의 어떠하심과 같이 우리도 세상에서 그러하니라…because as he is, so are we in this world 요일4:17"

아멘!
할렐루야!

(마 11:27) 내 아버지께서 모든 것을 내게 주셨으니 아버지 외에는 아들을 아는 자가 없고 아들과 또 아들의 소원대로 계시를 받는 자 외에는 아버지를 아는 자가 없느니라

(요 17:4) 아버지께서 내게 하라고 주신 일을 내가 이루어 아버지를 이 세상에서 영화롭게 하였사오니

(히 10:7) 이에 내가 말하기를 하나님이여 보시옵소서 두루마리 책에 나를 가리켜 기록한 것과 같이 하나님의 뜻을 행하러 왔나이다 하시니라

(요일 4:7) 사랑하는 자들아 우리가 서로 사랑하자 사랑은 하나님께 속한 것이니 사랑하는 자마다 하나님께로 나서 하나님을 알고

(요 12:28) 아버지여 아버지의 이름을 영광스럽게 하옵소서 하시니 이에 하늘에서 소리가 나서 가로되 내가 이미 영광스럽게 하였으며 **또 다시 영광스럽**

게 하리라 하신대

(요 17:26) 내가 아버지의 이름을 저희에게 알게 하였고 **또 알게 하리니** 이는 나를 사랑하신 사랑이 저희 안에 있고 나도 저희 안에 있게 하려 함이니이다

이 모든 일이 바로 경륜인 영생이 하나님의 속성과 그의 이름과 연계된 것 같이 하나님의 경륜의 일을 행할 교회도 이에 깊이 연관되어 있음이 당연한 일임을 알려주는 것이다. 아멘!

그러므로 삼위일체 하나님과 교회의 모든 관계성 즉 아버지와 아들 예수, 그리고 아들 예수와 그의 몸된 교회의 관계성은 모두 하나님의 경륜을 이루어 나가는 기본적인 영적 관계를 제공하는 바, 이러한 공통적 사역의 유사성을 아담에게서 바랄 수 있는 영감을 주고 있는 것이다. 할렐루야!

5.3 하나님의 처소 성전

3장에서도 여러 가지 영적 원리를 바탕으로 아담은 하나님이 거하시는 처소요, 예배자의 모습이었음을 설명했다. 이는 아담이 예수님의 모형이요 교회의 정보를 품은 자로, 출생과 그 사역 또한 유사성에 근거한다. 또한 동시에 하나님께서 창세 전에 약속하신 "영생딛1:2"을 이루시는 실질적인 첫걸음이 하나님의 경륜을 이행할 아담의 창조이기 때문이셨다.

주님이 밝히신 디도서1:2의 약속은 요한복음17:3에서 그 의미를 찾을 수가 있다고 했다. 즉 삼위일체 하나님을 아는 깊은 관계성 형성은 먼저는 주님과 아버지 간이오, 다음으로 교회와 삼위일체 하나님 사이다. 하나님과 깊은 관계성을 갖는 이들과는 바로 "하나됨Oneness"의 관계에서 이루어진다. 이는 오직 성령으로 가능한 것이다. 요14:17,20, 약4:5, 요일3:24, 4:13, 15-16

(요 14:17) 저는 진리의 영이라 세상은 능히 저를 받지 못하나니 이는 저를 보지도 못하고 알지도 못함이라 그러나 너희는 저를 아나니 저는 너희와 함께 거하심이요 또 너희 속에 계시겠음이라

(요 14:20) 그 날에는 내가 아버지 안에, 너희가 내 안에, 내가 너희 안에 있는 것을 너희가 알리라

(요일 3:24) 그의 계명들을 지키는 자는 주 안에 거하고 주는 저 안에 거하시나니 우리에게 주신 성령으로 말미암아 그가 우리 안에 거하시는 줄을 우리가 아느니라

(요일 4:13) 그의 성령을 우리에게 주시므로 우리가 그 안에 거하고 그가 우리 안에 거하시는 줄을 아느니라

(요일 4:15-16) 누구든지 예수를 하나님의 아들이라 시인하면 하나님이 저 안에 거하시고 저도 하나님 안에 거하느니라 16 하나님이 우리를 사랑하시는 사랑을 우리가 알고 믿었노니 하나님은 사랑이시라 사랑 안에 거하는 자는 하나님 안에 거하고 하나님도 그 안에 거하시느니라

(요 17:21) 아버지께서 내 안에, 내가 아버지 안에 있는 것같이 저희도 다 하나가 되어 우리 안에 있게 하사 세상으로 아버지께서 나를 보내신 것을 믿게 하옵소서

(요 17:23) 곧 내가 저희 안에, 아버지께서 내 안에 계셔 저희로 온전함을 이루어 하나가 되게 하려 함은 아버지께서 나를 보내신 것과 또 나를 사랑하심 같이 저희도 사랑하신 것을 세상으로 알게 하려 함이로소이다

(약 4:5) 너희가 하나님이 우리 속에 거하게 하신 성령이 시기하기까지 사모한다 하신 말씀을 헛된 줄로 생각하느뇨

'하나됨'의 관계는 서로에 대해 처소성전가 되는 것과도 일반이다. 요일4:13, 15-16, 약4:5, 요14:20 즉 하나님은 교회의 처소가 되고, 동시에 교회는 하나님

의 처소가 되는 것이요, 하나님은 자신의 생명을 주시고 교회는 그 생명을 공유하고 누리며 증거하는 것이다.벧후1:3-4, 요5:26, 요일1:3, 5:11-13,20

(요 5:26) 아버지께서 자기 속에 생명이 있음 같이 아들에게도 생명을 주어 그 속에 있게 하셨고

(요일 4:13) 그의 성령을 우리에게 주시므로 우리가 그 안에 거하고 그가 우리 안에 거하시는 줄을 아느니라

(약 4:5) 너희가 하나님이 우리 속에 거하게 하신 성령이 시기하기까지 사모한다 하신 말씀을 헛된 줄로 생각하느뇨

(요일 4:15-16) 누구든지 예수를 하나님의 아들이라 시인하면 하나님이 저 안에 거하시고 저도 하나님 안에 거하느니라 16 하나님이 우리를 사랑하시는 사랑을 우리가 알고 믿었노니 하나님은 사랑이시라 사랑 안에 거하는 자는 하나님 안에 거하고 하나님도 그 안에 거하시느니라

(요일 1:3) 우리가 보고 들은 바를 너희에게도 전함은 너희로 우리와 사귐이 있게 하려 함이니 우리의 사귐은 아버지와 그 아들 예수 그리스도와 함께 함이라

(요일 5:11-13) 또 증거는 이것이니 하나님이 우리에게 영생을 주신 것과 이 생명이 그의 아들 안에 있는 그것이니라 12 아들이 있는 자에게는 생명이 있고 하나님의 아들이 없는 자에게는 생명이 없느니라 13 내가 하나님의 아들의 이름을 믿는 너희에게 이것을 쓴 것은 너희로 하여금 너희에게 영생이 있음을 알게 하려 함이라

(요일 5:20) 또 아는 것은 하나님의 아들이 이르러 우리에게 지각을 주사 우리로 참된 자를 알게 하신 것과 또한 우리가 참된 자 곧 그의 아들 예수 그리스도 안에 있는 것이니 그는 참 하나님이시요 영생이시라

(요 17:3) 영생은 곧 유일하신 참 하나님과 그의 보내신 자 예수 그리스도를

아는 것이니이다

(벧후 1:3-4) 그의 신기한 능력으로 생명과 경건에 속한 모든 것을 우리에게 주셨으니 이는 자기의 영광과 덕으로써 우리를 부르신 자를 앎으로 말미암음이라 4이로써 그 보배롭고 지극히 큰 약속을 우리에게 주사 이 약속으로 말미암아 너희로 정욕을 인하여 세상에서 썩어질 것을 피하여 신의 성품에 참예하는 자가 되게 하려 하셨으니

출애굽의 근본 의도는 하나님께서 자기 백성들을 광야로 내 보내시어 절기를 지키며 하나님 자신을 섬기게 할 목적이셨다.

(출 5:1) 그 후에 모세와 아론이 가서 바로에게 이르되 이스라엘 하나님 여호와의 말씀에 내 백성을 보내라 그들이 광야에서 내 앞에 절기를 지킬 것이니라 하셨나이다

(출 8:1) 여호와께서 모세에게 이르시되 너는 바로에게 가서 그에게 이르기를 여호와의 말씀에 내 백성을 보내라 그들이 나를 섬길 것(עָבַד 아바드)이니라

그런데 실제로 이들이 하나님의 절기를 지키며 제사를 지낼 때 주신 말씀은 "이는 너희가 대대로 여호와 앞 회막문에서 늘 드릴 번제라 내가 거기서 너희와 만나고 네게 말하리라출29:42"이셨고, 이를 "내가 이스라엘 자손 중에 거하여 그들의 하나님이 되리니 46그들은 내가 그들의 하나님 여호와로서 그들 중에 거하려고 그들을 애굽 땅에서 인도하여 낸 줄을 알리라 나는 그들의 하나님 여호와니라출29:45-46"라 표현하셨다. 다시 말하면 하나님께서 제사를 요구하신 의도는 근본적으로 하나님께서 자기 백성들 중에 거하시려는 깊은 관계성 형성의 의도셨다. 이것이 정확히 창세 전에 의도하신

원시언약의 실재이셨다.딛1:2, 시133:1-3, 요일1:3-4, 요17:3

> (딛 1:2) 영생의 소망을 인함이라 이 영생은 거짓이 없으신 하나님이 영원한 때 전부터 약속하신 것인데
>
> (시 133:1-3) (다윗의 시, 곧 성전에 올라가는 노래) 형제가 연합하여 동거함이 어찌 그리 선하고 아름다운고 2머리에 있는 보배로운 기름이 수염 곧 아론의 수염에 흘러서 그 옷깃까지 내림 같고 3헐몬의 이슬이 시온의 산들에 내림 같도다 거기서 여호와께서 복을 명하셨나니 곧 영생이로다
>
> (요일 1:3-4) 우리가 보고 들은 바를 너희에게도 전함은 너희로 우리와 사귐이 있게 하려 함이니 우리의 사귐은 아버지와 그 아들 예수 그리스도와 함께 함이라 4 우리가 이것을 씀은 우리의 기쁨이 충만케 하려 함이로라

하나님은 출애굽한 백성들에게 율법을 주었고, 또 성막 짓는 식양을 주시어, 광야 40여년 동안을 이동식 성전으로, 그리고 솔로몬 왕 때에 고정된 성전의 실체를 보게 하셨다.

솔로몬 왕이 성전 건축하기를 마치고 하나님께 봉헌할 때 하나님은 자신의 영광으로 채워주셨다.대하5:13-14 이처럼 하나님이 기뻐하시는 성전은 반드시 하나님의 임재 곧 하나님의 영광으로 채워지게 되어 있다.계15:8 기도 시나 예배 시나 하나님의 영광으로 인해 기름부으심이 충만해야 한다. 이것이 바로 영과 진리로 드려지는 예배처소의 특징이다.요4:23-24 그런데 이 땅의 성전은 하나의 비유에 불과하다.히8:5, 9:23 이 땅의 것은 영원한 것이 없기에 무너지고요2:19-20 진정한 영적인 것이 세워져야 한다.히7:12,18, 8:7,13 그러므로 완성될 성전의 영적인 의미는 하나님의 이름이 있는 곳, 영광과 임재가 있는 곳, 기름 부으심이 있는 곳을 의미한다고 했다. 그곳이 예수님 자신이요요2:21 , 영으로 오신 예수님을 모신 성도이다.고전3:16-17 성도는 바로

하나님 나라가 임한 곳이요 하나님의 집이 된다. 고전3:9, 엡2:19-22, 히3:6, 10:21, 8:2 이처럼 손으로 지어진 성전은 무너져 내리고 진정한 영적인 의미의 성전은 하나님 백성 자신이었고막14:38, 행7:48, 17:24, 요2:21, 신약에 와서야 이러한 하나님의 의도가 성취되었다. 요2:21, 14:20, 고전3:16, 6:19-20, 엡2:20-21

(요 2:21) 그러나 예수는 성전 된 자기 육체를 가리켜 말씀하신 것이라
(요 14:20) 그 날에는 내가 아버지 안에, 너희가 내 안에, 내가 너희 안에 있는 것을 너희가 알리라
(고전 3:16) 너희가 하나님의 성전인 것과 하나님의 성령이 너희 안에 거하시는 것을 알지 못하느뇨
(히 3:6) 그리스도는 그의 집 맡은 아들로 충성하였으니 우리가 소망의 담대함과 자랑을 끝까지 견고히 잡으면 그의 집이라
(고전 6:19-20) 너희 몸은 너희가 하나님께로부터 받은바 너희 가운데 계신 성령의 전인 줄을 알지 못하느냐 너희는 너희의 것이 아니라20 값으로 산 것이 되었으니 그런즉 너희 몸으로 하나님께 영광을 돌리라
(엡 2:21-22) 그의 안에서 건물마다 서로 연결하여 주 안에서 성전이 되어가고 22 너희도 성령 안에서 하나님의 거하실 처소가 되기 위하여 예수 안에서 함께 지어져 가느니라

성령이 임하심으로 교회는 삼위일체 하나님과 하나된 성전이 되어 진정한 의미의 '영생'이 이루어졌다. 요14:20, 요17:21,23, 요일3:24, 4:15-16, 약4:5 이 모습은 신천신지 새 예루살렘에서 최정점을 보이게 된다. 계21:9, 22-24 예수님은 먼저 영원한 하늘 성전에 들어가시어 등燈 곧 말씀이 되셨고히9:11-12, 24, 시119:105, 계21:22-23, 성도들은 이곳에서 영원히 하나님과 함께 살게 된다. 계21:24-27 다시 말하면 신부교회인 새 예루살렘성 안에 성전이 있고, 동시에 그

안에 하나님의 백성들이 자신들의 영광을 가지고 들어가 거하게 되는 것이다.계21:24,26, 고후5:1, 요14:2-3, 고후3:18, 롬9:23, 벧전2:9

할렐루야!

(계 21:9-10) 일곱 대접을 가지고 마지막 일곱 재앙을 담은 일곱 천사중 하나가 나아와서 내게 말하여 가로되 이리 오라 내가 신부 곧 어린 양의 아내를 네게 보이리라 하고 10성령으로 나를 데리고 크고 높은 산으로 올라가 하나님께로부터 하늘에서 내려오는 거룩한 성 예루살렘을 보이니

(계 21:22-24, 26) 성안에 성전을 내가 보지 못하였으니 이는 주 하나님 곧 전능하신 이와 및 어린 양이 그 성전이심이라 23 그 성은 해나 달의 비췸이 쓸데 없으니 이는 하나님의 영광이 비취고 어린 양이 그 등이 되심이라 24만국이 그 빛 가운데로 다니고 땅의 왕들이 자기 영광을 가지고 그리로 들어오리라 26사람들이 만국의 영광과 존귀를 가지고 그리로 들어오겠고

(고후 5:1) 만일 땅에 있는 우리의 장막 집이 무너지면 하나님께서 지으신 집 곧 손으로 지은 것이 아니요 하늘에 있는 영원한 집이 우리에게 있는 줄 아나니

(요 14:2-3) 내 아버지 집에 거할 곳이 많도다 그렇지 않으면 너희에게 일렀으리라 내가 너희를 위하여 처소를 예비하러 가노니 3 가서 너희를 위하여 처소를 예비하면 내가 다시 와서 너희를 내게로 영접하여 나 있는 곳에 너희도 있게 하리라

이렇게 완성될 성전, 곧 죄와 악과도 상관없는 상태에서의 하나님과 그 백성에 대한 언약딛1:2 곧 하나님과 하나되어 하나님의 생명과 영광, 그 본성을 누리며요17:3, 요일1:3-4, 벧후1:3-4, 히2:20, 고후3:18, 이를 증거할 자벧전2:9, 요17:21,23에 대한 근본 정보가 이미 삼위일체 하나님의 형상과 모양, 하나님의 아들로 창

조되고, 에덴가정과 교회에 대한 말씀을 품은 아담 속에 담겨져 있었던 것이다.

> (히 2:10) 만물이 인하고 만물이 말미암은 자에게는 많은 아들을 이끌어 영광에 들어가게 하시는 일에 저희 구원의 주를 고난으로 말미암아 온전케 하심이 합당하도다
> (고후 3:18) 우리가 다 수건을 벗은 얼굴로 거울을 보는 것같이 주의 영광을 보매 저와 같은 형상으로 화하여 영광으로 영광에 이르니 곧 주의 영으로 말미암음이니라
> (벧전 2:9) 오직 너희는 택하신 족속이요 왕 같은 제사장들이요 거룩한 나라요 그의 소유된 백성이니 이는 너희를 어두운데서 불러 내어 그의 기이한 빛에 들어가게 하신 자의 아름다운 덕을 선전하게 하려 하심이라
> (요 17:21) 아버지께서 내 안에, 내가 아버지 안에 있는 것같이 저희도 다 하나가 되어 우리 안에 있게 하사 세상으로 아버지께서 나를 보내신 것을 믿게 하옵소서
> (요 17:23) 곧 내가 저희 안에, 아버지께서 내 안에 계셔 저희로 온전함을 이루어 하나가 되게 하려 함은 아버지께서 나를 보내신 것과 또 나를 사랑하심 같이 저희도 사랑하신 것을 세상으로 알게 하려 함이로소이다

아멘!
주님께 영광!

5.4 하나님의 의도를 품는 성경 상세구조

저자는 저자의 책61)에서 소개하는 [그림5-4]에서처럼 하나님은 먼저

---

61) 정학영 『하나님의 경륜과 피조 세계』 (대장간,2019), pp56-66, 90-91
    정학영 『망원경으로 보는 창세기』 (대장간,2018), pp93-122

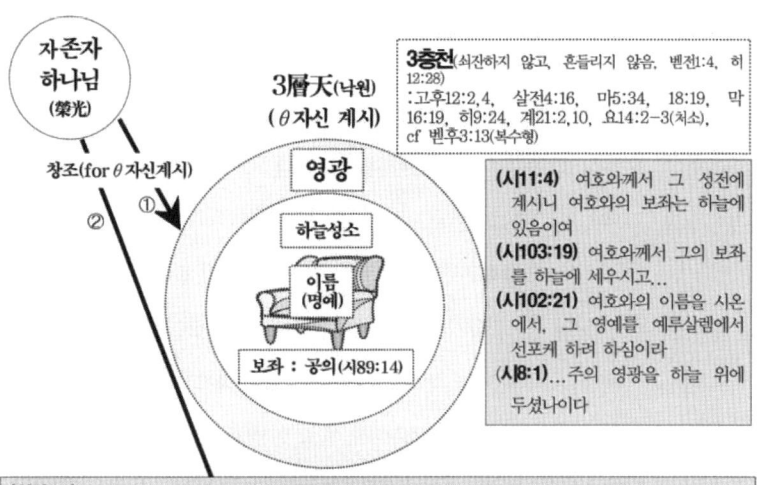

[그림5-4. 하나님의 계시 장소 : 3층 하늘 → 우주 → 교회]

는 3층 하늘62) 고후12:2,4에서 영광과 거룩으로, 그리고 후에는 1-2층 하늘 곧 우주에서 만물을 통하여 스스로 하나님 자신을 증거하며 계시하신다고 했다. 엡4:6, 롬1:20, 시148장 3층 하늘에는 빛이시오 그 빛 가운데 계시는 하나님께서 언제나 자신의 영광으로 충만하여 스스로 자신을 증거 하고 계시며요일1:5,7, 계21:22-23, 1-2층 하늘에서는 교회창조 시에는 교회의 모형인 아담과 에덴 동산, 신약에서 성령이 임하시는 몸된 교회와 온 우주 안에 창조된 만물에 자신의 영광을 두시어 온 세상에 증거 되기를 원하신다. 동시에 1-2층 하늘을 3층 하늘에서 범죄한 천사를 최후 백보좌 심판 때까지 일시적으로 감옥처럼 감금한 곳으로 성령의 감시를 받게 하는 영적세계로 설명했다. 사14:12-15, 벧후2:4, 유1:6, 창1:2,8, 계17:17, 살후2:7, 계22:17 ← 성령과 교회가 하나가 되어 감시의 일을 수행함

(사 14:12-15) 너 아침의 아들 계명성이여 어찌 그리 하늘에서 떨어졌으며 너 열국을 엎은 자여 어찌 그리 땅에 찍혔는고 13 네가 네 마음에 이르기를 내가 하늘에 올라 하나님의 뭇별 위에 나의 보좌를 높이리라 내가 북극 집회의 산 위에 좌정하리라 14가장 높은 구름에 올라 지극히 높은 자와 비기리라 하도다 15그러나 이제 네가 음부 곧 구덩이의 맨 밑에 빠치우리로다

(벧후 2:4) 하나님이 범죄한 천사들을 용서치 아니하시고 지옥에 던져 (ταρταρόω 타르타로오, 흑암) 어두운(ζόφοs 조포스) 구덩이(σειρά 세이라) (σειραις ζοφου ταρταρωσας)에 두어 심판 때까지 지키게 하셨으며

(유 1:6) 또 자기 지위를 지키지 아니하고 자기 처소를 떠난 천사들을 큰 날

---

62) 3층 하늘은 주의 보좌가 있는 곳(마5:34), 아버지께서 계신 곳(마6:9)인 것처럼 바울이 체험한 낙원이 있는 곳을 의미하여 주로 단수 형태로 나타난다.(계21:1) 그러나 베드로 사도는 새 하늘을 복수로도 묘사하는 것을 참조할 필요가 있다.(벧후3:13) 지구의 하늘도 대기권으로 묘사하고, 우주의 하늘은 또 얼마나 많은 행성들의 하늘로 구성되어 있겠는가? 하물며 3층천은 우주보다 또 얼마나 크고 광대할 것인가? 이런 의미로 사도 요한은 새 하늘을 대표단수로 표현한 반면 베드로 사도는 복수로 표현한 것은 미루어 짐작이 간다. 지옥의 형벌도 행함대로 차등이 있어 가는 곳이 다름과 같이(요19:11, 마11:22, 23:14-15, 눅12:47-48, 롬2:4-6), 새 하늘에서도 상급에 따라 그 처우가 달라져 거할 곳이 다름으로 인해 복수 개념의 새 하늘 이해에 도움을 준다.(겔48:21-23, 마20:23, 계22:12)

의 심판까지 영원한 결박으로 흑암(ζόφος 조포스)에 가두셨으며

(계 17:17) 하나님이 자기 뜻대로 할 마음을 저희에게 주사 한 뜻을 이루게 하시고 저희 나라를 그 짐승에게 주게 하시되 하나님 말씀이 응하기까지 하심이니라

(창 1:1-2) 태초에 하나님이 천지를 창조하시니라 2 땅이 혼돈하고 공허하며 흑암이 깊음 위에 있고 하나님의 신은 수면에 운행하시니라

(살후 2:7) 불법의 비밀이 이미 활동하였으나 지금 막는 자(성령)가 있어 그 중에서 옮길 때까지 하리라

(계 22:17) 성령과 신부가 말씀하시기를 오라 하시는도다…

그리고 [그림5-5]는 하나님의 경륜 관점에서의 성경의 역사의 흐름을 간략하게 표현했다. [그림5-5]의 윗부분은 창세기1:1과 1:2 사이의 일을 조명한 그림이다. 이미 앞에서도 언급되었지만, 하나님은 만물을 시작하신 것이 이는 이미 창세 전에 마음에 품으신 계획대로 그림을 펼치기 시작하신 것이라 했다. 창1:1에서 천지[天地]를 "하[the] 샤마임[heavens]", "하[the] 아레쯔[land]"라 한 이유가 분명히 밝혀지는 것임. 여기서 정관사 "하[the]"는 이미 정해진 유일한 것을 의미함[골1:17]. 고로 창세전에 이미 하나님 마음에 품고 계획하셨던 바로 그 피조 세계를 "그 하늘들"과 "그 땅"이라 말하는 것이라 했음

(히 2:10) 자신을 위하여 모든 것을 존재하게 하시며 또 자신으로 말미암아 모든 것을 존재하게 하신 그분께서 많은 아들들을 이끌어 영광에 들어가게 하시는 일에서 그들의 구원의 대장을 고난들을 통하여 완전하게 하심이 합당하도다[KJV]

(골 1:17) 또한 그가 만물보다 먼저 계시고 만물이 그 안에 함께 섰느니라 He is before all things, and in him all things hold together

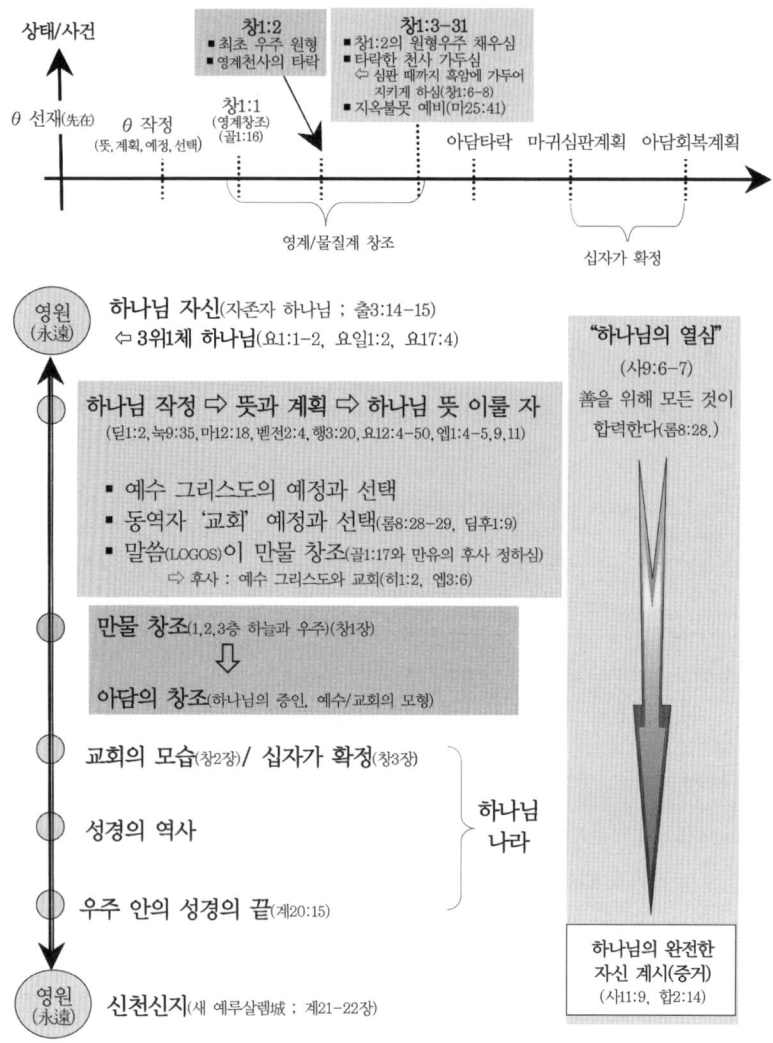

[그림5-5. 시간 축에서 본 성경의 흐름(위,아래)]

창세기1:1과 1:2 안에 숨어있는 영적 비밀을 간단히 다시 요약하면 이렇다. 창세기1:2은 분명 물질세계의 창조 직후의 모습과 상태를 알려준다. 즉 창세기1:1에서 창조된 땅land의 모습이 혼돈하고 공허하며 흑암이 깊음 위에 있는 그다지 좋은 모습은 분명 아니다. 그런데 창세기1:1은 영계와 물질계를 포함하고 있다.[63] 그러므로 창세기1:2이 시작하기 전에 영계에서의 상황이 먼저 설명이 되어져야 한다. 이로써 골로새서1:16절을 근거로 물질계인 우주가 등장하기 전에 영계와 영물의 창조가 선행되었음을 의미한다.보좌들이나 주관들이나 정사들이나 권세들은 천사들의 계급임, 엡6:12, 3:10, 골2:15 하나님은 영계인 3층 하늘을 창조하시고고후12:2,4, 거기에 자신의 보좌와 영광, 이름을 두시고시132:13-14, 102:21, 103:19, 8:1, 5:34, 6:9, 겔43:7 이를 섬기며 찬양하는 천사들을 먼저 창조하신 후겔28:12-15 1-2층 우주와 대기권의 하늘을 각각 차례대로 창조하셨음을 알아야 한다.겔28:12-15 그리고 창1:3-31까지 우주 안의 만물을 창조하여 현재의 모습에 이르고 있는 것이다.

> (골 1:16) 만물이 그에게 창조되되 하늘과 땅에서 보이는 것들과 보이지 않는 것들과 혹은 보좌들이나 주관들이나 정사들이나 권세들이나 만물이 다 그로 말미암고 그를 위하여 창조되었고
>
> (고후 12:2,4) 내가 그리스도 안에 있는 한 사람을 아노니 십 사년 전에 그가 셋째 하늘에 이끌려 간 자라…4 그가 낙원으로 이끌려가서 말할 수 없는 말을 들었으니 사람이 가히 이르지 못할 말이로다

---

[63] 정학영, 『하나님의 계시적 경륜-하나님은 자신을 위해 일하신다』 (대장간, 2016), pp128-144.
정학영, 『하나님의 경륜과 피조 세계』 (대장간, 2019), pp45-49,89-96.
: … 골1:16을 다시 면밀히 살펴보면 하나님이 하늘(οὐρανοῖς 우라노이스, 하늘들 ← 3층 하늘(낙원이 있는 하늘), 1-2층 하늘(대기권을 포함한 우주 하늘)과 땅을 창조하시되, 보이는 세계(物質界)와 보이지 않는 세계(靈界), 그리고 그 안에 거하는 만물을 지었음을 기록한다.(창2:1) 그런데 창세기3장에서는 (실은 눈에 보이지 않는 영물이 피조물의 형상으로 나타난) 뱀이라는 영적 존재가 등장한다. 분명 창1:2 이하의 창조세계는 눈에 보이는 물질세계인 우주를 말하는데, 이러한 뱀이라는 영물(靈物)의 존재를 설명하려면 분명 창1:1과 창1:2 사이에 있어야 하는 것이다.(창1:2은 창1:1의 땅을 상세하게 설명하는 부분으로 독립구절이 아니다) 다시 말하면, 이는 물질계인 우주가 등장하기 전에 영계와 영물이 먼저 창조되었음을 의미한다. 하나님은 영계인 3층 하늘을 창조하시고, 거기에 자신의 영광과 자신의 이름이 있는 보좌를 두시며, 이를 섬기며 찬양하는 천사들을 먼저 창조하신 것을 성경은 증거한다!(시132:13-14, 겔28:12-15)….

(시 132:13-14) 여호와께서 시온을 택하시고 자기 거처를 삼고자 하여 이르시기를 14 이는 나의 영원히 쉴 곳이라 내가 여기 거할 것은 이를 원하였음이로다

(겔 28:12-15) 인자야 두로 왕을 위하여 애가를 지어 그에게 이르기를 주 여호와의 말씀에 너는 완전한 인이었고 지혜가 충족하며 온전히 아름다웠도다 13 네가 옛적에 하나님의 동산 에덴에 있어서 각종 보석 곧 홍보석과 황보석과 금강석과 황옥과 홍마노와 창옥과 청보석과 남보석과 홍옥과 황금으로 단장하였었음이여 네가 지음을 받던 날에 너를 위하여 소고와 비파가 예비되었도다 14 너는 기름 부음을 받은 덮는 그룹임이여 내가 너를 세우매 네가 하나님의 성산에 있어서 화광석 사이에 왕래하였었도다 15 네가 지음을 받던 날로부터 네 모든 길에 완전하더니 마침내 불의가 드러났도다

(시 103:19) 여호와께서 그 보좌를 하늘에 세우시고…

(마 5:34)…하늘로도 말라 이는 하나님의 보좌임이요

(마 6:9)…하늘에 계신 우리 아버지여 이름이 거룩히 여김을 받으시오며

(시 11:4)…여호와의 보좌는 하늘에 있음이여

(시 102:21) 여호와의 이름을 시온에서, 그 영예를 예루살렘에서 선포케 하려 하심이라

(시 8:1)…주의 영광을 하늘 위에 두셨나이다

(겔 43:7) 내게 이르시되 인자야 이는 내 보좌의 처소, 내 발을 두는 처소, 내가 이스라엘 족속 가운데 영원히 거할 곳이라…

(렘 3:17) 그 때에 예루살렘이 여호와의 보좌라 일컬음이 되며 …

고린도후서4:6에 "어두운 데에 빛이 비치라 말씀하셨던 그 하나님께서 예수 그리스도의 얼굴에 있는 하나님의 영광을 아는 빛을 우리 마음에 비추셨느니라"라는 말씀이 있다.엡5:14 이 말씀은 창세기1:2를 인용한 말씀으로

처음 지음 받은 땅의 상태에서 하나님께서 빛을 명하사 빛이 있게 하셨고 이로써 빛과 어둠을 나누신 물질세계의 모습처럼창1:3-4, 영적으로 진리가 없는 흑암과 같은 마음에 생명의 빛을 비추어 거듭나게 하시고 하나님의 성전이 되게 하신 영적인 의미를 내포하고 있음을 알아야 한다. 할렐루야!

> (창 1:2-4) 땅이 혼돈하고 공허하며 흑암이 깊음 위에 있고 하나님의 신은 수면에 운행하시니라 3 하나님이 가라사대 빛이 있으라 하시매 빛이 있었고 4 그 빛이 하나님의 보시기에 좋았더라 하나님이 빛과 어두움을 나누사

5.4.1 하나님의 열심

아담은 하나님 영광 앞에서 쫓겨났고 하나님 나라가 임한 에덴은 접근금지로 막혀버렸다. 이후로 인류의 역사는 타락의 길로 질주하기 시작했다. 그러한 가운데서도 하나님은 자신을 증거할 경건한 자의 끈을 놓지 않으시고 계속적으로 세워나가셨다. 에녹이 300년 동안 동행한 사실도, 노아가 600년 동안 하나님과 동행한 기록은 다른 말로 표현하면 에녹이나 노아 시대에도 사람들은 하나님과 상관없는 삶을 살아갔다는 의미가 숨어 있는 것이다. 그러나 타락한 인간들이 사회를 이루고 제국을 이루어 단체적으로 하나님을 대적한 바벨탑 사건과 같은 것은 이전에는 없었다. 물론 홍수심판 전에도 하나님의 형상을 지닌 하나님의 아들들이 육체의 쾌락을 쫓아갔고 육체의 욕심대로 마음에 원하는 대로 살아감으로 인해 하나님의 영이 함께 할 수가 없었다. 창6:2-3, 엡2:2-3 비록 "여호와께서 사람의 죄악이 세상에 가득함과 그의 마음으로 생각하는 모든 계획이 항상 악할 뿐임을 보시고 땅 위에 사람 지으셨음을 한탄하사 마음에 근심하시고 이르시되 내가 창조한 사람을 내가 지면에서 쓸어버리되 사람으로부터 가축과 기는 것과 공중의 새까지 그리하리니 이는 내가 그것들을 지었음을 한탄함이니라 하시니라

창6:5-7"하심처럼 타락의 극치를 달려갔어도 바벨탑 사건과 같이 한 제국을 이루어 단체적으로 하나님을 대적한 기록은 없다.

하여 하나님이 단체적 개념으로 하나님의 나라를 계획하신 바64)이를 "하나님께서 친히 시온을 세우신다"하심 ; 시87:5, 마16:18, 22:32 이를 위해 아브라함을 세상 가운데서 불러내신 것이다. 이를 성경은 "내가 너로 큰 민족을 이루고…창12:2"에 하나님의 뜻을 집약하고 있다.그림5-6

우리가 알다시피 아브라함은 "열국혹은 열왕의 아비"의 뜻을 가지고 있고, 다윗 또한 하나님 마음에 합한 유대의 왕으로 묘사된다. 성경 여러 곳에는 예수님을 다윗의 왕권位, 열쇠, 뿌리을 가지고 오신 분이시며눅1:32, 계3:7, 5:5, 22:16 또한 그 나라가 무궁하리란 약속이 예언되어 있다.눅1:33

(눅 1:33) 영원히 야곱의 집을 왕으로 다스리실 것이며 그 나라가 무궁하리라

(요 18:37) 빌라도가 가로되 그러면 네가 왕이 아니냐 예수께서 대답하시되 네 말과 같이 내가 왕이니라 내가 이를 위하여 났으며 이를 위하여 세상에 왔나니…

---

64) 시편기자를 통하여 예언하신 바 "(시87:5) 시온에 대하여 말하기를 이 사람, 저 사람이 거기서 났나니 지존자가 친히 시온을 세우리라 하리로다"말씀의 성취는 "(마16:18) 또 내가 네게 이르노니 너는 베드로라 내가 이 반석 위에 내 교회를 세우리니 음부의 권세가 이기지 못하리라"에서와 같이 성령으로 교회를 친히 세우심을 말씀하신다. 또한 "(마22:32) 나는 아브라함의 하나님이요 이삭의 하나님이요 야곱의 하나님이로라 하신 것을 읽어 보지 못하였느냐 하나님은 죽은 자의 하나님이 아니요 산 자의 하나님이시니라 하시니"의 말씀을 통하여 밝히신 바와 같이, 야곱(이스라엘)의 12지파를 통하여 이미 영적인 교회 탄생을 예언하였고, 이는 아브라함의 씨(지손)이신 예수 그리스도(갈3:16)에 의한 그의 몸된 교회를 말하는 것이기도 하다.(갈3:7,29)

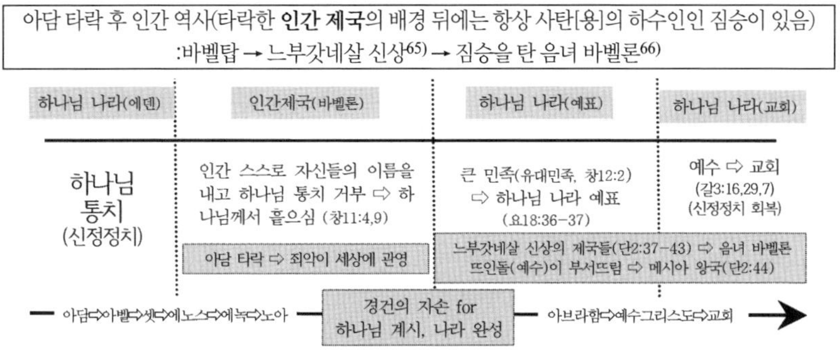

| 아담 타락 후 인간 역사(타락한 **인간 제국**의 배경 뒤에는 항상 사탄[용]의 하수인인 짐승이 있음) |
| :바벨탑 → 느부갓네살 신상65) → 짐승을 탄 음녀 바벨론66) |

하나님 나라(에덴)	인간제국(바벨론)	하나님 나라(예표)	하나님 나라(교회)
하나님 통치 (신정정치)	인간 스스로 자신들의 이름을 내고 하나님 통치 거부 ⇨ 하나님께서 흩으심 (창11:4,9)	큰 민족(유대민족, 창12:2) ⇨ 하나님 나라 예표 (요18:36-37)	예수 ⇨ 교회 (갈3:16,29,7) (신정정치 회복)
	아담 타락 ⇨ 죄악이 세상에 관영	느부갓네살 신상의 제국들(단2:37-43) ⇨ 음녀 바벨론 뜨인돌(예수)이 부서뜨림 ⇨ 메시아 왕국(단2:44)	

◀— 아담⇨아벨⇨셋⇨에노스⇨에녹⇨노아   경건의 자손 for 하나님 계시, 나라 완성   아브라함⇨예수그리스도⇨교회 —▶

[그림5-6. 인간 타락사와 하나님 나라 세워지는 과정]

65) 느부갓네살 왕 신상과 영적 의미 : 단2:31-35에 나오는 느부갓네살 왕의 꿈과 그의 해석(단2:36-45)은 인간 역사에서 나오는 수많은 나라들의 흥망 성쇠를 예언하는 꿈이다.(여기서 큰 신상은 사람의 모습이요 "크고 그 광채가 매우 찬란하며 그 모양이 심히 두려운" 모습이다.(단2:31) 이를 성경은 우상이라고 설명한다.(단2:32)) 모든 권세는 하나님께로 나오며 또한 허락하신 것으로(롬13:1-4, 단2:37), 모든 나라의 왕은 이를 허락하신 하나님을 섬기고 경배하며 하나님의 영광을 드러내야 할 당연한 도리요 의무를 지니고 있다.(시148:11-14, 72:11, 47:6-9, 단7:13-14, 계5:13) 그러나 신상이 상징하는 세상 나라들은 인간적인 욕심과 자신의 의로 자신들 나라의 찬란한 번영과 영화를 자랑하는 모습 뿐이다. 결국에는 "손대지 않은 돌(메시아, 예수그리스도)"이 신상의 금, 은, 놋 및 철과 진흙을 다 부서뜨리고 바람에 날려 보내 사라져 없어지고, "손대지 않은 돌"은 태산을 이루어 온 세상에 충만하게 된다.(단2:34-35, 합2:14, 3:3-4, 사11:9) 이는 하나님께서 예수그리스도의 성육신과 재림으로 온 세상을 심판하시고 온 나라를 멸하시어(단8:25) 결국에는 영원한 메시아의 나라를 완성하시는 모습을 예언한 것이다.(단2:44, 7:13-14, 26-27, 12:12, 슥14:9-11, 사9:6-7, 요18:36-37, 계11:15, 19:6, 마20:23)

66) 짐승의 영적 의미 : 계시록17장에는 바벨론 음녀가 앉아 있는 짐승이 나온다. 이 짐승은 계시록13장에 나오는 바다에서 올라온 짐승과 동일하다. 계시록17장에는 이 짐승의 일곱 머리와 열 뿔의 비밀을 알려주고 있다. 이 짐승은 전에 있었다가 지금은 없으나 장차 무저갱으로부터 올라와 멸망으로 들어갈 자이다. 땅에 사는 자들로서 창세 이후로 그 이름이 생명책에 기록되지 못한 자들은 이 짐승을 보고 놀랍게 여길 것이라 예언한다.(17:8) 이 짐승의 일곱 머리는 여자가 앉은 일곱 산이요 일곱 왕이다. 다섯은 망하였고 하나는 있고 다른 하나는 아직 이르지 아니하였으나 이르면 반드시 잠시 동안 머물 것이다.(계17:9-10) 그리고 전에 있었다가 지금 없어진 짐승은 여덟째 왕이니 일곱 중에 속한 자요 그가 멸망으로 들어갈 자로 예언한다.(계17:11) 또한 열 뿔은 열 왕이나 아직 나라를 얻지 못하였고 다만 짐승과 더불어 임금처럼 한동안 권세를 받을 것이라 성경은 말씀한다.(계17:12) 열 왕은 한 뜻을 가지고 자기의 능력과 권세를 짐승에게 주고 주님을 대적하게 될 것이다.(계17:13) 이 전쟁이 바로 아마겟돈 전쟁이다.(계17:14, 19:19, 시2:1-2) 짐승은 결국 패하여 유황 지옥 불못에 던져질 것이다.(계19:20) 이를 역사적으로 볼 때는 다음과 같다. 다섯 왕은 당시의 다니엘 7장에 나오는 애굽, 앗수르, 바벨론, 페르시아 및 마케도니아 왕을 의미한다. 그리고 현존하는 왕은 바로 당시의 로마 왕을 의미한다. 남은 일곱째 왕은 로마 멸망 후 재림 전에 일어날 모든 나라의 왕을 의미한다. 그러나 영적 의미로는 일곱 왕은 (적 그리스도적인)세상 권력을 상징한다. 그 뿌리에는 짐승이 있음을 알아야 한다.(계17:7-10) 다섯 왕은 과거의 세상 권세들에 대한 하나님의 심판을 받은 권세를 의미한다. 그리고 현존하는 왕은 계시록 당시 짐승의 대리로 하나님을 대적하고 성도를 핍박하는 세력을 의미한다. 그리고 나머지 일곱째 왕은 하나님께서 짐승을 치시기 전 사단을 따르는 악의 세력이요, 여덟째 왕은 종말에 있을 하나님과의 최후 결전을 치를 세력을 의미한다.(계13:3,14,17:11-14,16:13-14, 19:19)(아마겟돈 전쟁)

이처럼 유대의 왕으로 오신 그의 나라는 아브라함이 받은 소명의 완성인 유대민족나라을 말하는 것이지만, 질문은 과연 "이 유대민족이 어디에 속한 나라냐?"는 것이다. 이 비밀은 예수님과 빌라도 총독과의 심문 대화 가운데서 풀리게 된다.

빌라도는 예수님께 "네가 유대의 왕이냐?"라고 물었을 때 주님은 분명하게 "내가 왕이니라."라 하셨다. 이는 유대인들뿐만 아니라 대제사장을 비롯한 유대 종교지도자들조차 "…유대인들이 소리 질러 이르되 이 사람을 놓으면 가이사의 충신이 아니니이다 무릇 자기를 왕이라 하는 자는 가이사를 반역하는 것이니이다…대제사장들이 대답하되 가이사 외에는 우리에게 왕이 없나이다 …요19:12,15"라고 소리치는 것과는 대조적이다. 그런데 예수님은 "내 나라는 이 세상에 속한 것이 아니니라…내가 이를 위하여 세상에 왔나니…요18:36-37"라고 하셨다.

보라, 예수님은 분명 아브라함과 다윗의 왕통을 이어오신 분이시다. 그러나 유대인들이 생각한 것처럼 예수님은 이 땅에 속한 유대민족의 왕이 아니라고 하셨다. 그러면 어디에 속한 나라이겠는가? 바로 영적인 유대 땅, 곧 하나님 나라67)의 왕으로 오신 것을 의미한다!

할렐루야!

주님은 유언 같은 기도를 요한복음17장에 남겨두셨다. 주님은 아버지께 마지막 기도를 드리면서 주님 자신과 자신을 따르는 제자들을 가리켜 이르기를 "내가 아버지의 말씀을 그들에게 주었사오매 세상이 그들을 미워하였

---

67) 하나님 나라는 하나님의 통치가 이루어지고 이 땅의 저주(죄악, 질병, 가난, 재앙 등)가 없는 하늘에 속한 하나님의 충만함을 경험하는 곳이다 즉, 의, 평강, 희락, 지혜, 지식, 총명, 모략, 재능, 자비, 양선, 믿음, 온유, 절제, 능력, 권세 등 하늘에 속한 모든 신령한 복과 신성(神性)을 맛을 보는 곳이다.(예 : 에덴에 살던 아담의 삶, 창2:9-16, 19, 23)

사오니 이는 내가 세상에 속하지 아니함 같이 그들도 세상에 속하지 아니함으로 인함이니이다. 요17:14"라고 하셨다.

그러므로 아브라함에게 주신 큰 민족은 다름 아닌 하나님 나라를 소유하고 경험하는 백성 곧 구체적으로 하나님의 나라가 임한 교회를 의미한다. 벧전2:9, 계1:6, 5:10, 눅17:20-21, 마12:28

아멘!

> (눅 17:21)…하나님의 나라는 너희 안에 있느니라
> (벧전 2:9) 오직 너희는 택하신 족속이요 왕 같은 제사장들이요 거룩한 나라요 그의 소유된 백성이니….
> (계 1:6) 그의 아버지 하나님을 위하여 우리를 나라와 제사장으로 삼으신 그에게…
> (계 5:10) 그들로 우리 하나님 앞에서 나라와 제사장들을 삼으셨으니

하나님은 이를 위하여 아브라함에게 "네게 복을 주어 네 이름을 창대하게 하리니 너는 복이 될지라"라는 엄청난 축복과 명예, 그리고 하나님의 절대적인 보호를 약속하셨다. 창12:3

> (창 12:2-3) 내가 너로 큰 민족을 이루고 네게 복을 주어 네 이름을 창대하게 하리니 너는 복이 될지라 3 너를 축복하는 자에게는 내가 복을 내리고 너를 저주하는 자에게는 내가 저주하리니 땅의 모든 족속이 너로 말미암아 복을 얻을 것이라 하신지라

그러므로 아브라함에게 주신 명령은 큰 민족을 이루는 것 곧 하나님의 나라를 이루는 것이 분명하다. 그리고 이 나라를 많은 이방민족에게로 확

장 전파되게 하신다는 하나님의 마음도 확실하다. 출19:5-6, 마24:14, 갈3:7-9, 롬 15:16, 행1:8, 고전1:23-24, 골3:11, 갈6:15 이 복이 바로 하나님이 열방에 주시려는 가장 중요한 복이다. 마28:16-20

"땅의 모든 족속이 너로 말미암아 복을 얻을 것이라!"

> (마 28:18-20) 예수께서 나아와 일러 가라사대 하늘과 땅의 모든 권세를 내게 주셨으니 19 그러므로 너희는 가서 모든 족속으로 제자를 삼아 아버지와 아들과 성령의 이름으로 세례를 주고 20 내가 너희에게 분부한 모든 것을 가르쳐 지키게 하라 볼지어다 내가 세상 끝 날까지 너희와 항상 함께 있으리라 하시니라
>
> (마 24:14) 이 천국 복음이 모든 민족에게 증거되기 위하여 온 세상에 전파되리니 그제야 끝이 오리라
>
> (골 3:11) 거기는 헬라인과 유대인이나 할례당과 무할례당이나 야인이나 스구디아인이나 종이나 자유인이 분별이 있을 수 없나니 오직 그리스도는 만유시요 만유 안에 계시니라
>
> (갈 6:15) 할례나 무할례가 아무 것도 아니로되 오직 새로 지으심을 받은 자 뿐이니라

아멘!
주님께 영광!

"하나님이 이방을 믿음으로 말미암아 의로 정하실 것을 성경이 미리 알고 먼저 아브라함에게 복음을 전하되 모든 이방이 너로 말미암아 복을 받으리라갈3:8"하심같이, 아브라함을 시작으로 큰 민족을 이루어 열방으로 복음

을 전하게 하신 사명을 부여받은 민족이 바로 유대민족임을 우리는 알아야 한다.

아브라함으로 시작된 유대민족이 비록 열방에 비해 작고 부족해 보여도 하나님이 친히 행하시는 일이시기에, 이를 위해 하나님이 택하시고 기뻐하신 이유가 여기에 있는 것이다.

"너는 여호와 네 하나님의 성민이라 네 하나님 여호와께서 지상 만민 중에서 너를 자기 기업의 백성으로 택하셨나니 여호와께서 너희를 기뻐하시고 너희를 택하심은 너희가 다른 민족보다 수효가 많기 때문이 아니니라 너희는 오히려 모든 민족 중에 가장 적으니라신7:6-7"아멘!

그러므로 선택받은 이스라엘곧 유대민족은 열방 중에 선택받은 민족이요, 먼저는 하나님을 섬기는 제사장의 나라가 되어 하나님께 영광을 돌리게 할 뿐만 아니라 모든 세계가 하나님께 속하였음을 알고, 모든 열방이 하나님께로 돌아오게 하며, 하나님께만 제사곧 섬김와 영광을 돌리는 일 또한 감당해야 하는 것이 유대민족의 사명임을 우리는 영적으로 깨닫게 된다.

> (출 19:5-6) 세계가 다 내게 속하였나니 너희가 내 말을 잘 듣고 내 언약을 지키면 너희는 모든 민족 중에서 내 소유가 되겠고 6너희가 내게 대하여 제사장 나라가 되며 거룩한 백성이 되리라 너는 이 말을 이스라엘 자손에게 전할지니라
> (롬 15:16) 이 은혜는 곧 나로 이방인을 위하여 그리스도 예수의 일꾼이 되어 하나님의 복음의 제사장 직분을 하게 하사 이방인을 제물로 드리는 것이 성령 안에서 거룩하게 되어 받으실 만하게 하려 하심이라
> (벧전 2:5) 너희도 산 돌 같이 신령한 집으로 세워지고 예수 그리스도로 말

미암아 하나님이 기쁘게 받으실 신령한 제사를 드릴 거룩한 제사장이 될지니라

하나님은 아브라함의 씨를 통하여 큰 유대민족을 이루시는 바, 일찍이 이 약속을 하시되 별이 쏟아지는 밤에 아브라함을 이끌고 밖으로 나가 이르시기를 "…하늘을 우러러 뭇별을 셀 수 있나 보라 또 그에게 이르시되 네 자손이 이와 같으리라창15:5"하셨다. 그리고 그들이 차지할 땅의 경계를 애굽 강에서부터 그 큰 강 유브라데까지 지정해 주셨다.창15:18

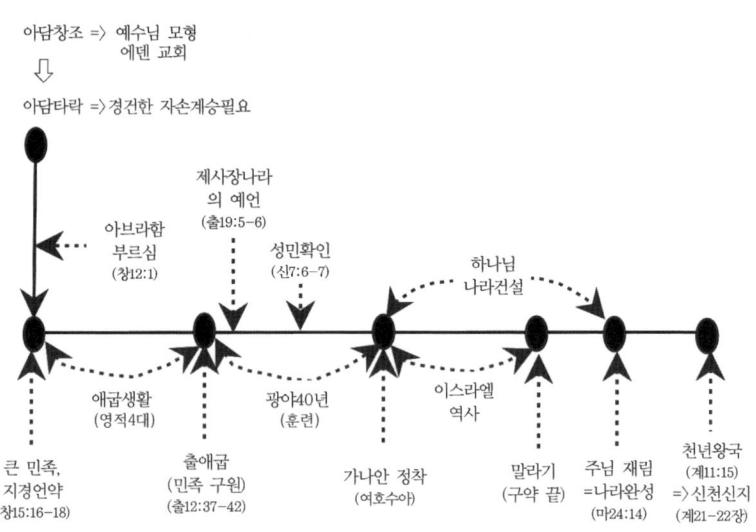

[그림5-7. 하나님의 열심, 큰 민족의 형성 과정]

(창15:18) 그 날에 여호와께서 아브람으로 더불어 언약을 세워 가라사대 내가 이 땅을 애굽강에서부터 그 큰 강 유브라데까지 네 자손에게 주노니

하나님은 이 모든 언약을 쪼갠 고기 사이로 횃불이 지나가게 하심으로

아브라함과 함께 친히 세우시고68) 창15:17, 영적 사대를 지나 마침내 큰 민족을 이루어 애굽에서 나오게 하시고 가나안 땅에 정착하게 하셨다. 그리고 다윗과 솔로몬 때에 가장 큰 나라 곧 약속하신 언약을 이루게 하셨다.그림 5-7

(창15:12-18) 해질 때에 아브람이 깊이 잠든 중에 캄캄함이 임하므로 심히 두려워하더니 13 여호와께서 아브람에게 이르시되 너는 정녕히 알라 네 자손이 이방에서 객이 되어 그들을 섬기겠고 그들은 사백년 동안 네 자손을 괴롭게 하리니 14 그 섬기는 나라를 내가 징치할지며 그 후에 네 자손이 큰 재물을 이끌고 나오리라 15 너는 장수하다가 평안히 조상에게로 돌아가 장사될 것이요 16 네 자손은 사대만에 이 땅으로 돌아 오리니 이는 아모리 족속의 죄악이 아직 관영치 아니함이니라 하시더니 17 해가 져서 어둘 때에 연기 나는 풀무가 보이며 타는 횃불이 쪼갠 고기 사이로 지나더라 18 그 날에 여호와께서 아브람으로 더불어 언약을 세워 가라사대…

이러한 이유로 하나님은 아브라함에게 약속하신 하나님 나라가 온 열방 가운데 충만하게 될 것을 미리 아시고, 이러한 일이 다윗의 왕통과 그 뿌리 되신 예수님을 통하여 이루어질 것을 이사야 선지자를 통하여 예언하셨고 사9:6-7, 다니엘을 통해서도 영원한 메시아의 나라가 세워질 것을 예언하셨다. 단2:44

---

68) 이를 '횃불 언약'이라고 한다. 이러한 행위는 고대 국가에서 언약이나 동맹을 서로 맺을 때 보증을 위해 시행했던 보편적 관습으로, 계약을 맺은 쌍방이 어떤 짐승을 잡고 이를 정확히 이등분하여 두 개 열로 나열한 후 계약 쌍방이 서로 손을 잡고 그 가운데로 함께 걸어가는 행위다. 이러한 행위는 어떠한 상황(실사 죽음 앞에서도)에서도 서로 맺은 언약을 굳게 지키겠다는 맹세의식이다. 고로 하나님과 아브라함 사이에 맺은 언약은 어떠한 대가를 치르더라도 반드시 지키시겠다는 하나님의 굳은 약속을 의미한다-톰슨II 주석성경

(사 9:6-7) 이는 한 아기가 우리에게 났고 한 아들을 우리에게 주신 바 되었는데 그의 어깨에는 정사를 메었고 그의 이름은 기묘자라, 모사라, 전능하신 하나님이라, 영존하시는 아버지라, 평강의 왕이라 할 것임이라 그 정사와 평강의 더함이 무궁하며 또 다윗의 왕좌와 그의 나라를 굳게 세우고 지금 이후로 영원히 정의와 공의로 그것을 보존하실 것이라 만군의 여호와의 열심이 이를 이루시리라

(단 2:44) 이 여러 왕들의 시대에 하늘의 하나님이 한 나라를 세우시리니 이것은 영원히 망하지도 아니할 것이요 그 국권이 다른 백성에게로 돌아가지도 아니할 것이요 도리어 이 모든 나라를 쳐서 멸망시키고 영원히 설 것이라

(눅 1:31-33) 보라 네가 잉태하여 아들을 낳으리니 그 이름을 예수라 하라 … 주 하나님께서 그 조상 다윗의 왕위를 그에게 주시리니 33 영원히 야곱의 집을 왕으로 다스리실 것이며 그 나라가 무궁하리라

이 일을 위한 모든 행하심이 하나님의 열심이셨고사9:7, 62:1, 겔39:25-29, 예수님의 열심이셨고요5:17, 12:49-50, 행10:38, 이제는 모든 성도의 열심딛2:14, 롬 12:11 KJV이 되어야 하는 것이다.

(사 9:7) 그 정사와 평강의 더함이 무궁하며 또 다윗의 위에 앉아서 그 나라를 굳게 세우고 자금 이후 영원토록 공평과 정의로 그것을 보존하실 것이라 만군의 여호와의 열심이 이를 이루시리라

(사 62:1) 나는 시온의 공의가 빛 같이, 예루살렘의 구원이 횃불 같이 나타나도록 시온을 위하여 잠잠하지 아니하며 예루살렘을 위하여 쉬지 아니할 것인즉

(겔 39:25) 그러므로 나 주 여호와가 말하노라 내가 이제 내 거룩한 이름을

위하여 열심을 내어 야곱의 사로잡힌 자를 돌아오게 하며 이스라엘 온 족속에게 긍휼을 베풀지라

(요 5:17) 예수께서 저희에게 이르시되 내 아버지께서 이제까지 일하시니 나도 일한다 하시매

(행 10:38) 하나님이 나사렛 예수에게 성령과 능력을 기름 붓듯 하셨으매 저가 두루 다니시며 착한 일을 행하시고 마귀에게 눌린 모든 자를 고치셨으니 이는 하나님이 함께 하셨음이라

(딛 2:14) 그가 우리를 대신하여 자신을 주심은 모든 불법에서 우리를 구속하시고 우리를 깨끗하게 하사 선한 일에 열심하는 친 백성이 되게 하려 하심이니라

(롬 12:11) 일에는 게으르지 말고, 영 안에서 열심을 내며, 주를 섬기라[KJV].

이 모든 일은 오직 성령의 능력으로 가능한 일이다. 슥4:6, 행1:8

아멘!

예수님께서도 이 땅 곧 음부의 세계에 성령으로 교회를 세우실 것을 예언하셨다.마16:16-18 고로 교회는 음부 같은 이 세상에 하나님 나라가 임한 유일한 곳이 된다. 이러한 하나님 나라를 하나님 아버지께서는 먼저 예수님께 맡기셨고, 다음으로 예수님은 그 나라를 성도들에게 맡기셨다.눅22:29-30, 마28:19-20, 요20:21 그리고 최후로 성도들을 통해 이루어진 하나님 나라는 다시 아버지께로 돌아가게 된다.고전15:24, 계5:9, 1:5, 행20:28

(요 20:21) 예수께서 또 이르시되 너희에게 평강이 있을지어다 아버지께서 나를 보내신 것 같이 나도 너희를 보내노라

(눅 22:29) 내 아버지께서 나라를 내게 맡기신 것 같이 나도 너희에게 맡겨

(고전 15:24) 그 후에는 나중이니 저가 모든 정사와 모든 권세와 능력을 멸하

시고 나라를 아버지 하나님께 바칠 때라

(계 5:9) …일찍 죽임을 당하사 각 족속과 방언과 백성과 나라 가운데서 사람들을 피로 사서 하나님께 드리시고

그러므로 유대의 지역과 역사는 하나님 나라를 이루어 나가는 영적 모형과 그림자로서의 역할을 담당하는 것이다. 아멘!

유대인들의 절기인 장막절은 7절기 중 마지막 절기 명절이요 그 명절 끝날은 최정점Climax이 된다. 장막절은 영적인 의미로 주님이 이스라엘 백성들과 함께 거하시겠다는 약속이다. 출29:45 이는 하나님 나라에서 성취되는 영적인 비밀이다. 계21:3-4

예수님도 이를 이루시기 위하여 우리 가운데 장막을 치시고 요1:14, 14:23 임마누엘이 되시려 오신 것이다. 마1:23 하나님과 함께 거하게 되면 목마르지 않다. 배고프지 않다. 값없이 마음껏 누리게 되어 있다. 사55:1-2, 계3:20, 요14:23

(사 55:1-2) 너희 목마른 자들아 물로 나아오라 돈 없는 자도 오라 너희는 와서 사 먹되 돈 없이, 값 없이 와서 포도주와 젖을 사라 2 너희가 어찌하여 양식 아닌 것을 위하여 은을 달아 주며 배부르게 못할 것을 위하여 수고하느냐 나를 청종하라 그리하면 너희가 좋은 것을 먹을 것이며 너희 마음이 기름진 것으로 즐거움을 얻으리라

이것은 주님께서 십자가에서 영광을 받으시고 성령을 보내주심으로 이 땅에 성취되었다. 요7:39, 14:23 영으로 오신 주님곧 성령이 성도들 가운데와 그들 속에 거하심으로 부터이다. 요14:17 주님과 하나가 되어 살게 됨으로 이루어진 사실이다. 요14:20, 17:21 하여 성령을 모신 모든 성도는 하나님의 영광이

임한 지성소가 되어고전3:16 하나님의 보좌를 모시게 된다. 이곳에는 하나님 나라와 예수이름도 함께 임해 있음을 알아야 한다.눅17:20-21, 마12:28, 요14:26

> (마 12:28) 그러나 내가 하나님의 성령을 힘입어 귀신을 쫓아내는 것이면 하나님의 나라가 이미 너희에게 임하였느니라
> (요 14:26) 보혜사 곧 아버지께서 내 이름으로 보내실 성령 그가 너희에게 모든 것을 가르치시고 내가 너희에게 말한 모든 것을 생각나게 하시리라

5.4.2 성경 상세구조

이처럼 하나님은 자신의 나라를 이 땅에 세워나가시는 일에 열심이셨고, 신천신지 새 예루살렘에서 그 절정을 이루신다.단9:24 이 모든 것은 하나님의 생명도, 하나님과 깊은 친밀성과 관계성도요17:3, 요일1:3, 그의 나라의 의義와 평강을 누리는 것과도 깊은 연관이 있다. 요14:27, 16:33, 롬14:17

> (단 9:24) 네 백성과 네 거룩한 성을 위하여 칠십 이레로 기한을 정하였나니 허물이 마치며 죄가 끝나며 죄악이 영속되며 영원한 의가 드러나며 이상과 예언이 응하며 또 지극히 거룩한 자가 기름 부음을 받으리라
> (요 14:27)평안을 너희에게 끼치노니 곧 나의 평안을 너희에게 주노라…

[그림5-8]에서는 성경의 흐름을 "영원-구약-신약-영원"의 시간 관점에서 본 구조이다. 구속사관에서가 아닌 하나님의 계시적 경륜사관에서 보는 그림이다. 아담의 탄생롬5:14과 십자가 사건창3:15, 골2:15, 요12:27-28에서 아버지의 마음이 나타난 바와 같이 영원 전에 있었던 하나님의 원시언약인 "영생영원+생명, 딛1:2"과 관련하여 모든 피조 세계가 하나님의 이름과 그의 영광을 포함한 하나님 자신 계시와 증거의 목적으로 작정되고 계획되었음을

설명한다. 그리고 이를 온전히 이루실 자 예수 그리스도의 선택과 예정을 나타내고 있다. 또한 창세기에서의 피조 세계3층 하늘 → 천사들 → 우주 → 우주 안의 모든 물질세계 ; 골1:16 창조와 마지막 피조물로 예수 그리스도를 예표하며 예비하는 역할을 감당하며, 주님이 오시기 전까지의 하나님을 증거하는 자로 첫 사람 아담Adam창조를 다루고 있다. 하나님은 아담에게 영생을 주시며 하나님의 형상으로 창조되었기에, 창1:26 "영생하라69) 창2:17"하셨고, 구약은 이 영생을 예언하며요5:39-40, 이 예언을 성취하신 주님께서 이 영생을 아버지의 명령으로 받고 이 땅에 오시어 이를 나타내셨다. 요12:49-50, 14:31, 11:25-26 그래서 누구든지 주님을 믿으면 이 영생을 얻고 이를 삶 가운데 구체적으로 경험하게 되는 것이다. 하나님 아버지의 뜻임 ; 요3:16, 5:24, 6:40, 10:10, 17:3, 벧후1:2, 요일1:3

> (요 10:10) …내가 온 것은 양으로 생명을 얻게 하고 더 풍성히 얻게 하려는 것이라
>
> (창2:17) 선악을 알게 하는 나무의 실과는 먹지 말라 네가 먹는 날에는 정녕 죽으리라 하시니라
>
> (요5:39) 너희가 성경(구약)에서 영생을 얻는 줄 생각하고 성경을 상고하거니와 이 성경이 곧 내게 대하여 증거하는 것이로다
>
> (요12:49-50) 내가 내 자의로 말한 것이 아니요 나를 보내신 아버지께서 나의 말할 것과 이를 것을 친히 명령하여 주셨으니 50 나는 그의 명령이 영생인 줄 아노라 그러므로 나의 이르는 것은 내 아버지께서 내게 말씀하신 그

---

69) 여기서 창2:17의 명령은 "죽지 않으려면 먹지말라"와 동일 명제로, 이는 '죽지 말라!'뜻이요 이는 곧 '영생하라'란 명령이다! 영생은 요17:3과 요일1:3에서처럼, 삼위일체 하나님과의 깊은 관계성을 의미하는 것이기에, 하나님의 임재(곧 하나님을 떠나지 않는 것)유지는 필수 사항이요 하나님의 언약 보존이었다. (호6:7) 참고로 천지를 창조하시는 과정 하나 하나의 결과가 하나님 의도하신대로 이루어진 것을 의미하는 바, 그렇게 하나님의 계획대로 창조된 과정 과정이 합하여져 창조 계획 전체가 하나님의 의도대로 성취되어 완전한 세계가 된다. 그 상태를 "보시기에 좋았더라, 곧 "토브 → 선(善)"이라고 보신 것이다. 이는 이후로 성경이 말하는 선(善)의 기준이 하나님의 창조의 목적과 밀접한 관련이 있음을 보여주는 것인데, 이는 아담에게 명령하신 영생과도 밀접한 관계가 있음을 알아야 한다.

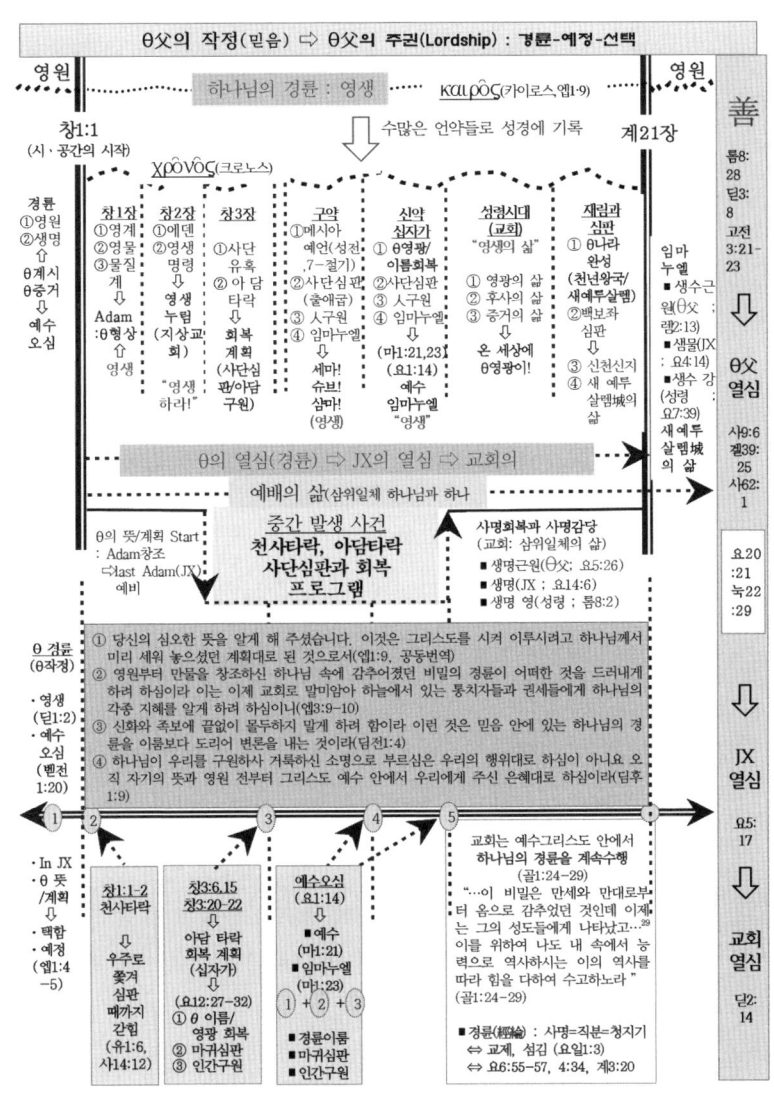

[그림5-8. 경륜관점으로 본 성경의 구조(I)]

대로 이르노라 하시니라

또한 [그림5-8]은 이러한 영생을 이루어 나가시는 하나님의 메시지이것이 하나님의 열심 → 주님의 열심 → 교회의 열심에 따른 성경의 흐름을 나타내고 있다.

"영생은 곧 유일하신 참 하나님과 그의 보내신 자 예수 그리스도를 아는 γινώσκω 기노스코 ← 경험적 체험적으로 아는 지식 것이니이다.요17:3"

"우리가 보고 들은 바를 너희에게도 전함은 너희로 우리와 사귐이 있게 하려 함이니 우리의 사귐은 아버지와 그 아들 예수 그리스도와 함께 함이라요일1:3"

"하나님과 우리 주 예수를 앎ἐπίγνωσις 에피그노시스 ← ἐπί 위로 + γινώσκω 으로 은혜와 평강이 너희에게 더욱 많을지어다.벧후1:2"

참고로 주님은 "예수께서 이르시되 내가 진실로 진실로 너희에게 이르노니 인자의 살을 먹지 아니하고 인자의 피를 마시지 아니하면 너희 속에 생명이 없느니라요6:53"하시면서 영적인 생명을 일차적으로 영생이라 하셨다. 그러나 하나님은 아담을 지으시고 에덴동산에 두시면서 동산 중앙에 있는 선악을 알게 하는 나무 열매를 제외하고는 각종 나무의 열매를 임의로 먹게 하셨는데 이때 생명나무의 열매도 포함되어 있는 것은 당연하다. 창2:9,16

생명나무의 열매를 먹으면 영생하게 되어 있는 바창3:22 이는 육체의 영생을 의미한다고 했다. 그러나 하나님은 영혼의 영원한 생명을 우선하신다. 영혼의 생명은 하나님의 살아 있는 말씀으로 시작한다. 요6:51, 57 주님도 이 생명으로 충만하시어 아버지로 인하여 사셨다. 요6:57, 14:31 그래서 하나님은

아담에게 우선적으로 자신의 말씀에 순종하기를 원하셨다. 창2:15,17

이 영적 생명으로 충만한 자에게는 육의 충만한 생명도 의미가 있는 것이다. 육이 의의 도구가 되기에 그러함 그러나 아담은 하나님의 말씀에서 떠나자 그의 영적 생명은 없어지게 되었다. 그래서 하나님은 동산 중앙에 있는 생명나무에로의 접근을 막으셨다. 창3:22,24 영적으로 영생이 없는 상황에서 육적으로 영생하는 것은 죄악 가운데 영원히 사는 것이기에 하나님은 생명나무의 길을 막으신 것이라 강조했다. 이제 모든 성도들은 주 십자가 사건으로 영생의 길을 얻었다. 그러나 여전히 육은 제한적이고 한계가 있다. 그러나 이 땅에서 영적 영생을 누리다가 마지막 날 재림 시에 우리의 육은 신령한 몸으로 변화될 것이다. 그러면 새 하늘과 새 땅 곧 신천신지 新天新地에서는 막아 두셨던 빗장을 푸시고 생명나무의 열매를 먹게 됨으로 영·육이 영원한 삶을 영위하게 될 것이다. 할렐루야!

(요 6:40) 내 아버지의 뜻은 아들을 보고 믿는 자마다 영생을 얻는 이것이니 마지막 날에 내가 이를 다시 살리리라 하시니라

(계 22:1-3) 또 저가 수정 같이 맑은 생명수의 강을 내게 보이니 하나님과 및 어린 양의 보좌로부터 나서2 길 가운데로 흐르더라 강 좌우에 생명 나무가 있어 열 두가지 실과를 맺히되 달마다 그 실과를 맺히고 그 나무 잎사귀들은 만국을 소성하기 위하여 있더라 3 다시 저주가 없으며 하나님과 그 어린 양의 보좌가 그 가운데 있으리니 그의 종들이 그를 섬기며

(계 22:14,19) 그 두루마기를 빠는 자들은 복이 있으니 이는 저희가 생명 나무에 나아가며 문들을 통하여 성에 들어갈 권세를 얻으려 함이로다 19 만일 누구든지 이 책의 예언의 말씀에서 제하여 버리면 하나님이 이 책에 기록된 생명 나무와 및 거룩한 성에 참예함을 제하여 버리시라

하나님은 영생을 지닌 자를 "하나님의 영광을 나타낼 자" 곧 증인證人으로서 하나님께서 심으신 "의의 나무"라고 불려지기도 했다.

(사 61:3) 무릇 시온에서 슬퍼하는 자에게 화관을 주어 그 재를 대신하며 희락의 기름으로 그 슬픔을 대신하며 찬송의 옷으로 그 근심을 대신하시고 그들로 의의 나무 곧 여호와의 심으신 바 그 영광을 나타낼 자라 일컬음을 얻게 하려 하심이니라

앞에서 언급된 바와 같이, 하나님은 먼저 3층 하늘고후12:2을 창조하시고 거기에 자신의 영광을 나타내셨다. 이는 하늘이 하나님의 영광으로 충만한 이유임 ; 요일1:5,7, 계21:22-23 그리고 수금과 비파로 그 영광을 높이며 찬양하는 천사도 지으셨다. 겔28:13-14 그러나 이 무리 중에 일부가 그 영광을 자기 것으로 취하는 사건이 발생하였다. 사14:13-14 하나님은 자신을 계시할 다음 단계의 피조세계인 우주 안으로 이들을 심판 때까지 가두시어사14:11-12, 벧후2:4, 유1:6, 계12:10,17, 17:17 자신의 영성령에 의해 감시를 받게 한 사실을 우리는 잘 알고 있다. 창1:2, 살후2:7, 계17:17

(창 1:2) 땅이 혼돈하고 공허하며 흑암이 깊음 위에 있고 하나님의 신은 수면에 운행하시니라

(살후 2:7) 불법의 비밀이 이미 활동하였으나 지금 막는 자(곧 성령)가 있어 그 중에서 옮길 때까지 하리라

그러나 이들은 계시록19:20과 20:10에서처럼 아마겟돈 전쟁과 곡과 마곡전쟁을 끝으로 영원한 유황 불 못으로 던져질 것이다. 마25:41 그 때까지는 마귀와 그의 무리들은 끝임 없이 주님의 일을 방해하며 교회를 핍박하며 그

리고 주의 이름을 모독하며 그 영광을 취하려 할 것이며벧전5:8, 계13:1,5, 17:3, 결국에는 자신이 타락한 본성 그대로 하나님의 자리에 올라가려는 온갖 수단을 동원할 것이다.살후2:4, 마24:15

> (살후 2:4) 저는 대적하는 자라 범사에 일컫는 하나님이나 숭배함을 받는 자 위에 뛰어나 자존하여 하나님 성전에 앉아 자기를 보여 하나님이라 하느니라
> (마 24:15) 그러므로 너희가 선지자 다니엘의 말한바 멸망의 가증한 것이 거룩한 곳에 선 것을 보거든(읽는 자는 깨달을진저)

이러한 영적 맥락 하에서 에덴동산에 나타난 뱀마귀은 아담과 하와에게 "너도 하나님과 같이 되리라"고 유혹 한 것이다.창3:5 하나님의 형상대로 지음 받아 하나님을 증거하며 그의 영광을 드러내야 할 아담은 이러한 유혹을 물리쳐야 했지만 마귀의 속삭임에 넘어가고 만 것이다. 자신이 창조된 이유를 망각하고서 자신의 자리와 위치를 지키지 못한 것이다. 이는 마치 하나님의 영광을 노래할 천사가 자기 지위와 처소를 지키지 못한 것처럼 말이다.

> "또 자기 지위를 지키지 아니하고 자기 처소를 떠난 천사들을 큰 날의 심판까지 영원한 결박으로 흑암에 가두셨으며유1:6"

> "여호와 하나님이 그 사람을 이끌어 에덴 동산에 두사 그것을 다스리며 지키게 하시고창2:15"

> "자녀들아 너희 자신을 지켜 우상에서 멀리하라요일5:21"

고로 십자가 사건은 이러한 뱀의 심판 자리이며 하나님의 영광을 회복하는 자리이다. 그리고 마귀의 지배 아래서 고통과 억압, 흑암 중에 헤매며 창조 본연의 의무를 잃어버린 온 인류를 마귀로부터 구출시키고 하나님의 아들 곧 하나님의 형상으로 회복시키시어 다시 하나님의 임재 아래서 하나님을 계시하며 증거하는 삶을 살아가도록 회복한 사건이 십자가 사건임을 잘 알아야 한다.

할렐루야!
아멘!

(행 26:18) 그 눈을 뜨게 하여 어두움에서 빛으로, 사단의 권세에서 하나님께로 돌아가게 하고 죄 사함과 나를 믿어 거룩케 된 무리 가운데서 기업을 얻게 하리라 하더이다

(겔 29:3) 너는 말하여 이르기를 주 여호와의 말씀에 애굽 왕 바로야 내가 너를 대적하노라 너는 자기의 강들 중에 누운 큰 악어(리워야단, 용)라 스스로 이르기를 내 이 강은 내 것이라 내가 나를 위하여 만들었다 하는도다

(출 12:12) 내가 그 밤에 애굽 땅에 두루 다니며 사람과 짐승을 무론하고 애굽 나라 가운데 처음 난 것을 다 치고 애굽의 모든 신에게 벌을 내리리라 나는 여호와로라

(엡 5:8) 너희가 전에는 어두움이더니 이제는 주 안에서 빛이라 빛의 자녀들처럼 행하라

(사 27:1) 그 날에 여호와께서 그 견고하고 크고 강한 칼로 날랜 뱀 리워야단 곧 꼬불꼬불한 뱀 리워야단을 벌하시며 바다에 있는 용을 죽이시리라

(요일 5:19) 또 아는 것은 우리는 하나님께 속하고 온 세상은 악한 자 안에 처한 것이며

(롬 3:19) …이는 모든 입을 막고 온 세상으로 하나님의 심판 아래 있게 하려 함이니라

(골 2:13-15) 또 너희의 범죄와 육체의 무할례로 죽었던 너희를 하나님이 그와 함께 살리시고 우리에게 모든 죄를 사하시고 14 우리를 거스르고 우리를 대적하는 의문에 쓴 증서를 도말하시고 제하여 버리사 십자가에 못박으시고 15 정사와 권세를 벗어버려 밝히 드러내시고 십자가로 승리하셨느니라
(요 12:31) 이제 이 세상의 심판이 이르렀으니 이 세상 임금이 쫓겨나리라

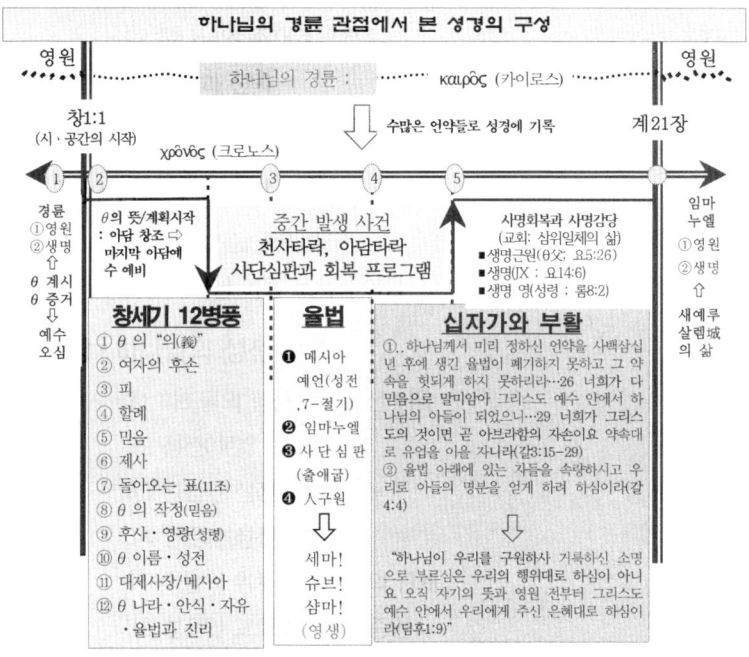

[그림5-9. 경륜관점으로 본 성경의 구조(II)]

그러므로 십자가 사건은 유일하게 인간의 구원목적을 위한 사건이 아닌, 이보다 더 근본적인 일 곧 하나님의 이름과 그 영광을 회복하며, 이를 방해한 마귀의 권세를 결박하며, 나아가 원래 하나님의 뜻을 이루어 나갈 아담의 회복 사건임을 우리는 알아야 한다. 요12:27-32

[그림5-9]은 이러한 영적 의미 견지에서 바라보는 성경으로 재 구성해 본 것이다.

①은 영원 전의 하나님 경륜을 위한 원시복음 선포와 이를 이루실 분의 오심, 그리고 이의 동역자 교회의 선택과 예정을, ②는 하나님 계시를 위한 피조 세계곧 만물, 하늘들과 땅의 창조와 천사의 타락과 가두심, ③은 아담의 타락이후 하나님의 회복프로그램의 시작선포, ④는 이 모든 것곧 ①+②+③을 위해 주님 오심, 그리고 ⑤는 주님 부활과 성령의 오심으로 인해 주님의 사역의 연속과 완성으로 구성되어 있다.

이로써 교회는 예수 그리스도 안에서 하나님의 경륜을 계속 수행해 나갈 골1:24-29 주님의 대사요 하나님의 영광과 그의 나라가 된다.고후5:20, 벧전2:9, 계1:6, 5:10

(계 1:6) 그 아버지 하나님을 위하여 우리를 나라와 제사장으로 삼으신 그에게…

"…이 비밀은 만세와 만대로부터 옴으로 감추었던 것인데 이제는 그의 성도들에게 나타났고…29 이를 위하여 나도 내 속에서 능력으로 역사하시는 이의 역사를 따라 힘을 다하여 수고하노라골1:24-29"

그래서 경륜οἰκονομία이라는 용어가 비밀을 맡은 청지기stewardship 눅16:2,3,4, 고전4:1-2, 하늘이 내리는 직분책무 dispensation, 혹은 사명이란 단어와 동일하게 번역되어 사용되는 것은 우연이 아니다.

(눅 12:42) 주께서 가라사대 지혜 있고 진실한 청지기(οἰκονόμος 오이코노모스)가 되어 주인에게 그 집 종들을 맡아 때를 따라 양식을 나누어 줄 자가

누구냐

(벧전 4:10) 각 은사를 받은 대로 하나님의 각양 은혜를 맡은 선한 청지기 (οἰκονόμος 오이코노모스 ← οἰκονομία)같이 서로 봉사하라

(골 1:25) 내가 교회의 일꾼 된 것은 하나님이 너희를 위하여 내게 주신 직분 (οἰκονομία)을 따라 하나님의 말씀을 이루려 함이니라

(엡 3:2) 너희를 위하여 내게 주신 하나님의 그 은혜의 경륜을 너희가 들었을 터이라

(고전 9:17) 내가 내 자의로 이것을 행하면 상을 얻으려니와 자의로 아니한다 할지라도 나는 사명(οἰκονομία)을 맡았노라

(고후 5:18) 모든 것이 하나님께로서 났으며 그가 그리스도로 말미암아 우리를 자기와 화목하게 하시고 또 우리에게 화목하게 하는 직분(διακονία ministry, ministration)을 주셨으니

그리고 에베소서1:10 및 3:9-10에서는 하늘에 있는 것이나 땅에 있는 것이 다 그리스도 안에서 통일되게 하시어 영원부터 만물을 창조하신 하나님 속에 감추어졌던 비밀의 경륜이 어떠한 것을 교회_{곧 하나님의 아들들}를 통하여 드러내게 하셨음은 놀라운 일이다.

(엡 1:10) 하늘에 있는 것이나 땅에 있는 것이 다 그리스도 안에서 통일되게 하려 하심이라

(골 1:20) 그의 십자가의 피로 화평을 이루사 만물 곧 땅에 있는 것들이나 하늘에 있는 것들을 그로 말미암아 자기와 화목케 되기를 기뻐하심이라

(엡 3:9-10) 영원부터 만물을 창조하신 하나님 속에 감추어졌던 비밀의 경륜이 어떠한 것을 드러내게 하려 하심이라 이는 이제 교회로 말미암아 하늘에서 정사와 권세들에게 하나님의 각종 지혜를 알게 하려 하심이니

(딤전 1:4)…믿음 안에 있는 하나님의 경륜을 이룸보다…

(롬 8:19) 피조물의 고대하는 바는 하나님의 아들들이 나타나는 것이니

이러한 의미에서 하나님의 비밀의 경륜을 맡은 자는 "사람이 마땅히 우리를 그리스도의 일꾼이요 하나님의 비밀을 맡은 자로 여길지어다 그리고 맡은 자들에게 구할 것은 충성이니라고전4:1-2"의 말씀처럼 그 직분에 충성해야 하는 것이다.

"…이와 같이 너희도 명령 받은 것을 다 행한 후에 이르기를 우리는 무익한 종이라 우리의 하여야 할 일을 한 것 뿐이라 할지니라눅17:7-10"

할렐루야!
아멘!

그리고 [그림5-9]는 또 이러한 전체적인 성경의 이해와 구조아래서 창세기를 12가지 주제를 나눈 것을 보여주며, 율법과 주님의 십자가, 그 이후 신천신지 새 예루살렘 성까지, 성령으로 이끌림 받는 교회의 사명을 간략히 설명한 그림이다.

6장

나가는 글

지극히 큰 영광 중에서 이러한 소리가 그에게 나기를
이는 내 사랑하는 아들이요 내 기뻐하는 자라 하실 때에
저가 하나님 아버지께 존귀와 영광을 받으셨느니라 벧후1:17

6장
나가는 글

**기록된바 첫 사람 아담은 산 영이 되었다
함과 같이 마지막 아담은 살려 주는 영이 되었나니**
고전15:45

구약은 주님이 오시는 길을 예비하는 역할이다. 요5:39, 마3:3 그런데 구약에서는 하나님의 심정을 표현하는 핵심 3가지가 있다. "이스라엘아 들어라!-쉐마שמע 이스라엘신6:4, 막12:29", "이스라엘아 돌아오라!-슈브שוב 이스라엘말3:7", "이스라엘아 함께 있자!-샴마שמה 이스라엘겔48:35, 출29:45-46, 마1:23"이 그것이다. 하나님의 마음은 오직 성령으로 전달되는 바고전2:10-11,16, 출애굽시에도70) 출5:1, 29:45-46 바벨론으로 끌려가게 된 그 이유를 말씀하실 때도렘2:13, 사53:6, 그리고 다시 바벨론에서 회복시키실 때도 한결같은 마음이셨다. 겔48:35, 슥14:16-21 바로 "나와 함께 있자임마누엘, 삼마"는 것이었다. 성전이 바로 하나님을 만나고 함께 거하는 곳이 되었음을 알아야 한다. 출25:8, 29:42, 대하2:1

(렘 2:13,17) 내 백성이 두가지 악을 행하였나니 곧 생수의 근원되는 나를 버

---

70) 하나님은 모세를 통하여 에굽에 재앙을 내리실 때 바로 왕에게 요구한 것이 "하나님의 백성 곧 히브리인들을 광야로 나가게하여 하나님의 절기를 지키며, 하나님을 섬기게 하라(출5:1, 8:1, 9:1)"란 것이었다. 출29:42은 이를 실천한 말씀인데, 그 의도가 바로 출29:45-46에 나타나 있다. 히브리인 인들은 절기 때마다 하나님께 제사를 드렸는데. 그 마지막 절기가 초실절이었다.(슥14:16-21) 이 절기는 바로 히브리 백성들이 하나님과 하나되어 함께 거하심 곧 임마누엘의 영적 그림자였다. (겔48:35, 슥14:21, 계21:27, 22:15, 요7:37-39)!

린 것과 스스로 웅덩이를 판 것인데 그것은 물을 저축지 못할 터진 웅덩이니라 17네 하나님 여호와가 너를 길로 인도할 때에 네가 나를 떠남으로 이를 자취함이 아니냐

(사 53:6) 우리는 다 양 같아서 그릇 행하여 각기 제 길로 갔거늘 여호와께서는 우리 무리의 죄악을 그에게 담당시키셨도다

(시 23:6) 나의 평생에 선하심과 인자하심이 정녕 나를 따르리니 내가 여호와의 집에 영원히 거하리로다

(시 27:4) 내가 여호와께 청하였던 한 가지 일 곧 그것을 구하리니 곧 나로 내 생전에 여호와의 집에 거하여 여호와의 아름다움을 앙망하며 그 전에서 사모하게 하실 것이라

(출 29:42,45-46) 이는 너희가 대대로 여호와 앞 회막문에서 늘 드릴 번제라 내가 거기서 너희와 만나고 네게 말하리라 45 내가 이스라엘 자손 중에 거하여 그들의 하나님이 되리니 46그들은 내가 그들의 하나님 여호와로서 그들 중에 거하려고 그들을 애굽 땅에서 인도하여 낸 줄을 알리라 나는 그들의 하나님 여호와니라

(겔 37:27-28) 내 처소가 그들의 가운데 있을 것이며 나는 그들의 하나님이 되고 그들은 내 백성이 되리라 28 내 성소가 영원토록 그들의 가운데 있으리니 열국이 나를 이스라엘을 거룩케 하는 여호와인 줄 알리라 하셨다 하라

(슥 14:16) 예루살렘을 치러 왔던 열국 중에 남은 자가 해마다 올라와서 그 왕 만군의 여호와께 숭배하며 초막절을 지킬 것이라

(겔 48:35) 그 사면의 도합이 일만 팔천척이라 그 날 후로는 그 성읍의 이름을 여호와삼마라 하리라

(출 25:8) 내가 그들 중에 거할 성소를 그들을 시켜 나를 위하여 짓되

(대하 2:1) 솔로몬이 여호와의 이름을 위하여 전을 건축하고 자기 권영을 위하여 궁궐 건축하기를 결심하니라

출애굽에서 하나님은 자신의 율법과 성전 짓는 법을 이스라엘 백성들에게 선포하게 하셨지만, 하나님의 마음은 하나님의 말씀이 그들의 심령 속에 히8:10, 고후3:3,6, 그리고 하나님의 백성이 하나님 자신이 거하시는 성전고전 3:16, 6:19-20, 계21:9,22-23, 약4:5, 요14:20, 17:21,23이 되어지기를 원하셨다.

(히 8:10) 또 주께서 가라사대 그날 후에 내가 이스라엘 집으로 세울 언약이 이것이니 내 법을 저희 생각에 두고 저희 마음에 이것을 기록하리라 나는 저희에게 하나님이 되고 저희는 내게 백성이 되리라

(고후 3:3,6) 너희는 우리로 말미암아 나타난 그리스도의 편지니 이는 먹으로 쓴 것이 아니요 오직 살아 계신 하나님의 영으로 한 것이며 또 돌비에 쓴 것이 아니요 오직 육의 심비에 한 것이라 6 저가 또 우리로 새 언약의 일군 되기에 만족케 하셨으니 의문으로 하지 아니하고 오직 영으로 함이니 의문은 죽이는 것이요 영은 살리는 것임이니라

(고전 3:16) 너희가 하나님의 성전인 것과 하나님의 성령이 너희 안에 거하시는 것을 알지 못하느뇨

(약 4:5) 너희가 하나님이 우리 속에 거하게 하신 성령이 시기하기까지 사모한다 하신 말씀을 헛된 줄로 생각하느뇨

(계 21:9-10,22-23) 일곱 대접을 가지고 마지막 일곱 재앙을 담은 일곱 천사 중 하나가 나아와서 내게 말하여 가로되 이리 오라 내가 신부 곧 어린 양의 아내를 네게 보이리라 하고 10 성령으로 나를 데리고 크고 높은 산으로 올라가 하나님께로부터 하늘에서 내려오는 거룩한 성 예루살렘을 보이니 22 성 안에 성전을 내가 보지 못하였으니 이는 주 하나님 곧 전능하신 이와 및 어린 양이 그 성전이심이라 23 그 성은 해나 달의 비췸이 쓸데 없으니 이는 하나님의 영광이 비취고 어린 양이 그 등이 되심이라

(요 14:20) 그 날에는 내가 아버지 안에, 너희가 내 안에, 내가 너희 안에 있

는 것을 너희가 알리라

(요 17:21) 아버지께서 내 안에, 내가 아버지 안에 있는 것같이 저희도 다 하나가 되어 우리 안에 있게 하사 세상으로 아버지께서 나를 보내신 것을 믿게 하옵소서

'영생'은 성령으로 하나님 아버지와 주님을 깊이 아는 친밀한 관계성을 의미하듯이요17:3, 요일1:3, 이는 삼위일체 하나님과 교회가 서로 거하는 처소가 됨으로요14:20, 17:21, 영생을 경험하는 것 곧 성령으로 하나님과 주님을 알게 되는 것이다. 영생은 또한 상속자로서 하나님과 그의 나라에 속한 것들을 누림이 있으며, 이는 곧 증인으로 연결됨, 벧후1:2-4, 3:18

(요 17:3) 영생은 곧 유일하신 참 하나님과 그의 보내신 자 예수 그리스도를 아는 것이니이다

(요일 1:3) 우리가 보고 들은 바를 너희에게도 전함은 너희로 우리와 사귐이 있게 하려 함이니 우리의 사귐은 아버지와 그 아들 예수 그리스도와 함께 함이라

(벧후 1:2-4) 하나님과 우리 주 예수를 앎으로 은혜와 평강이 너희에게 더욱 많을지어다 3 그의 신기한 능력으로 생명과 경건에 속한 모든 것을 우리에게 주셨으니 이는 자기의 영광과 덕으로써 우리를 부르신 자를 앎으로 말미암음이라 4 이로써 그 보배롭고 지극히 큰 약속을 우리에게 주사 이 약속으로 말미암아 너희로 정욕을 인하여 세상에서 썩어질 것을 피하여 신의 성품에 참예하는 자가 되게 하려 하셨으니

(벧후 3:18) 오직 우리 주 곧 구주 예수 그리스도의 은혜와 저를 아는 지식에서 자라 가라 영광이 이제와 영원한 날까지 저에게 있을지어다

호세아 선지자는 이러한 하나님의 마음을 백성들에게 선포했다.

" …우리가 여호와를 알자 힘써 여호와를 알자 그의 나오심은 새벽 빛 같이 일정하니 비와 같이, 땅을 적시는 늦은 비와 같이 우리에게 임하시리라 하리라호6:3"

하나님은 인애를 원하고 제사를 원치 아니하며 번제보다 하나님 자신을 아는 것을 원하셨다.호6:6 이러한 하나님 마음을 모르는 백성들은 선지자를 통해 선포되는 말씀을 오해하여 알지 못했고마22:29 망할 수 밖에 없어 결국엔 바벨론으로 끌려가게 된 것이다.호4:6, 렘2:13,17

> (호 6:6) 나는 인애를 원하고 제사를 원치 아니하며 번제보다 하나님을 아는 것을 원하노라
> (호 4:6) 내 백성이 지식이 없으므로 망하는도다 네가 지식을 버렸으니 나도 너를 버려 내 제사장이 되지 못하게 할 것이요 네가 네 하나님의 율법을 잊었으니 나도 네 자녀들을 잊어버리리라
> (렘 2:13,17) 내 백성이 두가지 악을 행하였나니 곧 생수의 근원되는 나를 버린 것과 스스로 웅덩이를 판 것인데 그것은 물을 저축지 못할 터진 웅덩이니라 17 네 하나님 여호와가 너를 길로 인도할 때에 네가 나를 떠남으로 이를 자취함이 아니냐
> (마 22:29) 예수께서 대답하여 가라사대 너희가 성경도, 하나님의 능력도 알지 못하는 고로 오해하였도다

이러한 하나님의 마음을 아담에게 요구하신 것이다. "먹는 날에는 정녕 죽으리라창2:17"이는 "죽지 않으려면 먹지 말라"와 동일 말씀으로, 핵심은

'죽지 말라', 곧 '영생하라'는 명령이셨고 하나님의 간절함이셨다.이를 거부하는 것은 하나님의 언약을 어기는 것임.호6:7 하나님께서 타락한 아담을 찾으실 때도 "아담아 네가 어디있느냐?창3:9"라 하지 않으셨는가?

말씀이신 하나님께서 육신을 입으시고 이 땅에 오실 때의 이름이 "예수요 임마누엘요1:1,14, 마1:21,23"이셨다. 예수는 죄사함의 이름이요 임마누엘은 죄사함의 최종 목적인 하나님과 함께하심이 아닌가? 이러한 아버지의 뜻을 이루시려 주님은 아버지의 계명이신 '영생'을 이루려 오신 것이다.요12:49-50

> (요 12:49-50) 내가 내 자의로 말한 것이 아니요 나를 보내신 아버지께서 나의 말할 것과 이를 것을 친히 명령하여 주셨으니 50 나는 그의 명령이 영생인 줄 아노라 그러므로 나의 이르는 것은 내 아버지께서 내게 말씀하신 그대로 이르노라 하시니라

바울도 성령으로 하나님 아버지의 심정을 토로했다.

"모든 사람이 죄를 범하였으매 하나님의 영광에 이르지 못하더니롬3:23"

"하나님은 모든 사람이 구원을 받으며 진리를 아는데 이르기를 원하시느니라딤전2:4"

"또한 모든 것을 해로 여김은 내 주 그리스도 예수를 아는 지식이 가장 고상함을 인함이라 내가 그를 위하여 모든 것을 잃어버리고 배설물로 여김은 그리스도를 얻고빌3:8"

베드로 또한 같은 마음으로 하나님의 마음을 전했다.

"하나님과 우리 주 예수를 앎으로 은혜와 평강이 너희에게 더욱 많을지어다. 벧후1:2"

"오직 우리 주 곧 구주 예수 그리스도의 은혜와 저를 아는 지식에서 자라 가라 영광이 이제와 영원한 날까지 저에게 있을지어다. 벧후3:18"

이 모든 말씀이 십자가 고난의 잔을 앞두시고 유언같이 전하신 주님의 마음이었음을 기억해야 한다.

"예수께서 이 말씀을 하시고 눈을 들어 하늘을 우러러 가라사대 아버지여 때가 이르렀사오니 아들을 영화롭게 하사 아들로 아버지를 영화롭게 하게 하옵소서 2아버지께서 아들에게 주신 모든 자에게 영생을 주게 하시려고 만민을 다스리는 권세를 아들에게 주셨음이로소이다 3 영생은 곧 유일하신 참 하나님과 그의 보내신 자 예수 그리스도를 아는 것이니이다. 요17:1-3"

시편 기자도, 히브리 기자도, 사도 베드로도 이러한 영생의 상태를 하나님과 함께 영광에 거하며요1:5,7, 요17:5 하나님의 아름다움과 선하심, 그 탁월함을 맛보며 누리는 것이요시27:4, 45:11, 65:4, 96:6, 벧전2:9, 고후3:18, 히2:10, 이를 세상에 선포하는 것이라 고백했다.

(벧전 2:9) 오직 너희는 택하신 족속이요 왕 같은 제사장들이요 거룩한 나라요 그의 소유된 백성이니 이는 너희를 어두운데서 불러 내어 그의 기이한 빛에 들어가게 하신 자의 아름다운 덕을 선전하게 하려 하심이라

(시 27:4) 내가 여호와께 청하였던 한 가지 일 곧 그것을 구하리니 곧 나로 내 생전에 여호와의 집에 거하여 여호와의 아름다움을 앙망하며 그 전에서 사모하게 하실 것이라

(시 34:8) 너희는 여호와의 선하심을 맛보아 알지어다 그에게 피하는 자는 복이 있도다

(히 2:10) 만물이 인하고 만물이 말미암은 자에게는 많은 아들을 이끌어 영광에 들어가게 하시는 일에 저희 구원의 주를 고난으로 말미암아 온전케 하심이 합당하도다

(고후 3:18) 우리가 다 수건을 벗은 얼굴로 거울을 보는 것같이 주의 영광을 보매 저와 같은 형상으로 화하여 영광으로 영광에 이르니 곧 주의 영으로 말미암음이니라

6.1 나가는 말

모든 책은 그 첫 머리에 '개요'를 통해 저자의 기록 의도와 목적을 말해준다. 그런데 성경 개요의 핵심은 창세기1-2장에 해당된다. 기존 구속사관 신학은 창세기3장 아담의 타락부터 시작하므로, 엄밀히 말하면 성경 개요를 온전히 선포하지 못한다. 하여 하나님의 뜻과 계획에 대한 주권도, 예정과 선택도 아담타락의 문제를 해결하는 것에 주안점을 두고, 이를 창세 전 시간 축으로 역 이동하여 성경을 다룬다. 즉 영원 전에 인간 타락의 문제를 해결하시기 위하여 예수님의 오심과 십자가 죽음과 부활을 말하고 있다.

다시 강조해 보면 창세기1:1이 선포되기 전에는 피조물이 존재하기 전이요 영원부터 영원까지 홀로 스스로 계시는 삼위일체 하나님만 계시던 때였다. 이때는 만물이 존재하기도 전이기에 천사의 타락도 인간의 타락도 없는

상태이다. 죄가 있기도 전에 악이 세상에 관영하기도 전의 상태이다. 오직 하나님 만이 말씀과 함께 충만히 그대로 영원히 계시는 상태에서 하나님은 먼저 자신의 뜻과 계획 곧 경륜을 세우시고 엡1:2 이를 이루시기 위한 이들 예수그리스도, 교회의 예정과 선택을 하셨음을 밝혔다. 그리고 이들에게는 하나님의 상속자로 모든 것을 주시고 그 이름을 높이시어 하나님을 계시하며 증거하는 영광의 통로가 되게 하시었다. 요13:31, 살후1:12

구속사관에서는 아담을 온 인류를 죄인되게 하는 원흉쯤 취급하여 아담에 대한 깊은 하나님의 의도를 말하지 않는다. 그런데 바울은 "…만물이 다 너희 것임이라…너희는 그리스도의 것이요 그리스도는 하나님의 것이니라 고전3:21-23"이라 했다. 창세기1장에서 마지막 창조물이 바로 아담이다. 에베소서5:31-32에서 의미하는 바와 같이 아담은 이미 교회의 정보를 지닌 자였기에, 아담 창조 전 창세기1:3-25까지의 만물은 아담을 위해 존재함을 의미한다. 동시에 아담은 바로 오실자 예수를 위해 존재함을 로마서5:14에서 나타난다.

본서는 영원 전 하나님의 계획인 영생을 펼치시는 첫 페이지를 장식하고 있는 아담의 위치와 역할을 찾아 그 영적 의미를 정리해 보았다. 왜냐하면 창세 전 하나님의 뜻과 의도를 지닌 첫 인물이 바로 아담이기 때문이다. 동시에 창세 전에 세우신 하나님의 계시적 경륜의 핵심인 "영생 αἰώνιος ζωή 아이오니오스 조에, 永生, eternal life"이 바로 삼위일체 하나님과 교회, 그리고 하나님 나라와 하나님의 처소인 성전과도 깊이 연결되 있음을 피력하였다.

5장에서도 언급한 대로 아담의 타락 이후 하나님의 열심은 경건한 자손을 통하여 하나님 나라를 이루어 나가는 과정이 어쩌면 구속사의 핵심을 다루는 것이기도 하다. 그러나 타락 전 아담에 담겨있는 하나님의 심정과 뜻을 헤아리는 데는 소홀한 부분이 있음에 인정을 해야 할 것이다. 하나님의 계시적 경륜은 죄도 악도 상관없는 상태에서의 '영생'이 하나님의 창세 전 약속이셨고딛1:2 이는 바로 요한복음 17:3절에서 주님이 십자가 잔을 마시기 전에 말씀하신 것으로, 이는 오직 성령으로 하나님 아버지와 그의 아들 예수 그리스도를 친밀한 관계성 안에서 경험적, 체험적으로 아는 것이었음을 이제는 고백한다. 요1:3:24, 4:4-8,13, 벧후1:3-4 이를 위해 주님은 자신을 보내신 아버지께로 계명으로 받으신 것이기도 했다. 요12:49-50

이처럼 하나님의 계시적 경륜의 시작으로 예정된 처음 인간이 아담이었다. 하나님은 자신을 드러내고 계시할 마지막 창조물로 아담을 창조하셨고 '영생하라'라는 명령을 주셨다.창2:17 이 명령은 선악善惡과 관련된 영적 의미를 담은 것으로, 선과 악을 겸하여 경험하지 말란 명령이요 하나님과 함께 하자는 갈망이셨다. 즉 선善은 하나님과 함께 거하는 의도요, 악은 죄와 더불어 하나님을 떠나 분리되는 의미를 품고있음을 설명했다.창3:22, 렘2:13 그런데 이 영생은 하나님의 나라에서 경험되어지는 것으로, 하나님 나라를 세워나가는 하나님의 열심은 곧 영원 전에 품으신 하나님 백성과 삼위일체 하나님과의 깊은 일체성과 관계성, 이를 통한 하나님을 증거하는 역할을 의도하신 것이었다. 요일1:3-4, 벧전2:9, 벧후1:3-4, 고후2:14, 출29:45-46, 사45:10,12

> (출 29:45-46) 내가 이스라엘 자손 중에 거하여 그들의 하나님이 되리니 46 그들은 내가 그들의 하나님 여호와로서 그들 중에 거하려고 그들을 애굽 땅에서 인도하여 낸 줄을 알리라 나는 그들의 하나님 여호와니라
> (사 43:10,12) 나 여호와가 말하노라 너희는 나의 증인, 나의 종으로 택함을 입었나니 이는 너희로 나를 알고 믿으며 내가 그인 줄 깨닫게 하려함이라

…12 …너희는 나의 증인이요 나는 하나님이니라 여호와의 말이니라

(호 6:7) 저희는 아담처럼 언약을 어기고 거기서 내게 패역을 행하였느니라

(요 15:26–27) 내가 아버지께로서 너희에게 보낼 보혜사 곧 아버지께로서 나오시는 진리의 성령이 오실 때에 그가 나를 증거하실 것이요 27 너희도 처음부터 나와 함께 있었으므로 증거하느니라

(벧후 1:3) 그의 신기한 능력으로 생명과 경건에 속한 모든 것을 우리에게 주셨으니 이는 자기의 영광과 덕으로써 우리를 부르신 자를 앎으로 말미암음이라

(고후 2:14) 항상 우리를 그리스도 안에서 이기게 하시고 우리로 말미암아 각처에서 그리스도를 아는 냄새를 나타내시는 하나님께 감사하노라

(벧전 2:9) 오직 너희는 택하신 족속이요 왕 같은 제사장들이요 거룩한 나라요 그의 소유된 백성이니 이는 너희를 어두운데서 불러 내어 그의 기이한 빛에 들어가게 하신 자의 아름다운 덕을 선전하게 하려 하심이라

(행 1:8) 오직 성령이 너희에게 임하시면 너희가 권능을 받고 예루살렘과 온 유대와 사마리아와 땅 끝까지 이르러 내 증인이 되리라 하시니라

하나님 나라는 이 땅에서는 우선적으로 교회에서 이루어지고 경험되어진다. 사도 베드로도 요한도 교회를 가리켜 '하나님 나라'라 했고벧전2:9, 계1:6, 5:10, 이는 성령으로 거듭날 때 경험되어지는 것이라 말씀하셨다.마12:28, 요3:3,5, 눅17:21 이 천국복음을 주님 오실 때까지 모든 민족으로 전파하라 하셨는 바, 이는 곧 천국과 주님을 세상 끝까지 증거하라는 의미와 동일한 것이다.마24:14

한편 아브라함은 육적인 자손들로 유대인이 되게 하는 출발이었지만주님도 육적으로는 유대인이요 다윗의 후손이셨음, 롬1:3, 마1:1, 갈4:4, 영적인 의미로는 아브

라함의 자손이 바로 주님과 교회를 가리킨다.갈3:16, 7, 29

> (갈 3:16) 이 약속들은 아브라함과 그 자손에게 말씀하신 것인데 여럿을 가리켜 그 자손들이라 하지 아니하시고 오직 하나를 가리켜 네 자손이라 하셨으니 곧 그리스도라
> (갈 3:7) 그런즉 믿음으로 말미암은 자들은 아브라함의 자손인 줄 알지어다
> (갈 3:29) 너희가 그리스도께 속한 자면 곧 아브라함의 자손이요 약속대로 유업을 이을 자니라

하나님께서 아브라함에게 명령한 큰 민족이 영적으로는 바로 하나님 나라요, 주님이 이 나라의 통치자임을 말했다.유대의 왕이시니까 바로 영적인 유대이스라엘민족인 교회를 말하는 것이 아닌가?벧전2:9 거듭나 새로운 피조물이 될 때도 예수님을 주主와 왕王으로 모셔들일 때 일이고롬10:9, 고후4:5-6, 이는 오직 성령으로만 가능한 것이 아닌가?고전12:3, 행2:36, 5:31, 마16:16, 요3:5-8

이처럼 주님과 교회 관계는 아브라함의 자손이란 공통점에 있었다. 그리고 하나님의 아들됨sonship과 하나님께서 거하시는 성전됨이란 영적 의미를 공유하고 있었다.요2:21, 고전3:16, 마16:16, 요20:21 그런데 이러한 영적 원리는 타락 전 아담에게 숨겨져 있던 것이 주님의 십자가 이후에 실체로 나타났음을 앞에서 다양한 말씀으로 밝혔다. 즉, 아담은 하나님 아들눅3:38 KJV로 오실 주님을 예비하는 모형으로롬5:14, 아담 가정은 에덴교회의 모습으로 묘사되었다.엡5:31-32 동시에 아담은 하나님의 형상으로서 삼위일체 하나님을 닮은 자로서, 하나님의 모양으로서 하나님을 계시하고 증거하는 자로 묘사되었다.이는 정확히 육신을 입으신 주님의 모습이요, 주님과 하나된 교회의 모습임

더욱더 중요한 영적 원리로 아담이 하나님이 거룩하시는 성전의 원형으

로도 묘사했다. 이에 더하여 하나님이 아담에게 요구하신 '영생'이 삼위일체 하나님과 삼위일체 하나님의 형상인 아담이 "하나됨Oneness"의 친밀한 관계성에서의 공유와 누림을 내포한다. 이 '하나됨'이 바로 하나님과 아담 사이에 서로에 대한 거처居處 곧 성전의 의미를 설명한다. 다시 말하면, '하나됨'이란 성령으로 서로가 서로에게 속하는 관계로 설명할 수 있는 바, 아담은 삼위일체 하나님이 거하시는 처소거처가 되는 동시에고전3:16, 요17:21,23, 14:20, 약4:5, 계21:9-10,22-23, 하나님은 아담이 거하는 성전이 되신 것이다.요14:20, 17:21,23, 요일4:12-15, 고후5:17, 그림6-1

(요 17:21,23) 아버지께서 내 안에, 내가 아버지 안에 있는 것같이 저희도 다 하나가 되어 우리 안에 있게 하사 세상으로 아버지께서 나를 보내신 것을 믿게 하옵소서 23 곧 내가 저희 안에, 아버지께서 내 안에 계셔 저희로 온전함을 이루어 하나가 되게 하려 함은 아버지께서 나를 보내신 것과 또 나를 사랑하심 같이 저희도 사랑하신 것을 세상으로 알게 하려 함이로소이다

(요 14:20) 그 날에는 내가 아버지 안에, 너희가 내 안에, 내가 너희 안에 있는 것을 너희가 알리라

(고후 5:17) 그런즉 누구든지 그리스도 안에 있으면 새로운 피조물이라 이전 것은 지나갔으니 보라 새것이 되었도다

(약 4:5) 너희가 하나님이 우리 속에 거하게 하신 성령이 시기하기까지 사모한다 하신 말씀을 헛된 줄로 생각하느뇨

(요일 4:12-15) 어느 때나 하나님을 본 사람이 없으되 만일 우리가 서로 사랑하면 하나님이 우리 안에 거하시고 그의 사랑이 우리 안에 온전히 이루느니라 13 그의 성령을 우리에게 주시므로 우리가 그 안에 거하고 그가 우리 안에 거하시는 줄을 아느니라…15 누구든지 예수를 하나님의 아들이라 시인하면 하나님이 저 안에 거하시고 저도 하나님 안에 거하느니라

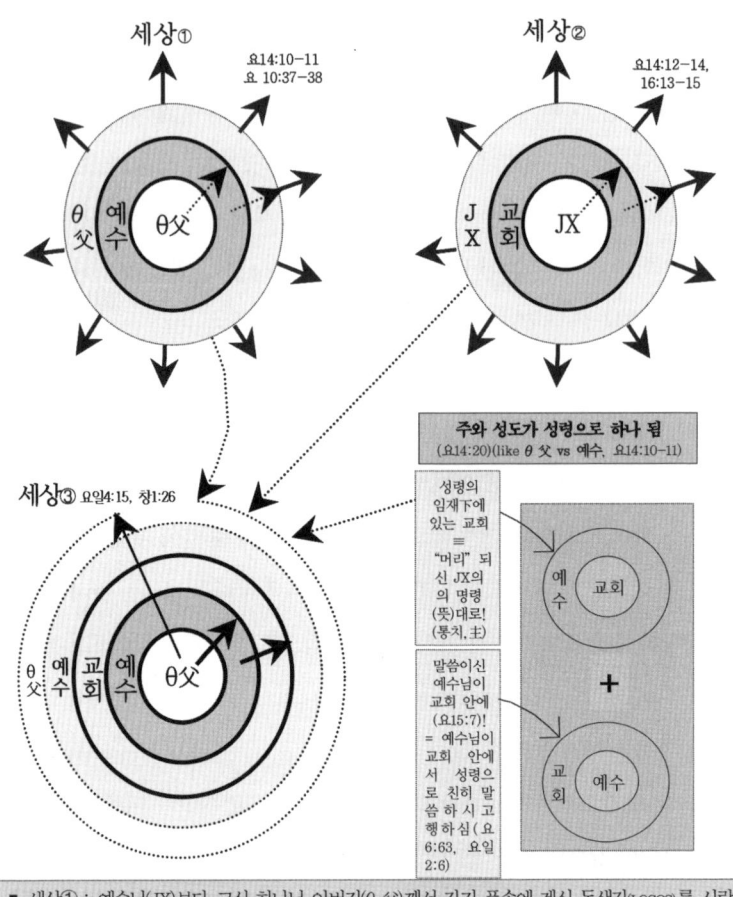

- 세상①: 예수님(JX)보다 크신 하나님 아버지(θ 父)께서 자기 품속에 계신 독생자(LOGOS)를 사랑하셨고, 예수님은 자기 안에 계신 아버지와 하나가 되어 성령으로 아버지를 세상에 증거하셨음.
- 세상②: 교회는 머리되신 JX께 통치를 받고, 교회 안에 오신 주님을 성령으로 세상에 증거 함.
- 세상③[세상①+세상②]: 교회는 삼일 하나님 안에서 하나가 되어 삼일 하나님을 세상에 증거 함.
- ❖ 삼위일체 하나님은 교회를 사랑하시고 기름 부으시어 교회의 일(삼일 하나님 증거)로 세상에 알려지게 함(요17:21-23, 14:31)
- ❖ θ 父께서는 성령으로 말씀하시고 행하신다(중생, 부활 포함) ⇐ 삼위일체로 일하시고 행하심(요 16:13-15)

[그림6-1. 삼위일체 하나님과 교회(아담)과의 하나됨의 관계성]

영적으로 하나님 나라의 모형이었던 유대 나라 안에 예루살렘 성이 있었고, 이 성城안에 사람의 손으로 지음받은 하나님의 성전이 있었다. 하나님은 출애굽의 영적 의도가 이스라엘 백성 가운데 하나님 처소로서의 성전됨을 말씀하셨다. 출29:45-46, 겔37:27-28 그런데 이러한 구조는 신천신지에서 완성된 모습으로 나타난다. 갈4:24-26, 히11:10,16, 그림6-2 즉 신천신지의 하나님 나라 안에 하늘 예루살렘 성이 城은 신부 곧 하나님 아버지께 받친 바된 하늘 총회 곧 교회임, 계21:9-10, 히12:22-23, 고전15:24이 있고, 이 성城안에 성전이 있다. 그러나 성전의 모양은 보이지 않고 하나님과 어린 양이 바로 그 성전이 되어 계신다. 계21:9-10, 22-23 그리고 성 안에는 하나님의 영광으로 충만하고 어린양 예수님은 등燈 곧 말씀, 시119:105으로 계신다. 계21:23 이는 바로 말씀이 육신이 되어 오시기 전, 하나님과 말씀이 하나되어 계신 모습과 흡사하다. 요1:1-2, 요일1:2, 요17:5

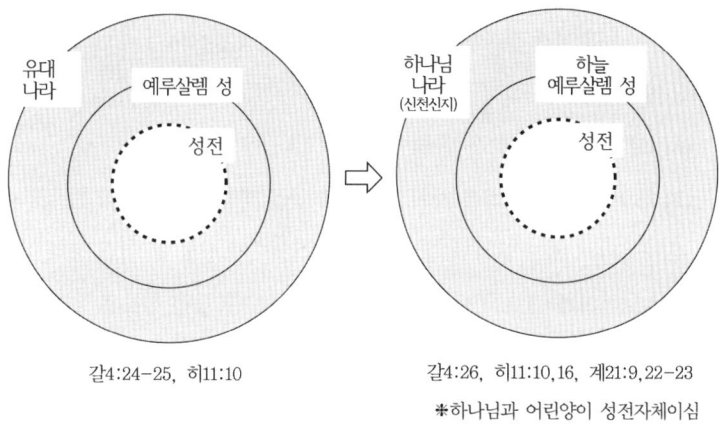

갈4:24-25, 히11:10   갈4:26, 히11:10,16, 계21:9,22-23
＊하나님과 어린양이 성전자체이심

[그림6-2. 땅의 예루살렘(모형)과 하늘 예루살렘(실체)]

(출 29:45-46) 내가 이스라엘 자손 중에 거하여 그들의 하나님이 되리니 46 그들은 내가 그들의 하나님 여호와로서 그들 중에 거하려고 그들을 애굽 땅

에서 인도하여 낸 줄을 알리라 나는 그들의 하나님 여호와니라

(겔 37:27-28) 내 처소가 그들의 가운데 있을 것이며 나는 그들의 하나님이 되고 그들은 내 백성이 되리라 28 내 성소가 영원토록 그들의 가운데 있으리니 열국이 나를 이스라엘을 거룩케 하는 여호와인 줄 알리라 하셨다 하라

(계 21:21-23) 그 열 두 문은 열 두 진주니 문마다 한 진주요 성의 길은 맑은 유리 같은 정금이더라 22 성안에 성전을 내가 보지 못하였으니 이는 주 하나님 곧 전능하신 이와 및 어린 양이 그 성전이심이라 23 그 성은 해나 달의 비췸이 쓸데 없으니 이는 하나님의 영광이 비취고 어린 양이 그 등이 되심이라

(요 1:1-2) 태초에 말씀이 계시니라 이 말씀이 하나님과 함께 계셨으니 이 말씀은 곧 하나님이시니라 2 그가 태초에 하나님과 함께 계셨고

(요 17:5) 아버지여 창세 전에 내가 아버지와 함께 가졌던 영화로써 지금도 아버지와 함께 나를 영화롭게 하옵소서

(요일 1:2) 이 생명이 나타내신바 된지라 이 영원한 생명을 우리가 보았고 증거하여 너희에게 전하노니 이는 아버지와 함께 계시다가 우리에게 나타내신 바 된 자니라

(시 119:105) 주의 말씀은 내 발에 등이요 내 길에 빛이니이다

(계 21:9-10) 일곱 대접을 가지고 마지막 일곱 재앙을 담은 일곱 천사중 하나가 나아와서 내게 말하여 가로되 이리 오라 내가 신부 곧 어린 양의 아내를 네게 보이리라 하고 10 성령으로 나를 데리고 크고 높은 산으로 올라가 하나님께로부터 하늘에서 내려오는 거룩한 성 예루살렘을 보이니

(계 21:22-23) 성안에 성전을 내가 보지 못하였으니 이는 주 하나님 곧 전능하신 이와 및 어린 양이 그 성전이심이라 23 그 성은 해나 달의 비췸이 쓸데 없으니 이는 하나님의 영광이 비취고 어린 양이 그 등이 되심이라

(히 12:22-23) 그러나 너희가 이른 곳은 시온산과 살아 계신 하나님의 도성인 하늘의 예루살렘과 천만 천사와 23 하늘에 기록한 장자들의 총회와 교회

와 만민의 심판자이신 하나님과 및 온전케 된 의인의 영들과

(갈 4:24-26) 이것은 비유니 이 여자들은 두 언약이라 하나는 시내산으로부터 종을 낳은 자니 곧 하가라 25 이 하가는 아라비아에 있는 시내산으로 지금 있는 예루살렘과 같은 데니 저가 그 자녀들로 더불어 종노릇하고 26 오직 위에 있는 예루살렘은 자유자니 곧 우리 어머니라

(히 11:10, 16) 이는 하나님의 경영하시고 지으실 터가 있는 성을 바랐음이니라 16 저희가 이제는 더 나은 본향을 사모하니 곧 하늘에 있는 것이라 그러므로 하나님이 저희 하나님이라 일컬음 받으심을 부끄러워 아니하시고 저희를 위하여 한 성을 예비하셨느니라

이러한 모습은 이미 창세 전에 약속하신 '영생'의 의미 속에 포함되어 있었고 아담에서 처음으로 표현되신 것이다. 그러나 아담의 타락으로 인해 사라진 것들이 구약의 모형을 통해 신약에서는 교회에서 완성되었고, 하늘 신천신지에서 그 실체를 보게 된다.

본서에서는 이렇게 성전된 아담을 다음의 영적 사실로 설명되었다.
즉,
첫째, 아담은 하나님의 아들이다. 눅3:38 KJV
둘째, 아담은 예수의 모형과 교회의 실제이다. 롬5:14하, 엡5:31-32
셋째, 하나님의 생명생기을 가졌다. 창2:7
넷째, 주어진 통치권이다. 창1:26,28, 눅4:6, 요1:12-13, 롬5:17
다섯째, 하나님 나라가 주어져있었다. 곧 에덴

하나님은 하나님 아들 예수님께 대한 마음을 제자들을 통하여 다음과 같이 기록하고 있다.

"하늘로서 소리가 있어 말씀하시되 이는 내 사랑하는 아들이요 내 기뻐하는 자라 하시니라마3:17 ← 마17:5, 벧후1:17"

하나님의 아들 예수님에 대한 마음은 한 마디로 "사랑과 신뢰"라 표현할 수가 있다. 아버지는 아들에게 기름부으시고 모든 것을 맡기심, 요3:34-35, 행10:38 하나님은 아들을 먼저 택하시고 사랑하신다. 이런 표현은 예수님과 하나되어 형제로 표현된 주님의 제자들에게도 동일하다. 요15:12,16, 요일4:9-11, 요3:16, 롬5:8, 히2:11, 롬8:29

성령 하나님은 하나님께로 난 자들인 교회에 하나님의 사랑을 부어주셨다. 롬5:5 요한은 이를 "그의 성령을 우리에게 주시므로 우리가 그 안에 거하고 그가 우리 안에 거하시는 줄을 아느니라요일4:13"라고 고백했다. 이제는 우리의 차례이다. 성령으로 거듭나고 성령으로 인도함받는 이들곧 하나님의 아들들은 하나님을 사랑해야 한다. 요일5:1-5

하나님은 아담에게 '영생하라'란 명령이 바로 '함께 있자'라는 요구시오 "내 사랑안에 거하라요15:9"말씀이었다. 이렇게 하는 것이 하나님이 아담에게 주신 사명에 대한 열매가 풍성해지게 하는 방법이었다.

(요 15:4) 내 안에 거하라 나도 너희 안에 거하리라 가지가 포도나무에 붙어 있지 아니하면 절로 과실을 맺을 수 없음 같이 너희도 내 안에 있지 아니하면 그러하리라

(요 15:8-9) 너희가 과실을 많이 맺으면 내 아버지께서 영광을 받으실 것이요 너희는 내 제자가 되리라 9 아버지께서 나를 사랑하신 것같이 나도 너희를 사랑하였으니 나의 사랑 안에 거하라

요한은 계속하여 "예수께서 그리스도이심을 믿는 자마다 하나님께로서

난 자니 또한 내신 이를 사랑하는 자마다 그에게서 난 자를 사랑하느니라요일5:1"라고 했고, "누구든지 예수를 하나님의 아들이라 시인하면 하나님이 저 안에 거하시고 저도 하나님 안에 거하느니라요4:15"라고 했다.

아담이 오실 이 예수님의 모형이요롬5:14, 예수님 오시는 길을 예비하는 자로서 예수님을 하나님의 아들이라 고백하는 것은 당연하다. 이는 마치 [예수님을 예비하는] 침례요한[마3:3]이 예수님을 성령으로 "보라 세상 죄를 지고가는 하나님의 어린 양이로다…내가 그를 보고 그가 하나님의 아들이심을 증거하였노라[요1:29-34]"고백한 것과 동일함

고로 아담은 삼위일체 하나님 안에 거룩하고 동시에 삼위일체 하나님은 아담 안에 거하시는 것이다. 즉 아담과 삼위일체 하나님과 하나되어, 서로 사랑의 깊은 관계성이 형성되는 것이요, 아담이 하나님의 성전이 되는 것을 증거한다!

아멘!

할렐루야!

성령님은 하나님의 음성을 듣게 하시고요16:13-15, 10:3-4 하나님의 깊은 것을 통달하시는 분이시고, 하나님의 일사정,형편을 아시는 유일한 분이시다. 고전2:10-11 성령님은 아담과 교회에 하나님의 깊은 비밀들을 계시하신다. 엡3:9-10, 요15:15, 렘33:3 고로 성령으로 이끌림을 받는 이는 하나님의 심정과 하나님의 일곧 하나님의 뜻과 계획을 알고 행하지만, 육의 생각으로 살아가는 자는 사람의 일 곧 사단의 일을 행하게 된다. 이는 마치 성령으로 예수님을 알아본 베드로가 육신으로 이끌림 받았을 땐 예수님께 사단이란 책망을 들었음:마16:16-17,22-24, 롬8:5-8 아담은 성령으로 하나님의 일즉 이름 짓는 창조의 행위에 동참했음을 알 수가 있었다. 창2:19-22

(엡 3:9-10) 영원부터 만물을 창조하신 하나님 속에 감추었던 비밀의 경륜

이 어떠한 것을 드러내게 하려 하심이라 10이는 이제 교회로 말미암아 하늘에서 정사와 권세들에게 하나님의 각종 지혜를 알게 하려 하심이니

(요 15:15) 이제부터는 너희를 종이라 하지 아니하리니 좋은 주인의 하는 것을 알지 못함이라 너희를 친구라 하였노니 내가 내 아버지께 들은 것을 다 너희에게 알게 하였음이니라

(렘 33:3) 너는 내게 부르짖으라 내가 네게 응답하겠고 네가 알지 못하는 크고 비밀한 일을 네게 보이리라

(창 2:19-22) 여호와 하나님이 흙으로 각종 들짐승과 공중의 각종 새를 지으시고 아담이 어떻게 이름을 짓나 보시려고 그것들을 그에게로 이끌어 이르시니 아담이 각 생물을 일컫는 바가 곧 그 이름이라… 21 여호와 하나님이 아담을 깊이 잠들게 하시니 잠들매 그가 그 갈빗대 하나를 취하고 살로 대신 채우시고 22 여호와 하나님이 아담에게서 취하신 그 갈빗대로 여자를 만드시고 그를 아담에게로 이끌어 오시니

이로써 본서를 맺으려 한다. 창세 전 하나님의 언약이 어떻게 아담에게 성령으로 계시되었고, 이를 성령으로 신약교회에서 확인하게 되는지를 신구약 말씀을 찾아 증거하려 최선을 다했다.

아무쪼록, 본서를 대하는 이들이 아담의 창조를 통한 하나님의 의도와 마음에 대해 많은 이해가 있게 되었으리라 상상해 본다.

아멘!

주 예수여 오시옵소서!
'Ἀμήν ναί, ἔρχου κύριε Ἰησοῦ 아멘 나이, 에르쿠 퀴리에 예수

모든 영광을 주님께!

부록

[부록1 : 하나님θ의 계시적 경륜을 위해…하나님 자신을 위하여]

[부록2 : 구속사관 vs 계시적 경륜사관]

[부록3 : 하나님의 의도를 품는 아담으로부터의 영성구조]

[부록4 : 아담으로부터 하나님의 의도를 품은 전도지]

[부록5 : 계시적 경륜신학교 안내서]

[부록6 : "계시적 경륜학교" 개강을 알리면서….]

[부록1 : 하나님Θ의 계시적 경륜을 위해...하나님 자신을 위하여]

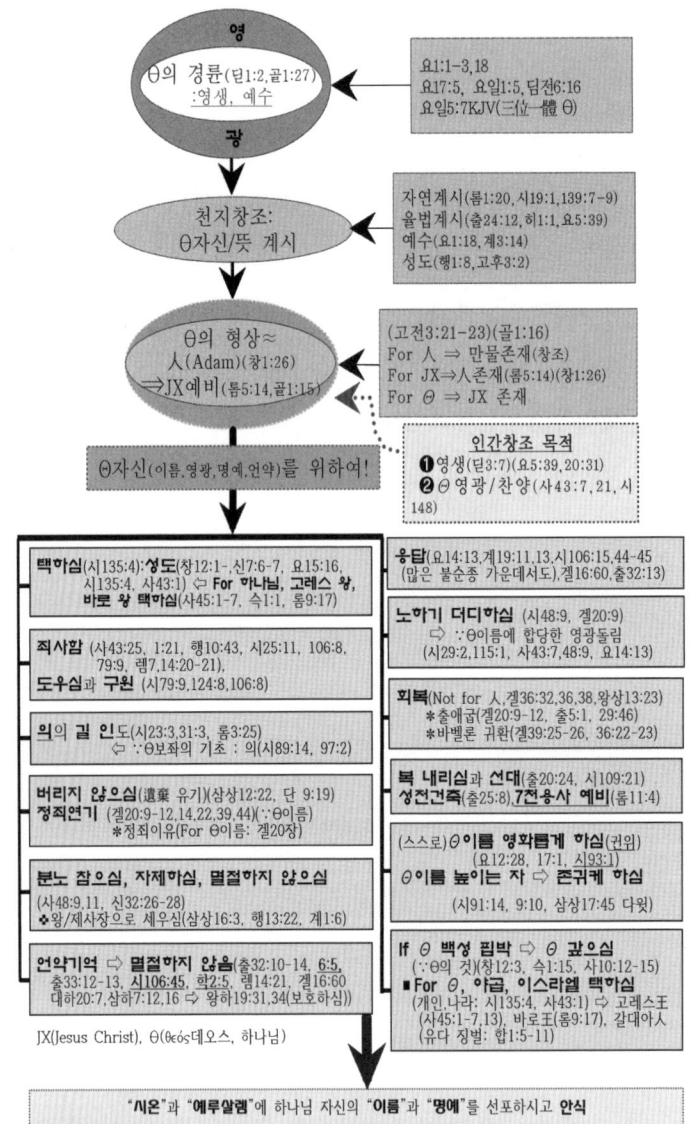

<하나님의 경륜과 하나님 나라 완성[I]>

For 하나님의 백성과 거룩한 도성(단9:24,막13:2-33,사9:6-7, 마24:32-33)⇔Not for 우상: 사42:8

♣ 경륜(οἰκονομία, management, dispensation)(딛1:2, 엡1:9 3:2,9, 골1:25, 딤전1:4)

(엡1:9-10) 그 뜻의 비밀을 우리에게 알리신 것이요 그의 기뻐하심을 따라 그리스도 안에서 때가 찬 경륜을 위하여(εἰς οἰκονομίαν τοῦ πληρώματος τῶν καιρῶν) 예정하신(προέθετο to set before) 것이니 하늘에 있는 것이나 땅에 있는 것이 다 그리스도 안에서 통일되게 하려 하심이라 (καιρός 마8:29,막1:15...)

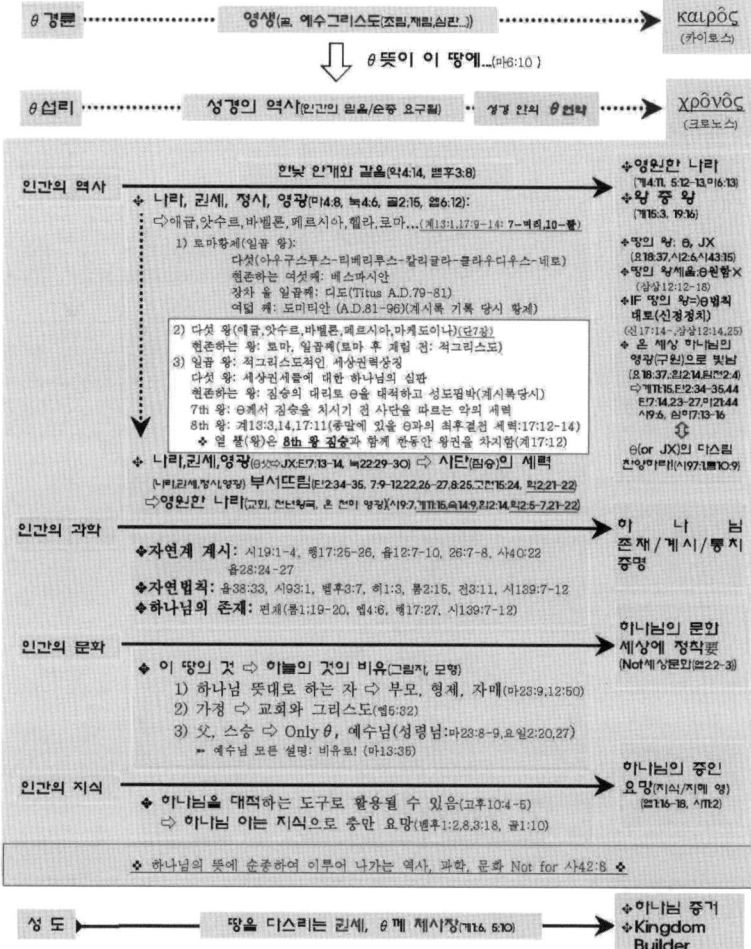

부록·271

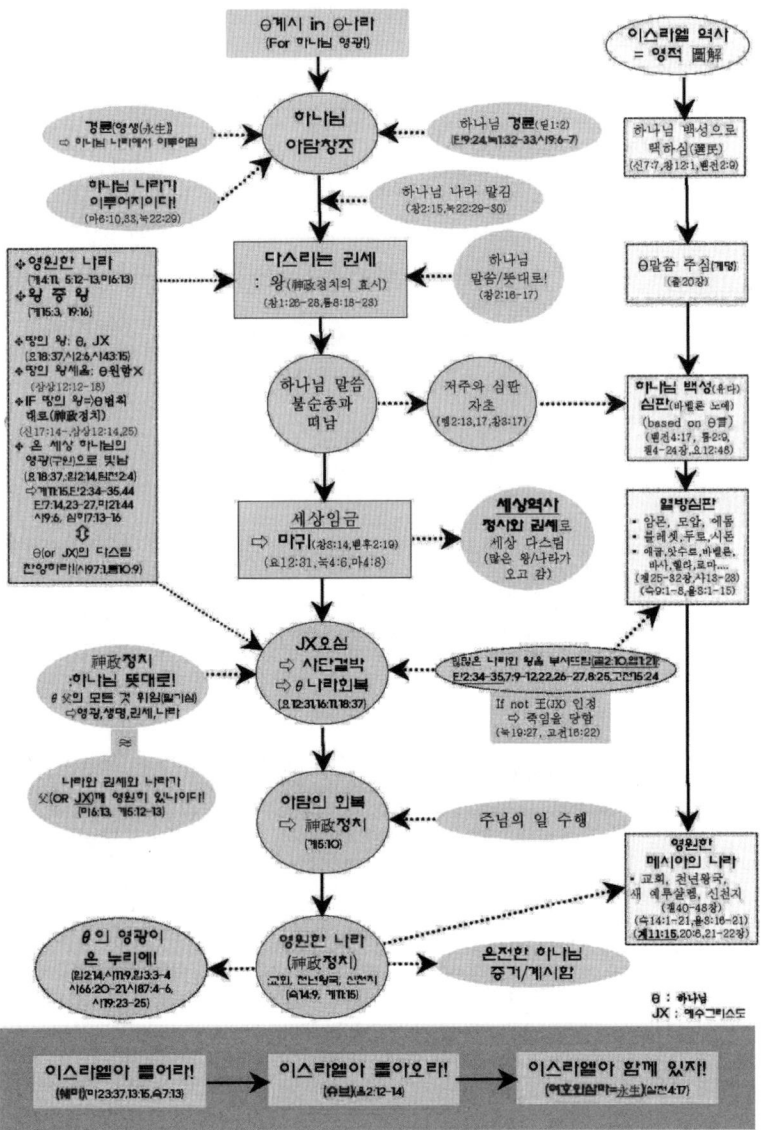

<하나님의 계시적 경륜: 하나님의 이름과 영광을 위하여>

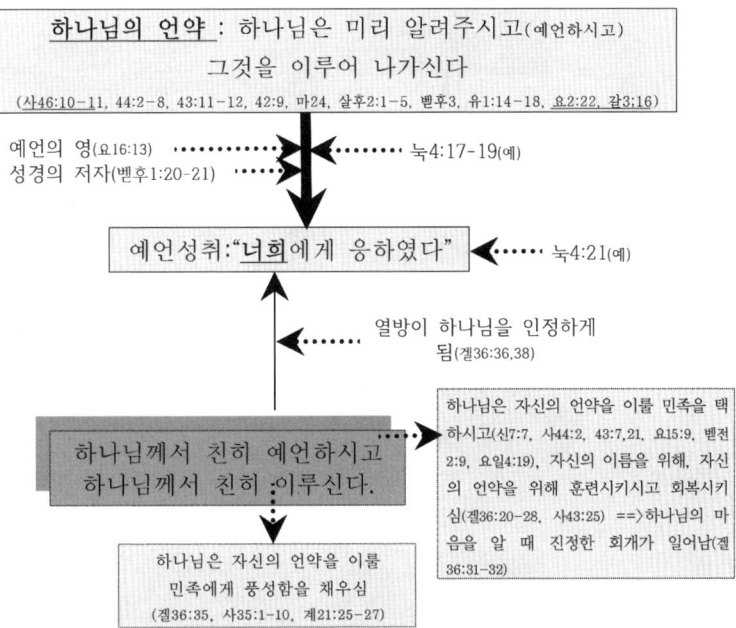

- ◎ **하나님의 계시적 경륜** :

  하나님은 자신의 이름과 영광을 위해 일하신다.

  ▶하나님의 이름(명예, 영광)을 위하여 :

   겔20:9, 36:22-23, 39:25-26, 민14:13-19, 사48:9, 단9:19

  ▶하나님의 언약을 위하여: 출2:24-25, 6:5, 32:9-13, 사43:26

〈 예수님의 지상사역-하나님의 이름과 영광을 위하여〉

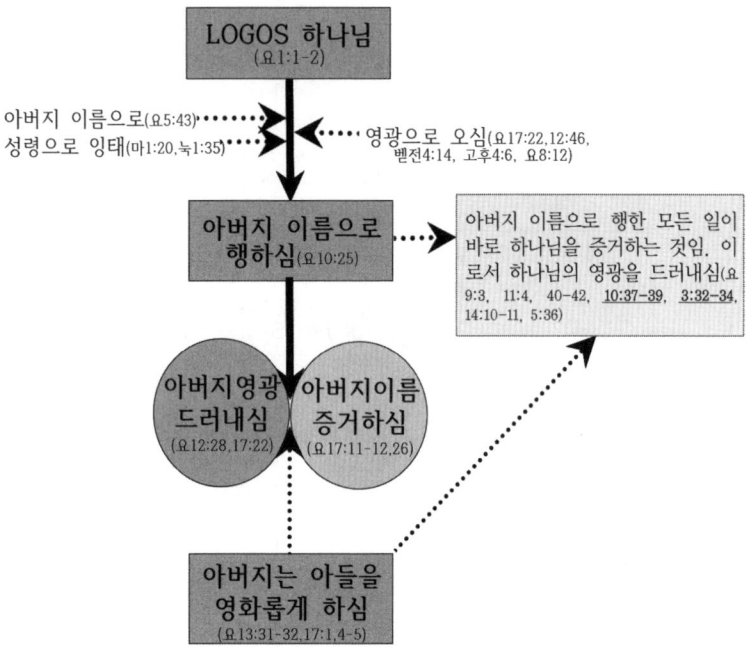

⟨3층천의 모습과 성전⟩

(시23:3) 내 영혼을 소생시키시고 자기 이름을 위하여 의의 길로 인도하시는도다
(겔20:9) 그러나 내가 그들의 거하는 이방인의 목전에서 그들에게 나타나서 그들을 애굽 땅에서 인도하여 내었었나니 이는 내 이름을 위함이라 내 이름을 그 이방인의 목전에서 더럽히지 않으려 하여 행하였음이로라
(시106:8) 그러나 여호와께서 자기 이름을 위하여 저희를 구원하셨으니 그 큰 권능을 알게 하려 하심이로다
(시106:45) 저희를 위하여 그 언약을 기억하시고 그 많은 인자하심을 따라 뜻을 돌이키사
(겔39:25-26) 그러므로 나 주 여호와가 말하노라 내가 이제 내 거룩한 이름을 위하여 열심을 내어 야곱의 사로잡힌 자를 돌아 오게 하며 이스라엘 온 족속에게 긍휼을 베풀지라 그들이 그 땅에 평안히 거하고 두렵게 할 자가 없게 될 때에 부끄러움을 품고 내게 범한 죄를 뉘우치리니

⇩

하나님은 하늘을 창조하시고 그의 보좌를 두셨음(시103:19.) **그리고 자신의 이름을 그 보좌에 두시고**(삼하6:2, 3:16, 겔43:7, 엡2:22, 잠20:27), **그 위에 자신의 영광**(사48:9,시145:21)**과 명예**(사42:8, 48:11)**를 두심**

(겔43:7) 내게 이르시되 인자야 이는 내 보좌의 처소, 내 발을 두는 처소, 내가 이스라엘 족속 가운데 영원히 거할 곳이라 이스라엘 족속 곧 그들과 그 왕들이 음란히 행하며 그 죽은 왕들의 시체로 다시는 내 거룩한 이름을 더럽히지 아니하리라
(삼하 6:2) …그 궤는 그룹들 사이에 좌정하신 만군의 여호와의 이름으로 이름하는 것이라
(시102:21) 여호와의 이름을 시온에서, 그 영예를 예루살렘에서 선포케 하려 하심이라
(렘3:17) 그 때에 예루살렘이 그들에게 여호와의 보좌라 일컬음이 되며 모든 백성이 그리로 모이리니 곧 여호와의 이름으로 말미암아 예루살렘에 모이고 다시는 그들의 악한 마음의 완악한 대로 그들이 행하지 아니할 것이며
(대하7:16) 이는 내가 이미 이 성전을 택하고 거룩하게 하여 내 이름을 여기에 영원히 있게 하였음이라 내 눈과 내 마음이 항상 여기에 있으리라
(시132:13-14) 여호와께서 시온을 택하시고 자기 처소를 삼고자 하여 이르시기를 이는 내가 영원히 쉴 곳이라 내가 여기 거주할 것은 이를 원하였음이로다
(시145:21) 내 입이 여호와의 영예를 말하며 모든 육체가 그의 거룩하신 이름을 영원히 송축할지로다
(시103:19) 여호와께서 그의 보좌를 하늘에 세우시고 그의 왕권으로 만유를 다스리시도다
(사48:11) 나는 나를 위하며 나를 위하여 이를 이룰 것이라 어찌 내 이름을 욕되게 하리요 내 영광을 다른 자에게 주지 아니하리라

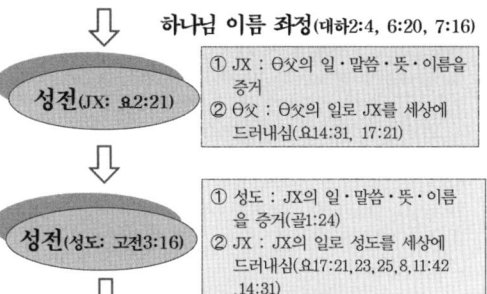

① θ父이름으로 오셨고, 그 이름으로 존재 (요5:43)
② θ父이름으로 행하심(요10:25)
③ θ父이름 증거(요17:6, 26)
④ θ父에 합당한 영광을 돌리심 (요12:28, 5:17)

성전(JX: 요2:21)

① JX : θ父의 일·말씀·뜻·이름을 증거
② θ父 : θ父의 일로 JX를 세상에 드러내심(요14:31, 17:21)

⇩

① 예수 이름(곧, θ아름)모시고 (요14:26) 또 행함(골3:17)
② 영적인 유대인(롬2:29)
   - θ 이름으로 불림(계3:12, 단9:19, 렘14:9, 15:16)
③ 하나님의 영광/거룩함/명예 이름 드러냄(사43:7, 46:13)

성전(성도: 고전3:16)

① 성도 : JX의 일·말씀·뜻·이름을 증거(골1:24)
② JX : JX의 일로 성도를 세상에 드러내심(요17:21,23,25,8,11:42,14:31)

⇩

성도는 성전으로 시온에 살고 있으며, 또한 하나님의 이름과 명예를 지고 있는 자이다(시102:21,132:13-14,계14:1.)

[부록2 : 구속사관[71] vs 계시적 경륜사관[72]]

성경은 흙에 속한 자와 하늘에 속한 자의 형상을 말한다. 땅에서 난 육의 몸과 하늘에서 난 신령한 몸을 말한다. 이 모두의 이름이 '아담'이다. 전자는 첫 사람 아담, 후자는 둘째 사람 마지막 아담 곧 예수이다. 하늘 아버지의 눈엔 아담이 보이는 것이다. 여기 둘 사이에 타락한 아담이 있다.

구속사관은 타락한 아담과 마지막 아담을 다루고, 계시적 경륜사관은

---

71) 주님은 온 세상의 죄를 위한 화목 제물이 되셨다.(요일2:2, 요1:29) 고로 누구든지 예수를 주로 시인하고 죽으신 예수를 살리신 이를 믿는 자마다 구원을 받는다.(롬10:9-10, 요3:16, 벧후3:9, 딤전2:4, 요1:12-13, 막16:15-16, 마24:14, 고전12:13, 골3:11) 그리고 이 모든 이들의 육체 위로 성령을 부어주신다.(행2:17-18) 예수 십자가 위 죄패에도 당시 누구나 읽을 수 있도록 히브리,헬라,로마 말로 기록되어 있는 것도 그런 영적 의도였다고 본다.(요19:10) 이러므로 십자가는 온 인류를 향한 하나님의 사랑의 표현이셨다.(롬5:8, 고후5:14-15) 그러나 이러한 하나님의 사랑을 거부한 자들에게는 하나님의 진노와 심판이 있다.(요3:18-19,36, 롬1:18, 2:5, 3:19, 살후2:10) 믿음은 하나님 말씀을 들음으로 온다.(롬10:17, 12:3) 그러나 고집과 완악함으로 이를 거부할 때(히3:7-11,15, 4:6-7, 마13:14-15)를 "믿음은 모든 자의 것이 아니다.(살후3:2), 영생을 얻기에 합당하지 않는 자(행13:44-46,48)"라고 기록한다. 하나님은 구원의 팔을 벌리고 구원 잔치에 요청하시지만(마23:37) 그럼에도 한 영혼도 멸망치 않고 다 회개하기를 바라시는 하나님의 심정을 거부하고 저버리는 자들에게는 하나님의 준엄한 심판 만이 기다리고 있는 것이다.(마12:36-37) 한편 인류의 구원은 삼위일체 하나님의 역사로 이루어진다. 구약은 하나님의 약속 즉 메시야의 소망을 예언한다.(요5:39, 갈3:24) 고로 구약에서 율법으로 하나님께 배운 이들은 모두 예수님께로 인도함 받게 되어 성령으로 구원에 이르게 되는 것이다.(갈3:24, 요3:5-6) 이를 하나님께로 배운 자(요6:45)마다, 하나님께서 주신 자(요6:37,39, 17:6,9)마다 구원을 받는다라고 기록한다. 분명 예수님은 율법 아래 오시어 율법 아래 있는 자들을 속량하시고 아들의 명분을 주시어 하나님의 유업을 받게 하셨다.(갈4:4-7) 그러나 이를 거부한 자들을 "나의 양이 아니다.(요10:25-26)"라 하셨다. 전심으로 진리이신 주님을 영접하는 이들은 주님의 양이 되어 주님의 음성을 듣고 자유하며 풍성함을 누리게 된다.(요8:31-32, 10:10,27, 18:36-37, 마11:28-30) 참고로 지옥 유황 불못은 자기 지위를 지키지 않고 자기 처소를 떠난 범죄한 천사들을 위해 예비된 곳이므로, 원래 인류가 가는 곳이 아니다.(마25:41, 벧후2:4, 유1:6)

"성경에 이르되 누구든지 그를 믿는 자는 부끄러움을 당하지 아니하리라 하니 For the scripture saith, Whosoever believeth on him shall not be ashamed(롬10:11)"

72) 이에 반하여, 계시적 경륜사관 하에서는 하나님은 그 기쁘신 뜻대로 자기 아들과 같은 형상이 되도록 미리 정해진 자들 즉 그리스도 안에서 미리 정해진 자들(롬8:29-30, 벧전1:1-2, 엡1:4-5, 9-12)을 통하여 하나님 자신의 선한 뜻을 계시하시고 펼쳐나가신다.(롬8:28, 엡1:8-9,11, 3:9-10, 고전2:7,10) 바울은 이를 "…선(善)을 위하여 모든 것이 합력하시는 하나님께서 또 미리 정하시고 부르시고 부르신 그들을 또한 의롭다 하시고 의롭다 하신 그들을 또한 영화롭게 하셨느니라(롬8:28,30)"고 묘사했다.

타락 전 첫 사람 아담과 마지막 아담, 그리고 교회와의 관계를 다룬다. 그러니 구속사관은 첫 사람 아담과 마지막 아담이신 예수님과의 영적관계를 모르고 시작한다고 볼 수 있다.

창세기1-2장은 성경전체의 시작이요 개요이다. 구속사관이 타락한 아담의 시작인 창세기3장부터 시작되니 성경전체가 무엇을 다루고, 무엇을 향해 달려가고, 그것이 계시록에서 어떻게 결론을 내는지에 대한 정의가 헷갈릴 수 있다. 영원 전에 하나님께서 작정하신 그 첫 모습이 창세기1-2장에 고스란히 드러나거늘, 구속사관 하에선 영원 전의 시간에 있었던 하나님의 상태, 작정, 믿음, 예정, 택함을 제대로 설명하기가 쉽지않다. 진정한 은혜와 하나님의 주권도 그러하다.[73]

고로 본서는 영원, 창세기, 율법, 예수님 지상세계, 성령시대, 재림시대, 이후 천년왕국을 넘어 신천신지新天新地 영원의 세계 안에서 도도히 흐르는 영적 큰 맥을 아담을 시작으로 설명하게 된다. 삼위일체 하나님의 형상과 그 모습대로 창조된 아담의 근본 의미를 알면 예수님과 교회의 비밀이 신약과 성령시대에 처음 있는 일이 아닌 영원 전에 하나님 마음에 품었던 그 영광의 모습을 영원 전에 예정된 것을 창세기1-2장에서 미리 보고 시작한 것이란 사실

---

[73] 구속사관은 창세 전에 하나님의 계획을 일반 계획과 특별 계획으로 나눈다. 일반 계획은 하나님의 작정으로 보고 하나님의 영원하신 계획과 목적이 작정되며, 앞으로 일어날 일체의 사건들에 대해 미리 정하심이 있다고 본다. 그리고 특별 계획은 구속을 위한 하나님의 예정을 다루고 있다. 하여 "하나님의 섭리"는 사건 속에서 활동하시는 하나님께서 작정하신 목적에 맞게 만물을 이끄시는 하나님의 주권적 통치를 말한다. 이에 반해 계시적 경륜사관은 창세 전 하나님의 뜻과 목적(이를 '경륜'이라 함)을 위해 미리 작정하시고 계획하시어, 하나님의 믿음과 열심으로 (피조 세계의 처지와 형편과 상관없이)하나님께서 주권적으로 행하신다고 본다. 그리고 하나님의 일(곧 계시와 증거)에 동역할 자(주님과 교회)에 대한 택함과 예정을 설명한다. 그리고 창세 후의 사건인 인간타락과 마귀에 대한 심판은 십자가를 통해 이루시고 회복하시어, 영원 전의 하나님의 경륜을 중단없이 계속적으로 수행하게 하신다. 기억할 것은 하나님은 악이나 (천사타락이나 인간타락과 같은) 악한 일을 계획하시거나 기뻐하지 않으시고, 이러한 사건들을 해결하시기 위해 영원 전에 미리 예정하지도 않으신다. 그러나 일어날 모든 일들에 대해 예지하시는 분이시다.

을 알게된다.

하여 창세기1장은 창세 전에 하나님이 품으셨던 뜻을 처음 선포하는 자리이다. 이 자리에 하나님이 특별히 기뻐하시고 선善, 토브하게 여겨셨던 피조물이 바로 아담이었다. 아담은 오실 자 예수님의 모형이요 완성될 몸된 교회와 성전의 영적실체에 대한 정보를 제시한다.

하나님의 주권은 피조 세계의 상태와 형편에 따라 정해지거나 변개되는 사안이 아닌고로 천사의 타락과 이로 기인했던 아담의 타락, 그리고 타락한 천사의 심판과 인간의 회복은 창세 전 하나님의 주권과 주권에 따르는 선택과 예정과는 상관없는 창세 이후에 이루어지는 하나님의 추가된 회복계획과 관련된 사안이다. 창3:15, 20-22 고로 아담의 타락 후 창세기3장부터 다루어지는 구속신학은 창세 전에 하나님께서 작정하신 뜻과 계획즉 계시적 경륜사관을 십자가 사건을 통해 계속적이고 지속적으로 이루어 나가야 하는 교회에 주어진 사명회복을 위한 신학이 되어야 한다.

하여 아래부분은 기존의 구속사관과 계시적 경륜사관과의 핵심적 차이점을 간단하게 요약해 본 것이다.

가. 구속사관 vs對 계시적 경륜사관(1)
"회복과 예정된 사명의 지속적 이행의 삶으로…"

구속사관에서는 아담 타락이후부터 일을 주로 다루므로 타락 전 창조 시의 아담의 모습과 삶에 대한 지식을 별로 중요하게 다루지 않지만, 계시적 경륜사관의 아담은 삼위일체 하나님을 닮은 자로 자연스럽게 삼위일체 하나님과 깊고 친밀한 관계성을 유지하는 자로, 그래서 삼위일체 하나님과의 동역과 증인의 역할을 하는 사명자의 모습으로 다루고 있다. 이로 인해 아담의 창조를 주께서 심히 기뻐하셨고, 심히 선善하다 하신 이유가 여기에 있다! 곧 선한 일[영원 전 하나님의 뜻과 목적] 담당할 자로 출발함. 아담은 오실 주님을 예비하는 자로, 주님과 교회의 본질적 정보를 담고 있음

※창2:7 KJV에서 아담을 "생령이 아닌 생혼living soul"으로 창조하신 것은 성령으로 충만하고 온전히 성령의 인도함 받는 자로의 창조를 의미함 → 하나님은 자신의 나라를 맡기셨고, 영광의 삶을 살게 하셨음눅22:29, 롬3:23하

하여….

① 구속사관에서의 십자가는 죄사함이 주요한 목표이나마1:21, 롬3:23상, 계시적 경륜사관에서의 십자가는…

■ 천사의 타락으로 인한 훼손된 하나님의 영광과 모독 받은 하나님의 이름의 회복의 자리요12:28, 마6:9, 사43:25

■ 이 모든 죄의 뿌리인 사단을 심판하는 자리요12:31, 요일3:8, 골2:15

■ 죄사함을 통한 사명회복을 위한 필수과정요14:12, 12:28, 17:26, 롬3:23하

■ 기름부으심을 통한 주님의 사역의 연장이며 완성의 출발딤전2:4하, 약1:18

■ 고로, 삼위일체 하나님과의 깊은 관계성하나됨과 누림: 요일1:3-4, 벧후1:3-4, ■ 요10:10하으로 하나님과 그의 나라의 것곧 상속, 롬8:17, 엡1:13-14을 누림으로 인한 증인과 계시의 사명의 삶을 살아감마12:28, 고후3:18, 벧전2:9, 사10:27, 눅4:18

※ 사명은 삼위일체 하나님과 그의 나라에 대한 증거사역임. 하나님 나라와 하나님 아버지의 것이 이 세상에 전달되고 경험되고 증거됨. 이 모든 일이 성령과 동행하는 교회의 일임.

② 구속사관은 죄사함이 최고의 목표로 두나마1:21, 롬3:23상, 계시적 경륜사관은 십자가를 지나 영광에 이름과 누림이다. 마1:23, 출29:42-46, 롬3:23하, 요10:10하, 요일1:3

③ 구속사관은 하나님과의 관계의 길을 여는 것이지만, 계시적 경륜사관은 그 길을 따라 삼위일체 하나님과의 관계성 회복을 통한 계시적 사명선포이다. 요17:3, 요일1:3

④ 이 부분은 중요한 부분인데… 구속사관은 십자가 죽음 이후 영원한 세계에 대한 관심이나 천국소망, 계시적 경륜사관은 이 땅에서 구체적으로 천국을 경험하는 삶의 방식이다. 고로 하나님과 주님을 알수록, 은혜와 평강이 배가 되고벧후1:2, 롬14:17, 요14:27, 지혜와 지식도 증가한다. 엡1:17 ← 요17:3, 요일1:3 예배자는 매순간 임재 안에서 말씀을 받는다. 출29:42,46, 요일2:6, 요10:3-4 즉 성령으로 삼위일체 하나님과 친밀한 교제가 깊어질수록, 하나님을 더 알게 되고벧후1:2-3, 3:18, 은혜와 누림, 자유함은 더해진다. 롬5:1, 딤전6:17, 2:1, 요16:33, 고후3:18, 벧전2:9, 벧후1:2-4, 딤전2:4, 요8:32, 고후3:17, 눅4:18 이를 통하여 세상을 이기는 승리의 삶과 증인된 삶을 영위하게 된다. 74) 요일4:4, 5:4-5, 롬8:37, 행1:8, 벧전2:9

나. 구속사관 vs對 계시적 경륜사관(2)

① 구속사관에서의 십자가는 죄에서 의義가 됨을 강조하지만…롬3:23상, 4:25, 마1:21 계시적 경륜사관은 죄에서 의로의 선재적 '회복'을 강조한다. 롬

---

74) 벧전2:9은 "…그의 기이한 빛에 들어가게 하신 자의 아름다운 덕을 선전하게 하려 하심이라"에서 '선전하다'는 "ἐξαγγέλλω 엑상겔로"로서 "ἐκ 에크"와 "ἄγγελος 앙겔로스"의 합성어이다. 여기서 '에크'는 "안에서 바깥으로" 의미를 지닌 전치사요. '앙겔로스'는 "소식을 가져오다"의 뜻을 지닌 단어로서, 영광의 빛 안에서 누림과 증거를 가진 이들 속에 있는 것들을 세상 바깥으로 가져다 나르는 증인을 의미한다.(요17:21하, 23하, 7:38)

3:23하, 마1:23 "영광과 임마누엘"

　※ 회복 후 타락 전 영원 전에 계획된 하나님 의도대로 창조된 사명을 감당하는 삶은 살게 됨

　② 구속사관은 죄인에서 의인으로의 재창조를 말하지만, 계시적 경륜사관은 죄인이 원래 창조되었던 최초 사람으로의 회복을 말하며창1:26, 2:7, 엡2:1, 고전15:45 ← 죽었던 영을 살리셨음 그 실체되신 주님의 형상으로 회복을 말한다.롬5:14하, 골3:10, 고후3:18

　③ 구속사관은 은혜와 영생을 구원 관점에서 보지만, 계시적 경륜사관에서의 은혜와 영생은 죄와 악이 있기 전의 경륜적 은혜엡3:2와 삼위일체 하나님과의 "하나됨Oneness, 고전6:17"으로 깊은 친밀함으로 인한 체험적 경험적 지식앎을 말한다.요17:3, 요일1:3, 호6:3,6, 마11:27, 벧전2:9, 요16:32-33, 14:27 ← 이로써 경륜사관에서의 '영생'은 하나님 나라 안에서 삼위일체 하나님의 누림을 통한 세상으로의 "증인된 삶"을 포함하게 됨

　④ 구속사관은 죄의 해결과 내세의 소망을 주로 말하지만, 계시적 경륜사관은 현세에서 영광과 천국의 누림으로 인한 자유롬3:23하, 딤전2:4, 고후3:18, 벧전1:3, 요일1:3, 요8:32, 요17:3, 고후3:17, 후사의 삶을 말하는 것으로 땅에서의 하나님과 그의 나라에 대한 증인된 사명자 삶을 말한다.벧전2:9, 행1:8 하여 이 땅에서의 완전하게 됨엡4:13,15, 골1:28, 2:9-10, 히6:2, 요일4:17하, 마5:48과 교회를 통한 만물회복을 말한다. 엡1:10. 골1:20, 행3:21, 롬8:19-22, 고후5:18-19, 마6:10, 막16:15 KJV, 골1:23 KJV, 사11:9. 합2:14 첫 사람 아담은 신격으로는 아니지만, 신성과 인성이 예수님의 닮은 꼴이요, 완전히 성화된 교회의 모습이다.그림 부록2

⑤ 이 부분 또한 영성영역에서 중요한 부분인데… 구속사관에서 영성은 선택과목처럼 여겨짐으로 인해, 따로 수행해야 할 훈련과 사역처럼 보이나, 계시적 경륜사관에의 영성은 삼위일체 하나님과 하나됨으로 인해 하나님과 그의 나라의 것생명, 신성, 능력, 권세, 부요, 안식, 자유…영광누리며 이 땅에서 확정하고 전하는 증인의 영성으로 자연스러우면서도 강력하다. 요17:3, 요일1:304, 벧후1:3-4, 엡4:13,15

하여 기본적으로,
⑥ 구속사관에서는 창세기3장 인간타락 이후로 출발하는 것이 자연스럽지만, 계시적 경륜사관은 죄가 있기도 전, 악이 발생하기도 전의 영원 상태와 창세기1-2장에서 출발한다.

이런 이유로,
⑦ 구속사관에서의 아담의 위치가 온 인류를 죄인되게 한 죄의 원흉의 모습으로 서 있지만, 계시적 경륜사관의 아담은 예수님의 모형롬5:14과 몸된 교회의 모습엡5:31-32에 대한 정보를 가진 자로 오실 예수의 예비하는 자로 다시 오실 예수를 준비하는 증인의 교회 모습을 담고 있다. 요일3:9, 마25:5,10, 벧전2:9

⑧ 구속사관에서의 아담의 창조에 대한 지식을 별로 주요하게 다루지 않지만, 계시적 경륜사관의 아담은 삼위일체 하나님을 닮은 하나님 아들로 근본적으로 그리고 자연스럽게 삼위일체 하나님과 깊은 관계성을 유지하는 자로, 그리고 그 삼위일체 하나님과의 동역자와 증인의 역할을 하는 사명자의 모습을 다루고 있다. 이로 인해 아담의 창조를 주께서 심히 기뻐하셨고, 심히 선하다 하신 이유가 여기에 있다. 곧 선한 일-영원전 하나님의 뜻과 목적-

하여,

요한복음12:27-33은 주님께서 십자가를 앞두시고 요한복음17장과 더불어 이 땅으로 오신 핵심 이유를 알리는 말씀이다.

첫째가 아버지의 이름을 영화롭게 하시기 위함이셨고.요12:28

둘째가 세상 임금인 마귀를 심판하시기 위함이시오.요12:31, 창3:15

셋째가 십자가의 죽으심으로 모든 이들을 주님께 이끌기 위함이셨다.요12:32-33

그러나 많은 이들은 이 순서를 역으로 보는 경향이 있다. 즉 인간 구원을 최 우선 순위에 두는 것이다. 이러한 사고방식은 인본주의로 이끄는 위험이 있다. 주기도문에서도, 하나님 이름을 높이는 것으로 시작하는 근원을 알아야 한다.마6:9, 사43:25 이러므로 구속사관은 계시적 경륜사관을 향해 지속적으로 나아가는 필수 통과 과정으로 이해하면 좋을 듯 하다.마1:21→마1:23, 히2:10상→히2:10하, 롬3:23상→롬3:23하 , 딤전2:4상→딤전2:4하, 약1:18하→약1:18상

다. 구속사관 vs對 계시적 경륜사관3—종합적 관계

본서에서 사용되고 있는 "계시적 경륜신학"이란 신학용어는 기존교회에서 통용되고 있는 세대주의적 경륜신학75) 과는 직접적인 상관이 없다. 동

---

75) 19세기 영국과 화란에서 일어난 일종의 성경해석운동으로 John Nelson Darby(1800-1882)에 의해 제창되었고, 1900년도 초에 미국의 Cyrus Ingerson Scofield(1843-1921) 에게 전수되어 1909년 이른바 Scofield Reference Bible (스코필드 성경) 이 미국에서 처음으로 발행되어 미국뿐만 아니라 전 세계에 급속도로 세대주의가 전파되게 되었다. 성경근거는 딤후2:15에서 "진리의 말씀을 옳게 분변하며(한글개역)"에서 "분변하다. (ὀρθοτομέω 오르토토메오, 곧게 자르다)"의 단어를 시대 별로 나누는 것으로 이해한다. 한편 A.V.(Authorized Version 권위역)는 이 단어를 "옳게 구별하다.(rightly dividing)"로, R.V.(Revised Version)는 "(진리의 말씀을)바로 다루다.(handling aright)"로 번역하고 있다. 여기서의 의미는 성경과 성경을 구별한다는 것이 아니라 성경을 올바르게 가르치라는 의미이나, 세대주의자들은 성경을 7시대의 구원의 시대로 나누어 해석한다. 즉, 무죄시대, 양심시대, 인간통치 시대,

시에 신구약 전체를 하나님께서 인류와 관계를 맺고 구원을 베푸시는 방식을 언약이라는 틀로 설명하는 언약신학Covenant Theology과는 그 형식은 유사하나 구원의 틀이 아닌 영원 전 언약을 이루어가는 더 깊은 의도와 목적이 있다.

하나님께서는 창세 전에 친히 정하신 원시언약元始言約인 디도서1:2의 "영생 αἰώνιος ζωή 아이오니오스 조에, 永生, eternal life"을 이루어 갈 것을 작정하시고, 이 영생을 드러내고 완성하실 분을 택하시고 예정하셨으며, 또한 그의 몸된 교회를 택하시고 예정하시어 하나님의 주권에 동참하기를 원하심을 알아야 한다. 엡1:4-5,9,11, 요일1:3

영생이란 의미는 단순히 기존의 구속사관에서 말하는 영생과는 근본적으로 더 깊은 의미를 품고 있는 것으로 주님께서 친히 정의 하신 바와 같이 성령을 통하여 하나님 아버지와 그의 보내신 자 하나님 아들과의 깊고도 친밀한 영적 관계성을 수반하며요12:49-50, 17:3, 동시에 하나님 아버지께서 행하시는 모든 일과 말씀을 세상에 그대로 증거하는 의미를 품고 있다. 이런 의미에서 예수님을 '영생'이요 참 증인인 '참 하나님'이라 하심, 요일5:20, 요3:32-33, 계3:14 동시에 주님의 몸된 교회는 동일한 성령으로 하나 되 계신 "아버지-아들"과 온전히 연합요17:21,23, 14:20, 요일1:3되어 주님과 아버지의 일을 이 땅에서 계속 수행하면서 주님과 아버지 및 하나님 나라의 증인의 역할을 감당하는 것이다.76)골1:24-27, 빌2:13, 요일2:6, 요14:12, 16:13-15, 행1:8, 마24:14

이미 본서에서도 언급했듯이, 아담의 타락으로 인한 십자가 피흘림 사건

약속시대, 율법시대, 은혜시대, 그리고 천년왕국시대로 나눈다. 그리고 문자적 해석을 지나치게 강조하며, 유대인과 이방인의 구원을 구별하여 천년왕국에도 시대적 구원을 말함 -네이버(Naver)

76) 이런 의미에서 본서에서 저자가 사용하는 "계시적 경륜신학"은 영원 전 약속하신 언약을 완성하는 것으로서 그 핵심적인 뜻은 하나님과 그의 백성들 간의 깊고도 친밀한 "하나됨(Oneness)"의 관계성을 바탕으로, 삼위일체 하나님과 그의 나라, 하나님의 계획과 말씀을 세상에 계시하고 증거하며, 동시에 만물을 하나님과 화목하게 하는 직무를 수행하는 언약신학(Covenant Theology in Relationship with God and His Witness)이라 부르면 좋을 듯 하다. (골1:20-27, 고후5:18-20, 막16:15)

은 영원 전에 작정하신 하나님의 언약을 계속적으로 수행하기 위한 하나님의 회복과정으로, 구속사관은 계시적 경륜사관을 향해 통과해야 하는 필수과정으로 구속사적 언약사관인 것이다.

하여, 영원 전에 약속하신 하나님의 언약은 최종적으로 이 땅에서 교회와 천년왕국을 거쳐 신천신지 새 예루살렘에서 완성되어지는 것이다. 곧 삼위일체 하나님이 그의 백성들과 완전히 하나가 되시어, 영원하신 자신의 영광이 찬양받으며 높여지는 모습을 상상하는 것이 어렵지 않을 것이다.사 42:8, 48:11, 엡1:12, 사43:21

(계 21:2-3) 또 내가 보매 거룩한 성 새 예루살렘이 하나님께로부터 하늘에서 내려오니 그 예비한 것이 신부가 남편을 위하여 단장한 것 같더라 3 내가 들으니 보좌에서 큰 음성이 나서 가로되 보라 하나님의 장막이 사람들과 함께 있으매 하나님이 저희와 함께 거하시리니 저희는 하나님의 백성이 되고 하나님은 친히 저희와 함께 계셔서

(계 21:9-11)이리 오라 내가 신부 곧 어린 양의 아내를 네게 보이리라 하고 10 성령으로 나를 데리고 크고 높은 산으로 올라가 하나님께로부터 하늘에서 내려오는 거룩한 성 예루살렘을 보이니 11 하나님의 영광이 있으매 그 성의 빛이 지극히 귀한 보석 같고 벽옥과 수정 같이 맑더라

(계 21:22-23) 성안에 성전을 내가 보지 못하였으니 이는 주 하나님 곧 전능하신 이와 및 어린 양이 그 성전이심이라 23 그 성은 해나 달의 비췸이 쓸데 없으니 이는 하나님의 영광이 비취고 어린 양이 그 등이 되심이라

(계 22:5) 다시 밤이 없겠고 등불과 햇빛이 쓸데 없으니 이는 주 하나님이 저희에게 비취심이라 저희가 세세토록 왕 노릇하리로다

(계 4:11, 5:13) 우리 주 하나님이여 영광과 존귀와 능력을 받으시는 것이 합당하오니…보좌에 앉으신 이와 어린 양에게 찬송과 존귀와 영광과 능력을

세세토록 돌릴지어다...

(사 42:8) 나는 여호와니 이는 내 이름이라 나는 내 영광을 다른 자에게, 내 찬송을 우상에게 주지 아니하리라

(사 48:11) 내가 나를 위하며 내가 나를 위하여 이를 이룰 것이라 어찌 내 이름을 욕되게 하리요 내 영광을 다른 자에게 주지 아니하리라

(사 43:21) 이 백성은 내가 나를 위하여 지었나니 나의 찬송을 부르게 하려함이니라

(엡 1:12) 이는 그리스도 안에서 전부터 바라던 우리로 그의 영광의 찬송이

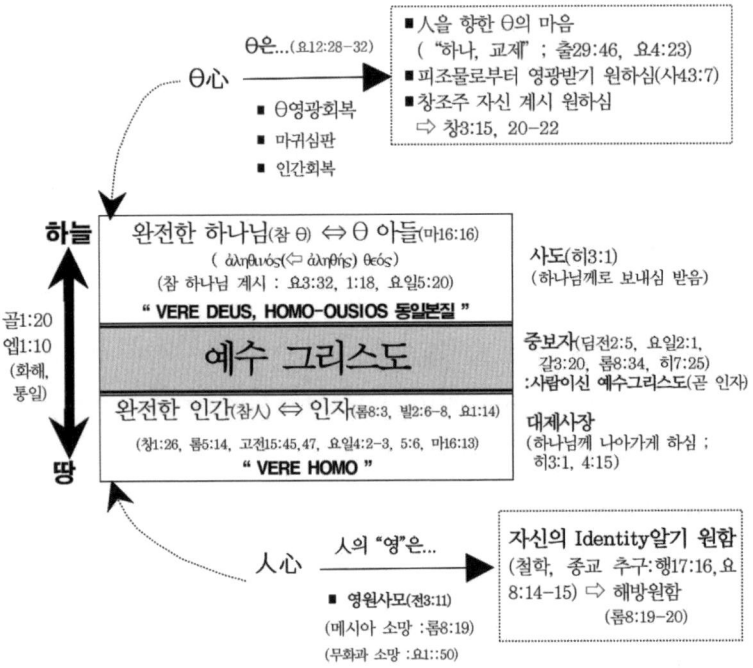

※ 중보자 예수님의 위치 : 완전한 하나님의 마음과 형편을 아시고, 또한 완전한 인간의 마음과 형편을 아시는 유일하신 분의 자리

[그림 부록2. 아담의 실체 : 예수님의 인성과 신성]

그림 부록2. 관련 설명

■ 예수님은 보이지 않으시는 하나님의 정확한 표현으로서 완전한 하나님이요, 아담의 실체로서의 완전한 인간임Not 죄인

: 죄없는 육으로 온전히 성령의 인도함 받으심으로 육의 제한과 연약함을 극복하고 하나님처럼 사신 분[히4:15, 요10:35, 시103:14]

■ 하나님의 언약피출24:8, 히9:20,22를 흘리기 위해서는 인간이 되셔야 했고완전한 인간, 이 피가 대속하려면 하나님의 피가 되어야 함행20:28, 완전한 하나님

■ 중보자 예수님은···.
    □ 하나님은 인간에 반응하지 않으심∵죄 ; 사59:1-2, 롬3:10,23, 요5:37
    □ 인간은 하나님을 뵐 수도, 접근할 수도 없음사59:1-2
       → 응답도 없고, 영광을 볼 수도 없음
이 두 간극을 예수님께서 중보자가 되시어 연결시키심양쪽 만족

■ 예수님은 하나님께는 Θ기쁨, 인간에게는 "Θ의 영광고후4:6" 이심마3:17, 롬13:10, 10:4

■ 말씀이 성령으로 육신을 입으셨다는 것은···
① 예수님의 영·혼·육이 완전 '하나' 이심을 증거하심
    ∵ 죄가 없음[히4:15, 요일3:5] → 100% 성령의 인도함 받으심[행10:38, 요3:34]
② 죄 있는 육신의 모양즉, 저주[질병,가난,···], 연약, 제한성 100% 경험하심 ; 사53:1-

5, 10-12, 히2:18, 4:15 ← 부요한 자∵Θ이시나 가난하게 되심고후8:9

[부록3 : 하나님의 의도를 품는 아담으로부터의 영성구조]

베드로는 영적 유대인인 교회에 대해 "오직 너희는 택하신 족속이요 왕 같은 제사장들이요 거룩한 나라요 그의 소유된 백성이니 이는 너희를 어두운데서 불러 내어 그의 기이한 빛에 들어가게 하신 자의 아름다운 덕을 선전하게 하려 하심이라벧전2:9"라 했다. 즉 교회는 제사장으로, 왕으로 영광 안에서의 삶을 통하여 하나님의 아름다운 덕하나님의 품성과 탁월하심을 세상에 선포하는 기관임을 말한다. 다시 말하면 증인의 사명이다. 그런데 근본적으로 교회는 하나님의 마음과 말씀을 선포하는 자리에 있다.이런 이유로 요한계시록 11장에서 두 증인이 선지자 사명을 지닌 교회로 소개되는 이유임 이는 선지자적 사역을 의미한다. 계11:3,10, 요일2:6, 민11:29, 고전2:16

> (요일 2:6) 저 안에 거한다 하는 자는 그의 행하시는 대로 자기도 행할지니라
>
> (고전 2:16) 누가 주의 마음을 알아서 주를 가르치겠느냐 그러나 우리가 그리스도의 마음을 가졌느니라
>
> (고후 4:13) 기록한바 내가 믿는 고로 말하였다 한 것같이 우리가 같은 믿음의 마음을 가졌으니 우리도 믿는 고로 또한 말하노라
>
> (행 2:17) 하나님이 가라사대 말세에 내가 내 영으로 모든 육체에게 부어 주리니 너희의 자녀들은 예언할 것이요 너희의 젊은이들은 환상을 보고 너희의 늙은이들은 꿈을 꾸리라
>
> (계 11:3,10) 내가 나의 두 증인에게 권세를 주리니 저희가 굵은 베옷을 입고 일천 이백 육십 일을 예언하리라 10 이 두 선지자가 땅에 거하는 자들을 괴롭게 한 고로…
>
> (고전 2:10-11) 오직 하나님이 성령으로 이것을 우리에게 보이셨으니 성령은

모든 것 곧 하나님의 깊은 것이라도 통달하시느니라 11 사람의 사정을 사람의 속에 있는 영 외에는 누가 알리요 이와 같이 하나님의 사정도 하나님의 영 외에는 아무도 알지 못하느니라

(빌 2:13) 너희 안에서 행하시는 이는 하나님이시니 자기의 기쁘신 뜻을 위하여 너희로 소원을 두고 행하게 하시나니

(민 11:29) 모세가 그에게 이르되 네가 나를 위하여 시기하느냐 여호와께서 그 신을 그 모든 백성에게 주사 다 선지자 되게 하시기를 원하노라

이 모든 일들은 성령의 기름부으심을 받아 행하게 된다. 고후1:21, 요일2:6, 딛3:6, 행10:38, 요3:34

사11:6-9은 메시아가 통치하는 나라 즉 이 땅에서 완성되는 천년왕국에서의 모습을 그려주고 있다. 이러한 모습은 바로 아담이 살았던 에덴의 삶을 보여준다. 이때 메시아의 모습을 사11:1-5에서 상상할 수 있는 바, 메시아 예수님의 모형인 아담의 모습을 상상하게 한다. 즉 아담은 하나님과 깊은 관계성에서 오는 영성을 소유하고 있었다. 창2:19,23, 사11:2, 상시로 하나님과의 대화의 창이 열려있었다. 그래서 하나님의 창조의 사역즉 이름짓는 일을 감당할 수가 있었다.

(창 2:19) 여호와 하나님이 흙으로 각종 들짐승과 공중의 각종 새를 지으시고 아담이 어떻게 이름을 짓나 보시려고 그것들을 그에게로 이끌어 이르시니 아담이 각 생물을 일컫는 바가 곧 그 이름이라

(창 2:23) 아담이 가로되 이는 내 뼈 중의 뼈요 살 중의 살이라 이것을 남자에게서 취하였은즉 여자라 칭하리라 하니라

(사 11:2) 여호와의 신 곧 지혜와 총명의 신이요 모략과 재능의 신이요 지식과 여호와를 경외하는 신이 그 위에 강림하시리니

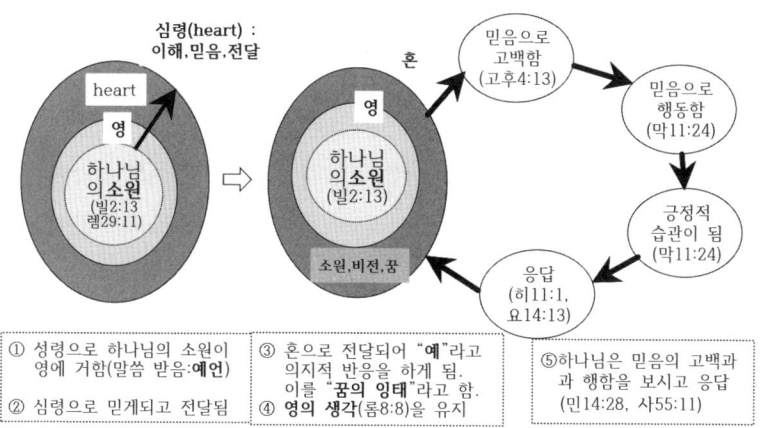

[그림 부록1-1. 레마적 예언 및 선포]

아담은 성령으로 창조되어 하나님을 닮은 하나님의 아들의 신분으로 에덴에 거하였다. 늘 하나님과 동행해야 하는 신령한 교회의 모범이었다. 하

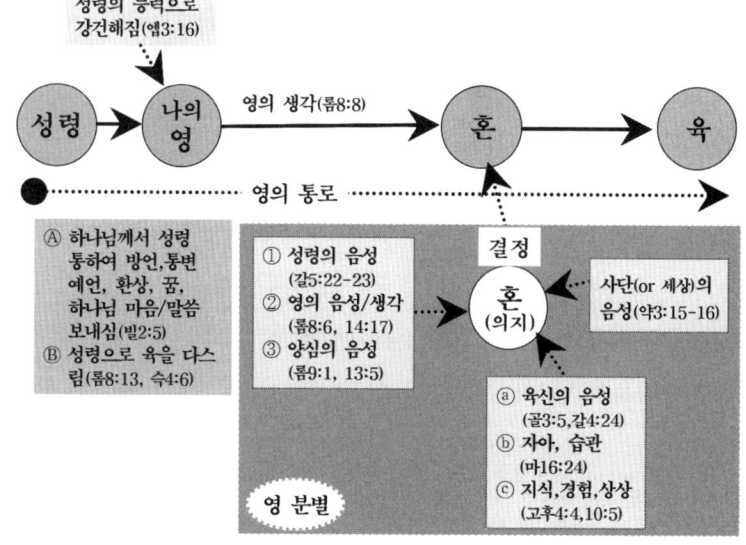

[그림 부록1-2. 영의 통로와 영 분별]

여 교회의 영성도 아담의 본을 따라, 교회의 목자되신 주님의 음성을 듣고 선포하는 선지자적 사역을 감당해야 한다.요10:3-4

이에 성령으로 동행하며 성령으로 하나님의 비밀을 알고 하나님의 일을 행하는 선지자적 예언적 삶을 영위하는 영성의 구조도 기본적으로 아담의 영적구조인 창세기2:7을 기반77) 생혼의 구조 즉 "영-혼-육"구조으로 출발함이 타당하다.

(창 2:7) 주 하나님께서 땅의 흙으로 사람을 지으시고 생명의 숨을 그 코에 불어넣으시니 사람이 살아 있는 혼(생혼 生魂)이 되니라[KJV]

성령으로부터 지혜와 계시의 영을 받아야 하나님을 알 수 있고마11:27, 엡1:17, 하나님을 알아야 하나님의 마음과 뜻을 알 수가 있다.요17:3 그리고 진정한 예배는 성령과 진리로 아버지께 드리는 것으로요4:23-24, 롬1:9, 7:6, 아버지를 뵙고 말씀을 받는다. 출29:42, 마4:4, 고전14:26

다시 말하면, 성령으로 아버지의 깊은 것들을 받고 아는 것이다.고전2:10-13, 요16:13-15 강력한 기름 부음으로 말씀이 열려지고요일2:27, 눅24:44-45, 시133편 계시될 때 진정한 예언사역이 풀려지고, 선지자적 사역이 형성되어진다. 엡4:11, 민11:29 이러한 계시된 말씀은 분별의 영과 함께 분별되어지고, 영-혼-육의 치유와 더불어 모든 것들이 밝혀지고 드러난다.히4:12-13 진정한 해방과 자유의 희년사역이 이행되어진다. 눅4:17-18, 사10:27, 고후3:17, 요8:32,

---

77) 중생(거듭남, 새로운 피조물)하게 되면, 성령께서 거하시는 거룩한 성막(temple, tabernacle)이 된다. 그리고 아담 창조 때처럼(창2:7 KJV) "생혼(living soul)상태-영의 생각으로 충만"에 이르게 되어 영과 혼이 온전히 '하나(Oneness)'가 되는 바, 이는 주님이 십자가에 죽으실 때 성소의 휘장이 위로부터 찢어져내려 지성소와 성소가 '하나'된 실재에 이른다.(엡1:10, 4:6, 마6:10) 그러면 결과적으로 요17:3과 요일1:3와 같이 삼위일체 하나님과의 깊은 관계가 형성되어지게 된다. 이러한 관계성은 성도로서의 삶이 요삼1:3, 롬12:2이 되어 벧후1:3-4과 엡1:3,8,23을 온전히 경험하며 주님의 장성한 분량에 이르러(엡4:13,15), 주님이 바라시는 완전한 상태(골2:10, 히6:2, 고후3:18)에 이르게 되는 것이다. 이러한 성도가 (비로소 주님이 원하시는) 이 땅에서 온전한 누림(요일1:3-4)과 증인으로(벧전2:9, 행1:8) 살아가게 되는 영광의 삶의 소유자가 된다.(고후3:18, 히2:10)

행2:17-18

슥10:1에서는 주님 재림 직전에, 영혼들의 추수가 이루어지기 전에 주님의 몸된 교회에 강력한 성령의 기름 부음이 임할 것이다.마9:37-38 진정한 영생의 복시133편, 요17:3, 호6:3,6을 누림으로 주님을 아는 것을 자랑하고렘9:23-24, 이로써 그분의 탁월하심과 아름다우심을 증거하는 영광을 삶을 살아가게 된다.벧전2:9

> (슥 10:1) 봄비 때에 여호와 곧 번개를 내는 여호와께 비를 구하라 무리에게 소낙비를 내려서 밭의 채소를 각 사람에게 주리라
> (렘 9:24) 자랑하는 자는 이것으로 자랑할지니 곧 명철하여 나를 아는 것과 나 여호와는 인애와 공평과 정직을 땅에 행하는 자인 줄 깨닫는 것이라 나는 이 일을 기뻐하노라 여호와의 말이니라
> (눅 4:18) 주의 성령이 내게 임하셨으니 이는 가난한 자에게 복음을 전하게 하시려고 내게 기름을 부으시고 나를 보내사 포로 된 자에게 자유를, 눈먼 자에게 다시 보게 함을 전파하며 눌린 자를 자유케 하고
> (요일 2:27) 너희는 주께 받은바 기름 부음이 너희 안에 거하나니 아무도 너희를 가르칠 필요가 없고 오직 그의 기름 부음이 모든 것을 너희에게 가르치며 또 참되고 거짓이 없으니 너희를 가르치신 그대로 주 안에 거하라

부록3-1. 어떻게 행하는가?

예언의 주체는 어디까지나 성령의 역사임을 알아야 한다. 그러므로 어떠한 예언의 유형이라도 반드시 성령의 역사하심이 있어야 한다. 아래 그림은 성령이 육으로 전달되는 영적 통로를 말해주고 있다. 그림에서 보는 바와 같이 예언은 최종적으로 사람의 입육을 통하여 나가게 된다.그림 부록1-1,2,3

하나님의 말씀을 감동으로 받은 날이 바로 소원이 잉태되는 날이라고 한다.78) 이를 "예언적 레마의 말씀을 받는다"라고 함 그러면 이미 영의 세계에서는 현실로 나타날 모습이 진행되고 있는 것이다. 이는 이미 응답된 것과 한가지이다. 당장 눈으로는 확인이 되지 않지만, 믿음의 선포를 행하면서 성령으로 인도함 받다보면막11:22-23, 하나님의 시간에 그 결과를 보는 것이다. 이것이 믿음으로 행하는 삶이다.히11:1, 고후4:18, 5:7 그러므로 믿음의 고백은 하나님이 기뻐하시며 응답을 불러온다.고후4:13, 그림 부록1-1

예언은 이미 영으로부터 온 정보가 혼에 있고, 이를 입술로 내 보내는 것이다.사59:21-60:1-2 이는 입으로 선포되어지는 말의 결정이 이미 혼의 세계에서 일어났다는 뜻이다.곧 의지의 발동

혼의 세계에서는 영에서 오는 정보와 혼 자체의 정보, 그리고 마귀사단 혹은 세상로부터 오는 정보 등 다양하다. 문제는 이를 잘 분별하여 영에서 오는 정보를 받아 입으로 말해야 한다. 그러므로 육신의 욕심을 죽이고, 자아를 포기하며 용서하지 못한 것, 상처, 우상숭배, 나쁜 습관, 버릇 등을 처리해야 한다.ⓐⓑⓒ 이런 후에 성도의 영이 성령에 예민해야 하는데①②③, 이는 주님과 계속적으로 사모하는 마음으로 깊은 영적교류영과 마음으로 기도와 찬양, 말씀 묵상 등←고전14:15, 시1:2를 통해서 이루어진다.그림 부록1-2

무엇보다도 주님을 뜨겁게 사랑하며 이웃을 사랑할 때 이루어진다.요일3:23-24, 요14:21 이러할 때 영은 성령에 이끌리어 주님의 영광 속에 더 깊이 머물게 된다.고후3:18, 롬3:23, 히2:10, 10:22

---

78) "레마(Rhema)"는 성령의 감동으로 계시된 하나님 말씀으로, 성도들의 심령(heart와 spirit을 포함)에 주시는 구체적인 말씀이다. 레마의 말씀은 들을 때 깊은 감동과 믿음이 동반되며 이때 그 말씀을 믿음으로 선포할 때 역사가 일어나게 된다.(롬10:17, 요6:63, 고후4:13) 이 레마(Rhema)는 성령의 음성(곧 LOGOS)으로부터 올 수도 있고, 기록된 말씀(Graphe)을 읽을 때 올 수도 있다. 그리고 이 예언적 말씀은 강한 성령의 기름 부으심 아래서 나타날 수도 있다. (민11:24-30) 사무엘 선지자의 고향인 라마나욧에서처럼 성령의 강한 임재와 기름 부으심이 있었다. 그래서 사울이 보낸 군사들도, 사울 자신도 다윗을 죽이려는 악의는 볼 수 없고 대신 예언을 하는 모습을 볼 수가 있다.(삼상19:19-24)

이렇듯 예언하고자 하는 자는 이러한 영적 준비 상태에서 일반적으로 다음의 과정을 거쳐 예언을 진행하게 된다.

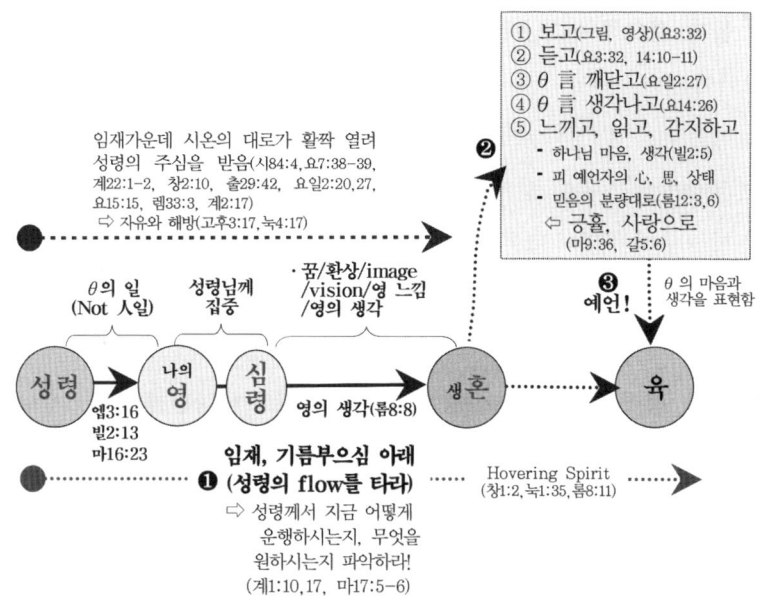

[그림 부록1-3. 영의 흐름과 예언]

첫째. 성령님과 주파수를 맞추어야 한다.

이를 위해서는 먼저 자신을 성결하게 해야 한다.^{마5:8} 세상으로부터, 죄로부터 분리되어야 한다. 죄가 있는 곳 즉 성령께서 근심하시는 곳에서는 성령께서 역사하지 않으신다. 그리고 응답도 없다.^{사59:1-2, 엡4:30} 그러므로 세상근심, 염려를 주께 맡겨야 한다. 두려움을 버려야 한다.빌4:6-7, 딤후1:7 무엇보다도 평강을 유지해야 한다.롬14:17,15:13, 빌4:9

둘째. 사모하며 주님께 집중해야 한다. 잡생각을 버리고 생각을 주님께 모아야 한다.

이를 위하여 기름 부으심이 강한 찬양을 조용히 틀어놓으면 좋다. 그리고 무릎을 꿇는 것이 좋으며 손은 자연스럽게 무릎에 얹고, 손바닥은 하늘을 향하게 하는 것이 도움이 된다.자아와 욕심을 내려 놓고 오직 주님을 섬기는 태도여야 함, 행13:2, 계1:10

셋째. 성령님의 운행하심에 집중한다. 그리고 하나님께로부터 계시를 받기 시작한다.

보통 계시는 성령의 음성과 강한 감동으로, 영의 음성과 영의 생각으로, 환상으로, 내적 증거평강, 기쁨, 확신, 양심의 소리 등로, 혹은 심적 이미지Mental Image로 오게 된다.

넷째. 계시를 분별하며 해석한다.

성령과 영으로 오는 계시는 평안하고 고요하며 기쁨을 동반하게 된다.갈 5:22-23, 롬8:6, 14:17, 15:13 그러므로 불안해지고 조급해지고 갑자기 흥분되는 경우에는 다시 한 번 확인해 보아야 한다. 그리고 성령영의 생각은 "무엇에든지 참되며 무엇에든지 경건하며 무엇에든지 옳으며 무엇에든지 정결하며 무엇에든지 사랑 받을 만하며 무엇에든지 칭찬 받을 만하며 무슨 덕이 있든지 무슨 기림빌4:8"이 있게 된다. 환상과 심적 이미지에 대해서는 그 해석을 성령님께 맡기며 반드시 물어보아야 한다. 성령님은 강한 감동으로 그 의미를 줄 때도 있다. 만약 그러한 징후들이 없다면, 보여준 그대로, 들려준 그대로 말해주어야 한다. 자기 생각이나 추측은 금물이다.

다섯째. 입으로 표현즉 예언한다.

다음 단계는 입으로 표현하는 단계이다. 표현할 때는 순서가 있는데, 빌헤몬 박사의 『선지자와 개인적 예언』 책에서 소개한 바를 따르면 유익이 많다. 즉, 순서는 예언을 받는 자피 사역자의 직업 → 가족 → 재정문제 → 은사문제 → 장점 → 약점, 죄 문제 등의 순으로 예언을 진행하면 무난하다. 그리고 과거 → 현재 → 미래 순으로 예언을 진행하면 흐름이 대체로 순조롭다. 이는 예언은 덕을 세우고 권면하며 위로하는 기본적 원칙에 근거해서 말하는 것고전14:3-4이기에 그렇다. 다시 말하면, 피 사역자의 직업 → 가족 → 재정문제 → 은사문제 → 장점 순서는 위로와 활력을 주기 위함이요, 이렇게 마음 문이 열리고 평안해지면 "약점, 죄 문제"를 지혜롭게 지적해 줌으로 하나님의 온전한 축복을 받을 수 있게 권면하며 도와주는 것이다.

여섯째. 이 모든 일을 하신 주님께 영광 돌려야 한다.

조심할 것은 예언하는 자에게 관심을 끌게 해서는 안 된다.행3:12 성령에 따라 담대하게 행하되 이를 행하게 하신 삼위일체 하나님께 모든 영광을 돌려야 한다.

이상의 것을 요약하여 표현하면 [그림 부록1-3]과 같다. 고린도전서12:1과 14:1에서처럼 처음에는 의지를 발동하여 시작하지만, 성령의 임재를 느끼면서 영으로 통해 전달되는 성령의 생각과 감정, 느낌이나 영상들을 놓치지 않고 예민하게 집중한다. 그리고 믿음으로 이를 표현한다.고후4:13 이때 예언하는 자는 상대방을 하나님의 마음긍휼과 사랑, 마9:46, 갈5:6을 가지고 성령의 흐름곧 기름 부으심에 따라 서두르지 않고 침착하게 자연스런 적절한 표현으로 대언한다.

한편, 참고로 예언을 받는 자나 예언하는 자가 알아야 할 중요한 사실은 예언의 수준이다. 예언은 예언하는 자의 믿음의 수준과 성령님의 기름 부으심의 차이가 있기에 부분적으로 예언이 이루어지는 경우가 많다.

(고전 13:9) 우리가 부분적으로 알고 부분적으로 예언하니

그러므로 예언을 받는 자는 선포된 예언을 근거로 무엇을 결정할 경우에는 매우 신중해야 한다. 예언은 부분적이기에 분명 분별되어 져야 하며, 분별 시 성령의 기름 부으심 아래서 성도 간에 분별을 받거나, 기록된 말씀을 통하여 분별하거나(이는 예언의 흐름이 성경에 기록된 말씀의 영적 흐름과 일치해야 하기에), 또는 주님으로부터 직분을 맡은 자선지자에게서 분별을 받는 등, 2~3명의 증인의 부별이 필요하다. 고후13:1, 고전14:29

가장 중요한 것은 자신 속에 계신 성령님으로부터 내적 증거(평강, 기쁨, 확신, 양심의 소리 등)를 확보하는 것을 잊지 말아야 한다.

(고후13:1) 내가 이제 세 번째 너희에게 가리니 두세 증인의 입으로 말마다 확정하리라

또한 기억해야 할 부분은 예언 사역의 핵심은 바로 성령의 흐름에 따라 하나님의 마음과 말씀을 전하는 것이다. 고로 항상 성령의 기름 부으심을 유지해야 한다. 그리고 실수가 있을 수가 있으나(대상17:1-5, 삼상16:6-8, 행10:34-48) 이를 겸손히 수용하며 늘 자신의 겉 사람을 죽이는 만큼 성결을 유

지하는 것도 매우 중요하다. 고전9:27, 15:31. 고후4:10-11, 롬12:1

부록3-2 어떻게 분별하는가?

[그림 부록1-4]은 지금까지 말씀과 성령으로 어떻게 분별하는 지에 대한 내용을 그림으로 요약한 것이다. 전체적으로 "하늘로부터 오는 것"과 "세상으로부터 오는 것"으로 크게 분류했다. 하늘로부터 오는 것과 세상으로부터 오는 것 중에서 하나님 말씀을 잘 정리해 두어야 한다. 분명한 사실은 하나님의 것과 세상의 것이 영적으로 공존할 수가 없다는 사실이다. 이것은 분명히 구분되고 분별되어져야 한다. 고후6:14-16, 갈4:30, 5:16-17, 고전2:12, 요일4:6

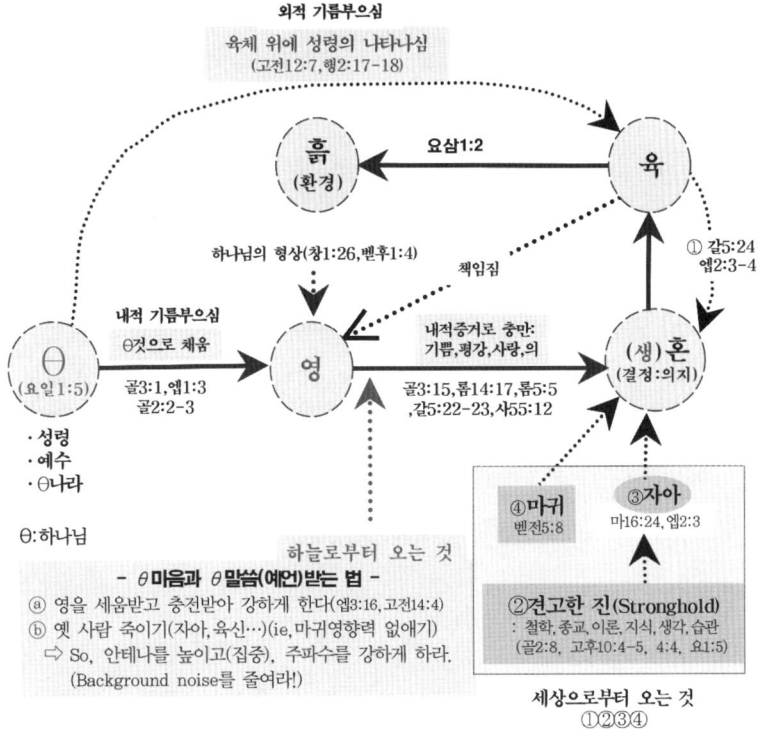

[그림 부록1-4. 어떻게 분별할 것인가?-고전2:13-15,5:3-4]

(고후 6:14-16) 너희는 믿지 않는 자와 멍에를 함께 메지 말라 의와 불법이 어찌 함께 하며 빛과 어둠이 어찌 사귀며 15 그리스도와 벨리알이 어찌 조화 되며 믿는 자와 믿지 않는 자가 어찌 상관하며 16 하나님의 성전과 우상이 어찌 일치가 되리요 우리는 살아 계신 하나님의 성전이라…
(고전 2:12) 우리가 세상의 영을 받지 아니하고 오직 하나님으로부터 온 영을 받았으니…
(갈 4:30) 그러나 성경이 무엇을 말하느냐 여종과 그 아들을 내쫓으라 여종의 아들이 자유 있는 여자의 아들과 더불어 유업을 얻지 못하리라 하였느니라
(요일 4:6) 우리는 하나님께 속하였으니 하나님을 아는 자는 우리의 말을 듣고 하나님께 속하지 아니한 자는 우리의 말을 듣지 아니하나니 진리의 영과 미혹의 영을 이로써 아느니라

내주하시는 성령님과 외적으로 역사하시는 성령님은 한 분이시다. 세상으로부터 오는 것들마귀, 자아, 육적 욕심 등에 노출되어 행동할수록 내적, 외적 성령의 역사는 줄어들게 된다.

그러나 말씀과 성령의 감동에 순종할수록, 또 영과 마음으로 깊은 기도와 찬양을 올려드릴수록 속사람영은 성령의 권능으로 충만하여져 하늘 부요함이 마음과 생각을 채우고 육을 채우고이때 마음과 육의 치유가 일어남 ; 롬8:11, 고후4:10-11 환경에까지 영향력을 발휘하게 된다. 실은 모든 피조물은 하나님의 아들들이 나타나 이들로부터 다스림을 받기를 원하고 있음; 요삼1:2, 고전14:2, 엡3:16, 롬8:19-22, 창1:26,28

그러므로 성령이나 영의 음성을 들으려면, 우선적으로 나의 육적인 것 곧 땅의 것, 세상적인 것, 마귀적인 것을 내려놓아야 한다. 요일2:16, 약3:15-16, 빌3:19, 갈

2:20, 고후4:10-11 나의 생각과 의도, 나의 작정, 심지어는 나의 원함까지도 내려놓고 순수함과 거룩함 가운데 자신을 주께 드려야 한다.우리의 비전은 하나님의 뜻과 목적과 일치해야 함, 빌2:13, 1:6, 행13:2 그리고 성령의 기름 부음을 갈망하며 사모해야 한다. 하나님의 언약을 깊이 묵상하며 잠잠히 기다려야 한다. 성령의 운행하심에 민감해야 한다.

성령의 감동에 유의해야 한다. 하늘나라의 것 즉, 의와 평강과 기쁨 등의 내적 증거에 예민해야 한다. 동시에 성도의 양심과 심령heart에도 예민해야 한다. 그러면 분명히 성령의 인도함선악과 방향성을 받을 수 있다. 하나님의 뜻으로 확인이 되면 즉시로 순종해야 한다.사1:19

영의 생각마13:9,16, 롬8:5-6은 성령의 음성으로 인도함을 받지만롬8:5-6, 요18:37, 8:47, 10:41, 육의 생각마13:13-15, 58, 16:23, 요8:15, 13:2은 마귀의 음성을 듣고 따라가게 된다.요8:23, 38, 41, 44, 47, 요일4:5, 마16:21-24, 요10:4-5

> (롬 8:5-6) 육신을 따르는 자는 육신의 일을, 영을 따르는 자는 영의 일을 생각하나니 육신의 생각은 사망이요 영의 생각은 생명과 평안이니라
> (요일 4:4-6) 그들은 세상에 속한 고로 세상에 속한 말을 하매 세상이 그들의 말을 듣느니라 우리는 하나님께 속하였으니 하나님을 아는 자는 우리의 말을 듣고 하나님께 속하지 아니한 자는 우리의 말을 듣지 아니하나니…
> (요 10:4-5) 자기 양을 다 내어 놓은 후에 앞서가면 양들이 그의 음성을 아는 고로 따라 오되 5 타인의 음성은 알지 못하는 고로 타인을 따르지 아니하고 도리어 도망하느니라

아멘! 할렐루야!

[부록4 : 아담으로부터 하나님의 의도를 품은 전도지]

세상과 사람의 창조

하나님은 이 계획을 실현하실 장소로 세상을 창조하시고 사람(Adam)을
하나님 형상대로 만드셨습니다.

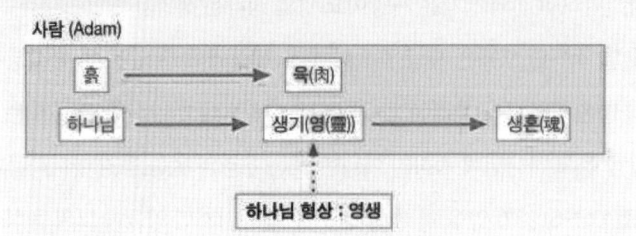

※ 창조된 사람(Adam)은 영·혼·육으로 구성되어 있습니다. 그리고 영·혼·육은
유기적으로 서로 연결되어 있습니다. 여기서 영생은 **하나님의 형상**에 포함되어 있고
영에 속해 있습니다.

사람의 구성

- 영 : 영원한 존재 ➡ 하나님으로부터 공급받고, 하나님께로 돌아감
- 혼 : 인격적 존재 ➡ 영과 육의 매개체(지성, 감정, 의지)
- 육 : 한시적 존재 ➡ 세상 식물로 공급받고, 죽음 후에는 흙으로 돌아감
  영과 혼을 담는 그릇

하나님은 말씀하십니다.
- 하나님이 가라사대 <u>우리(하나님)의 형상</u>을 따라 우리의 모양대로 우리가 사람을 만들고… (창 1:26)
- 여호와 하나님이 흙으로 <u>사람(육)</u>을 지으시고 <u>생기</u>(Breath of Life, 영(靈))를 그 코에 불어 넣으시니 사람이 <u>생혼</u>(Living Soul, 生魂)이 된지라 (창 2:7 KJV)
- … 너희 온 <u>영과 혼과 몸</u>이 우리 주 예수 그리스도 강림하실 때에 흠 없게 보전되기를 원하노라 (살전 5:23)

사람의 삶 : 영생의 삶(에덴의 삶)

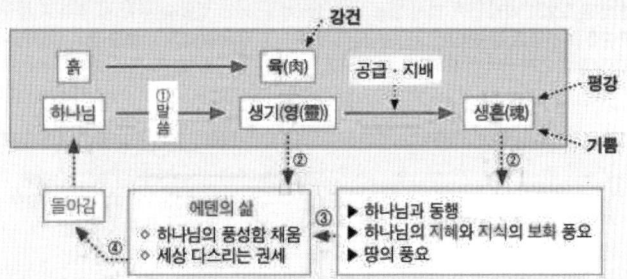

결국 하나님의 풍성함으로 채움 받은 **사람의 영에서 혼으로**(생혼), **혼에서 육으로**, 그리고 **결국 환경으로 영향**을 주어, 하나님이 창조하신 피조세계를 정복하여 아름답게 **다스리다가** (②③), 죽음 후엔 **하나님께로 돌아갑니다**(④). 이 모든 것은 하나님의 말씀(①)에 순종할 때 가능했습니다.

하나님은 말씀하십니다.

- 하나님이 가라사대 우리(하나님)의 형상을 따라 우리의 모양대로 우리가 사람을 만들고 그로 바다의 고기와 공중의 새와 육축과 온 땅과 땅에 기는 모든 것을 다스리게 하자 하시고 (창 1:26)
- 너는 흙이니 흙으로 돌아갈 것이니라…(창 3:19), 위로 올라가는 사람의 영…(전 3:21 KJV)
- … 만물 안에서 만물을 충만케 하시는 자의 충만이니라(엡1:23)

사람의 타락 : 하나님의 형상, 영생을 잃어버림

하나님은 사람이 **영생**하기 위하여 **하나님의 말씀**을 주셨으나(창2:17), 사람은 **뱀의 유혹**으로 하나님이 먹지 말라하신 선악과를 먹고 말았습니다. 이 결과로 사람은 **말씀을 거부하고 불순종함**으로 하나님과 관계가 **단절**되고(죄①), **영은 죽고 말았습니다** (②). 그리고 **마귀의 지배**아래 놓이게 되었습니다(③). 이를 **영적사망**이라고 합니다.

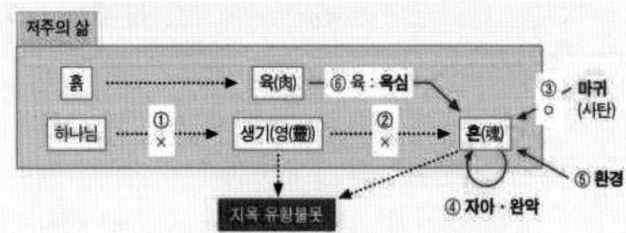

※ 영적 사망으로 혼은 마귀(③)와 자아(④)와 환경(⑤)과 육(⑥)의 지배받음 ➡ 영생을 잃어버리고 하늘 부요함과 땅의 풍성함을 잃어버림, 그리고 최후에는 영혼이 지옥으로 감.

하나님은 말씀하십니다.

● … 선악을 알게 하는 나무의 실과는 먹지 말라 네가 먹는 날에는 정녕 죽으리라 하시니라(창 2:16-17)
● … 누구든지 진 자는 이긴 자의 종이 됨이니라(벧후 2:19)
● … 저주를 받은 자들아 나를 떠나 마귀와 그 사자들을 위하여 예비된 영영한 불에 들어가라(마 25:41)

타락한 사람의 삶

1) 마귀(사탄)의 지배아래 종이 됨 (마귀 : 세상 임금).
2) 저주의 삶을 살아감
　① 정신적 저주 : 두려움, 근심, 걱정, 불안, 우울증, 정죄감, 가위눌림, 외로움 …,
　　　　　　　 그리고 미신, 운명(점, 굿, 묏자리, 사주팔자, 방향)에 묶여 살게 됨
　② 육체적 저주 : 각종 질병, 불치병, 화병, 우환, 악몽, 불면증 …
　③ 환경적 저주 : 아무리 노력해도 가난의 대물림 속에 살아감
　④ 영적 저주 : 최후엔 마귀와 함께 영원한 지옥불로 던져짐

하나님의 일 1 : 예수 그리스도를 보내심

어미 물고기가 죽으면 뱃속에 있는 <u>모든</u> 알이 죽는 것 같이 :
영적 사망 ☞ 영적 유전 ☞ 모든 인류 영적사망(지옥 불)에 이름

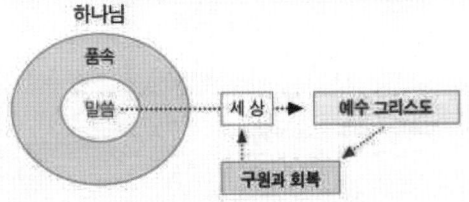

예수 오심은 역사적 사건
① B.C. : Before Christ (기원 전)
② A.D. : Anno Domini (기원 후)

하나님은 말씀하십니다.

- 이러므로 한 사람으로 말미암아 죄가 세상에 들어오고 죄로 말미암아 사망이 왔나니 이와 같이 모든 사람이 죄를 지었으므로 사망이 모든 사람에게 이르렀느니라(유전됨) (롬5:12)
- 모든 사람이 죄를 범하였으매 하나님의 영광에 이르지 못하더니(롬3:23)
- 태초에 말씀이 계시니라 이 말씀이 하나님과 함께 계셨으니 이 말씀은 곧 하나님이시니라 (요1:1)
- 말씀이 육신이 되어 우리 가운데 거하시매…(요1:14)
- 본래 하나님을 본 사람이 없으되 아버지 품속에 있는 독생하신 하나님(예수)이 나타내셨느니라(요1:18)
- … 내(예수 그리스도)가 온 것은 양(인류)으로 생명을 얻게 하고 더 풍성히 얻게 하려는 것이라 (요10:10)

※ 예수님은 원래 하나님 아버지와 함께 계셨던 말씀(LOGOS)입니다.

하나님의 일2 : 예수님 십자가 피 흘리심 ⇨ 회복

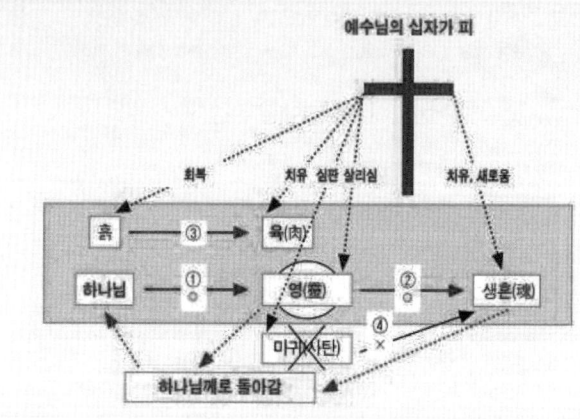

하나님은 말씀하십니다.
- (예수)그리스도께서 우리를 위하여 저주를 받은바 되사...(갈3:13)
- 진리를 알지니 진리가 너희를 자유케 하리라(요8:32)
- 그(예수님)가 찔림은 우리의 허물을 인함이요 그가 상함은 우리의 죄악을 인함이라(①) 그가 징계를 받음으로 우리가 평화를 누리고(②) 그가 채찍에 맞음으로 우리가 나음을 입었도다(③)(사53:5)
- … 그의 가난함을 인하여 너희로 부요케 하려 하심이니라(고후8:9)
- … 예수의 피가 우리를 모든 죄에서 깨끗하게 하실 것이요(요일1:7)
- 심판에 대하여라 함은 이 세상 임금(마귀)이 심판을 받았음이니라(④)(요16:11)

예수 십자가 사건으로….
1) 모든 저주 담당하심 : ① 영적, ② 정신적, ③ 육체적, ④ 환경적 저주
2) 마귀(사탄) 심판 받음
3) 하나님의 영광과 하나님 형상 회복 ☞ 모든 저주 떠나감, 하늘과 땅의 풍요 누림

사람의 일 1 : 믿음과 영접

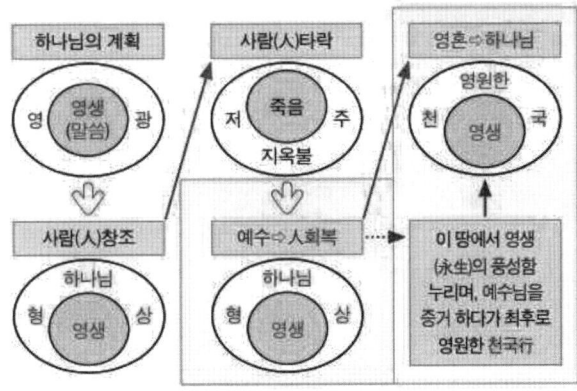

부록·307

● 영접하는 자 곧 그 이름을 믿는 자들에게는 하나님의 자녀가 되는 권세를 주셨으니 (요1:12)

《《영접기도문》》

"사랑하는 예수님. 이제까지 영적 사망을 알지 못하고 내 생각, 내 마음대로 죄악의 삶을 살아왔습니다. 그러나 예수님이 죄와 허물로 죽은 나를 위해 십자가에서 죽으시고 부활하심을 진정으로 감사드립니다. 이제 마음의 문을 열고 예수님을 나의 구주, 나의 하나님으로 영접합니다. 오시어 나를 용서하시고 나의 죽은 영을 살리시며 영원한 축복의 삶을 살아가게 하옵소서. 그리하여 많은 이들에게 이 좋으신 예수님을 전하는 영광의 삶을 살게 하옵소서. 예수님 이름으로 기도드립니다.
아멘!"

사람의 일 2 : 믿음의 성장과 성도의 삶

1. 믿음은 자라야 합니다. **말씀과 기도의 삶**을 살아야 합니다.
   (롬10:17, 마4:4, 시1편, 살전5:17, 삼상12:23)
2. 사랑의 하나님께 **예배**를 드려야 합니다(롬12:1, 요4:23-24).
3. 좋으신 **예수님을 증거**해야 합니다(마28:19-20, 행1:8).

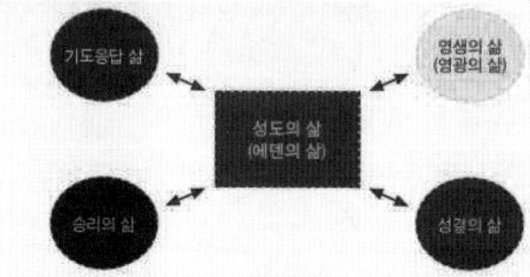

- 지금까지는 너희가 내 이름으로 아무 것도 구하지 아니하였으나 구하라 그리하면 받으리니 너희 기쁨이 충만하리라(요16:24)
- 내가 너희에게 뱀과 전갈을 밟으며 원수의 모든 능력을 제어할 권세를 주었으니 너희를 해할 자가 결단코 없으리라(눅10:19)

> - 교회는 그의 몸이니 만물 안에서 만물을 충만케 하시는 자의 충만이니라 (엡1:23)
> - 영생은 곧 유일하신 참 하나님과 그의 보내신 자 예수 그리스도를 아는 것이니이다 (요17:3)
> - … 우리 주 예수 그리스도의 아버지께서 그리스도 안에서 하늘에 속한 모든 신령한 복으로 우리에게 복 주시되(엡1:3)
> - 또 가라사대 너희는 온 천하에 다니며 만민에게 복음을 전파하라(막16:15)

- 평강의 하나님이 친히 너희로 온전히 거룩하게 하시고 또 너희 온 영과 혼과 몸이 우리 주 예수 그리스도 강림하실 때에 흠 없게 보전되기를 원하노라(살전5:23)

[부록5 : 계시적 경륜신학교 안내서]

하나님의 계시적 경륜은 영원부터 영원까지의 하나님의 주권적 경영 사항으로, 성경은 하나님 자신을 위해 일하시는 증거의 책이다. 영원 전에 품으셨던 하나님의 뜻과 계획, 창조와 아담의 비밀, 예정과 은혜의 근원적 의미, 구속사관의 제한성을 넘어 삼위일체 하나님과 그의 나라를 누림과 증인으로서의 진정한 영생을 경험하게 된다. 온전한 성경의 이해와 그 능력을 경험을 원하시는 이들을 초청합니다.

구속사관

모든 책은 그 첫 머리에 "개요"를 통해 저자의 기록 의도와 목적을 말해준다. 그런데 성경 개요의 핵심은 창세기1-2장에 해당된다. 기존 구속사관 신학은 창세기3장 아담의 타락부터 시작하므로, 엄밀히 말하면 성경 개요를 온전히 선포하지 못한다. 하여 하나님의 뜻과 계획에 대한 주권도, 예정과 선택도 아담타락의 문제를 해결하는 것에 주안점을 두고, 이를 창세 전 시간 축으로 역 이동하여 성경을 다룬다. 즉 영원 전에 인간 타락의 문제를 해결하시기 위하여 예수님의 오심과 십자가 죽음/부활을 말하고 있다.

바른 성경사관

창세기 1장 1절이 선포되기 전에는 피조물이 존재하기 전이요 영원부터 영원까지 홀로 스스로 계시는 3위1체 하나님만 계시던 때였다. 이때는 만물이 존재하기도 전이기에 천사의 타락도 인간의 타락도 없는 상태이다. 죄가 있기도 전에 악이 세상에 관영하기도 전의 상태이다. 오직 하나님만이 말씀과 함께 충만히 그대로 영원히 계시는 상태이다. 그러기에 하나님께서 원하지도 기대하지도 않으셨으며 더구나 계획하지도 않으신 천사의 타락과 인간의 타락을 전제로 타락한 천사를 심판하시고 이 세력 아래서 신음하는 만물과 인간을 구원하시는 일을 영원 전에 계획된 일로 해석해서는 안 된다. 이러한 관점(즉 구속사관)으로 영원전의 하나님의 주권과 예정·선택하심을 서로 연결시켜 성경을 이해하다보면 성경의 개요인 창세기 1장과 2장에 대한 이해와 동시에 그 피조세계의 구조와 역할에 대한 깊은 하나님의 뜻을 이해하지 못하여 (진정한 의미의 하나님 주권과 예정과 택정함을 이해하지 못함으로 인해 십자가의 일을 이미 창세전에 정해졌다는 등)성경을 오해하기까지 이르게 된다. 오히려 모든 일을 자기 마음의 원대로 역사하시는 분으로 자신의 뜻을 작정하시고 자신의 믿음에 따라 일하시는 분이심을 먼저 알고 모든 피조물은 이의 계획을 따라 진행되는 것임을 분명히 알아야 한다.

이는 시간적 흐름과 일의 순서를 보아도 하나님 아버지께서는 창조 후에 발생한 일들(즉, 천사타락과 인간의 타락)을 해결하시려고 미리 계획하시고, 예정하시어 말씀(LOGOS)이신 하나님(아들 예수그리스도)을 이 땅에 보내신 것이 아니다. 만일 그러하다면, 하나님은 피조세계의 형편과 여건에 따라 움직이시는 제한적인 하나님이 되시어, 하나님의 주권은 의미가 없어지게 된다. 오히려 영원 전에 먼저 자신의 뜻과 계획(곧 경륜)을 세우시고 이를 이루시기 위해 아들 예수그리스도를 보내시며, 모든 피조물은 이를 위해 존재하며 협조해야 하는 것이다. 이것이 하나님의 주권(혹은 주재권)이요, 여기서 예정과 선택함이라는 개념이 나오는 것임을 우리는 알아야 한다. 동시에 이들 위해 예정과 선택함을 받은 자에게는 하나님의 상속자로 모든 것을 주시고 그 이름을 높이시어 하나님을 계시하며 증거하는 영광의 통로가 되게 하시는 것이다. 이것이 경륜사관에서 진정한 은혜의 개념이 된다.

창세기 1장에서 마지막 창조물이 바로 아담이다. 이는 바로 오실자 예수와 그의 몸된 교회의 예표로 나타난다. 그리고 아담과 그 이전의 모든 창조물이 삼위일체 하나님으로 통치받고 그 안에서 안식하기를 원하신다. 고로 예수그리스도께서 이 땅에 오신 이유도, 교회가 설립된 이유도, 그리고 십자가 위에서 이뤄진 마귀의 심판도 인간의 구원도 아닌 무엇보다도 우선한 이유가 있었으니, 바로 참 하나님의 계시와 증거, 하나님의 이름에 합당한 영광을 선포하는 것임을 알아야 한다.

고로 하나님의 주권(영원 전에 정해진 하나님의 뜻과 계획 곧 경륜)은 피조물의 상태와 형편에 따라 정해지거나 변개되는 사안이 아니다. 오히려 모든 피조물은 하나님의 주권에 순복해야 한다. 하나님의 뜻과 계획을 이루기 위해 존재해야 한다. 하나님의 주권은 시간과 공간을 초월한 영원 전에 정해져 영원까지 진행되는 하나님의 작정과 믿음이다. 하여 십자가 사건은 영원 전에 정해진 사건이 아닌 인간의 타락으로 인해 추가된 하나님의 계획으로 (창3:15,20-22), 천사의 타락으로 말미암아 훼손된 하나님의 영광과 모독 받은 그 이름의 회복과 동시에 마귀 심판과 타락한 인간을 구원시키시는 하나님의 회복 프로그램이다(요12:31-32). 고로 십자가 사건은 영원 전부터 미리 예정된 계획이라기보다는, 타락한 아담을 회복시킴으로서 영원 전에 계획하신 하나님의 계시적 경륜을 예수그리스도와 함께 중단 없이 지속적으로 이루어 나가는 하는 (교회에 주어진) 사명회복 사건이다.

하나님의 계시적 경륜사관

경륜(오이꼬노미아)은 "오이코스(집)"와 "노모스(율법 곧 율례와 법도)"의 두 단어로 합성된 의미를 포함하는 바와 같이, "가사나 집안의 경영"이 하나님의 집(곧 피조세계와 교회)안에서 영원부터 영원까지 하나님이 주권적으로 임하시는 경영이다. 특히 이 경륜 속에 하나님 자신을 가장 정확하게 계시할 목적으로 아들 예수님의 오심과 동시에 동역할 교회가 예정되어 있었다(이를 "계시적 경륜사관"이라 함). 여기서 하나님의 신성과 능력을 계시할 만물도 말씀이 육신이 되어 오시기 전에 이미 말씀(LOGOS) 안에 계획되어 있었고(골1:17, 롬11:36) 이를 아들 예수께 상속됨도 계획되어 있었다(히 1:2), 그리고 경륜의 동역자인 주님의 몸된 교회에도 공동 상속자로 계획되어 있었다(롬8:17, 엡3:6). 창세기1장1절은 이 계획의 첫 단추를 여는 선포식이다. 이처럼 경륜은 "집마다 지은 이가 있으니 만물을 지으신 이는 하나님이시라(히3:4)"하신 말씀처럼, 집을 지은 이가 있듯 만물을 지으신 이는 하나님이시다. 집을 지을 때도 목적과 의도가 있는 것과 같이 만물의 창조도 동일하다. "하나님도 한 분이시니 곧 만유의 아버지시라 만유 위에 계시고 만유를 통일하시고 만유 가운데 계시도다(엡4:6)"말씀에서와 같이 만물을 통치하시고 공급하시고 보존하시며 충만케 하시는 분은 하나님이시다. 만물은 만물을 충만케 하신 그 하나님을 스스로 계시한다(롬1:20). 고로 하나님께서 영원 전부터 약속하신 언약에 따라 하나님의 뜻과 계획을 이루시는 집과 같은 무대가 피조세계(영계+물질계)임을 알아야 한다.

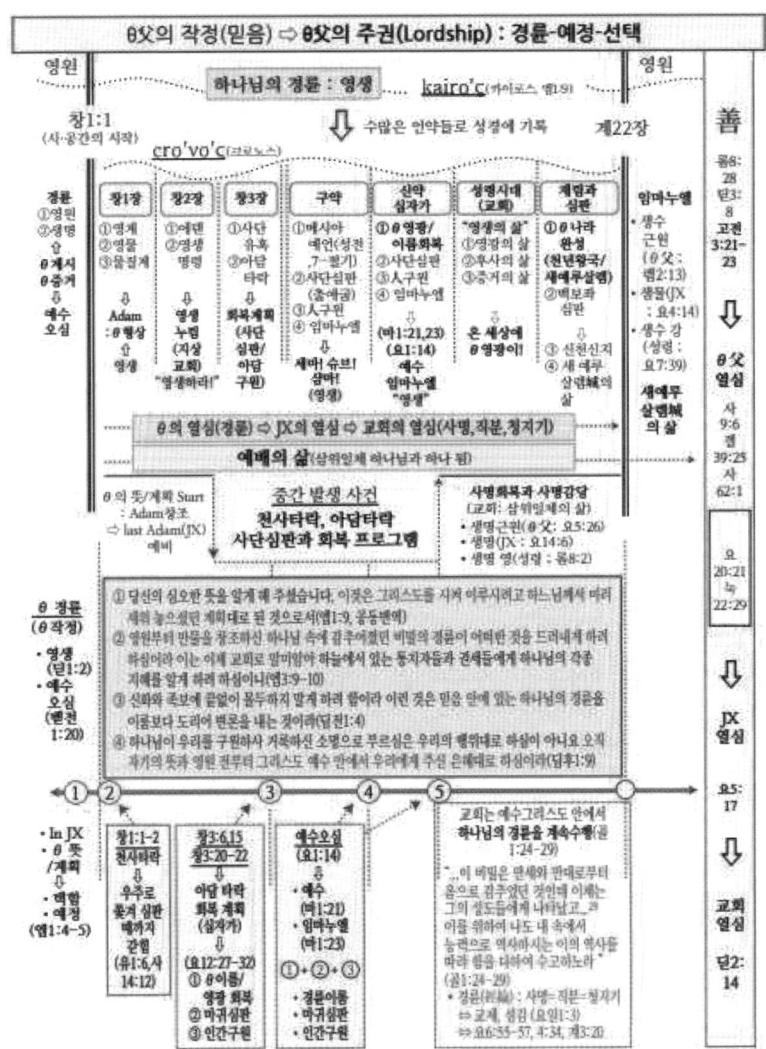

[그림. 계시적 경륜관점에서 본 성경의 구조]

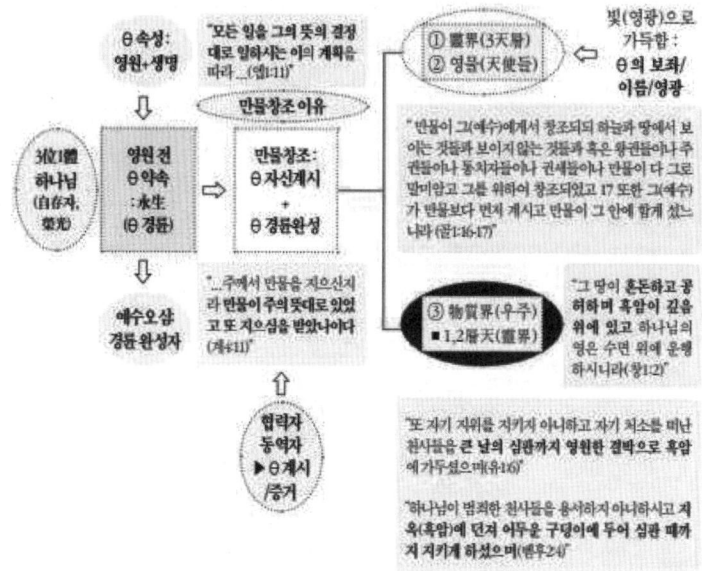

[그림. 하나님의 경륜과 만물창조]

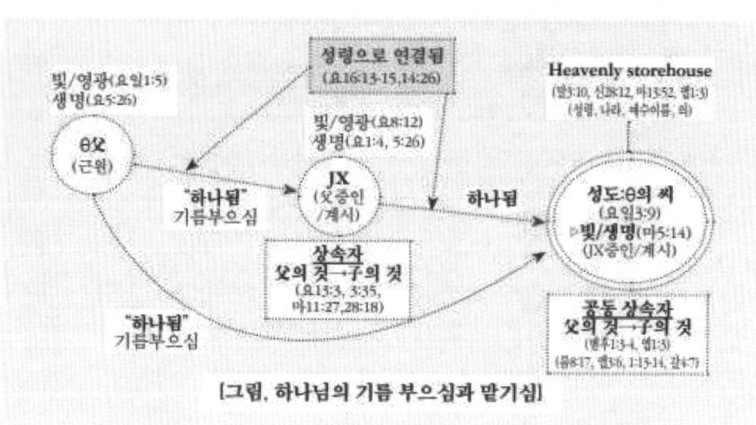

[그림. 하나님의 기름 부으심과 맡기심]

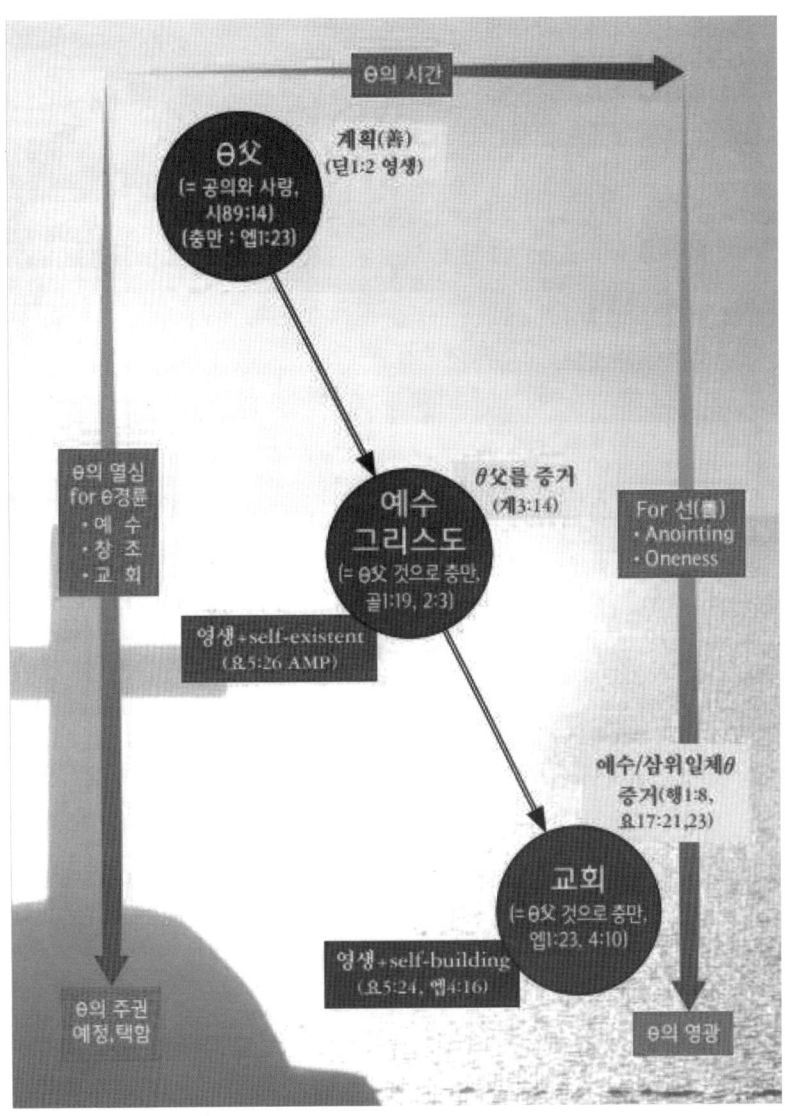

부록·315

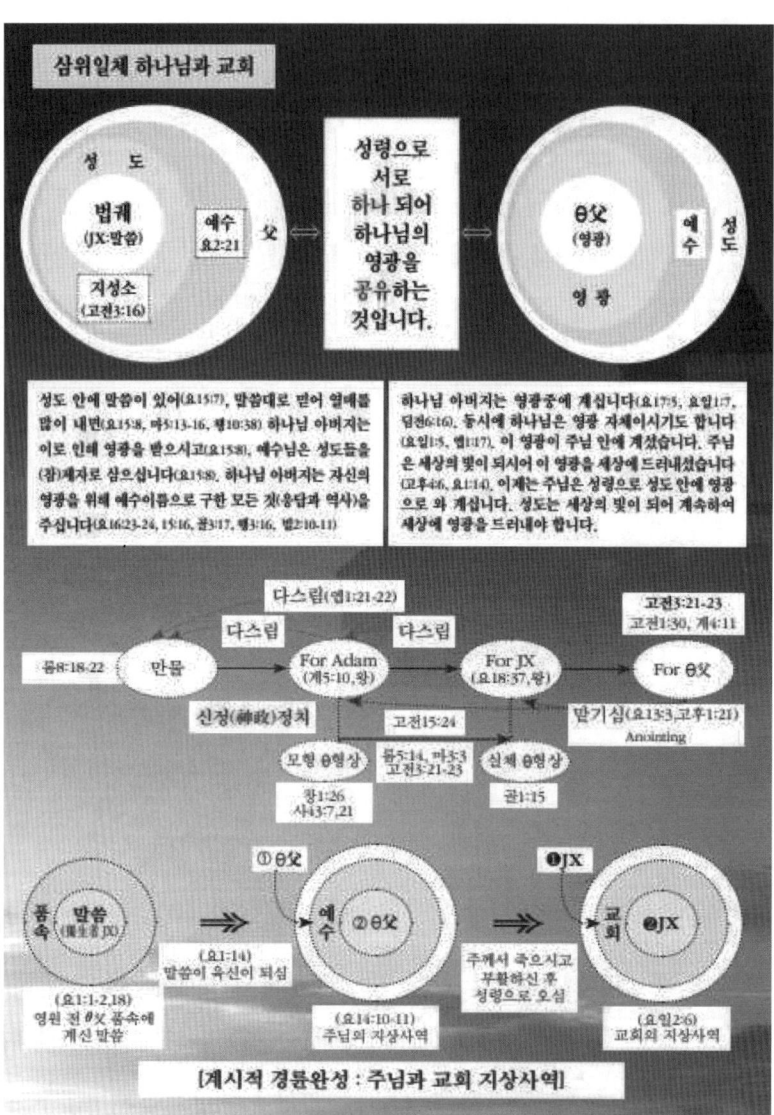

계시적 경륜신학교 Curriculum 교육과정

G_Ba 코스 (1년 과정)

단계		과정	특징
평신도 사역자	입문단계	말씀성령학교 교재 -입문반-	성령침례 (깊은 영성준비)
		성경파노라마	
	기본단계	말씀성령학교 교재 (기본①·②)	깊은 말씀/영성
	응용단계	말씀성령학교 교재 (응용①·②)	사역자 준비
목회자	신학교(토)	계시적 경륜 신학원 과정	

G_Ba 코스 자격

▶ 평신도 사역자 : 섬기는 교회와 일터에서 깊은 영성과 말씀으로 초대교회 일곱 집사처럼, 마지막 때 주의 재림을 맞이하는 등과 기름을 준비한 슬기로운 다섯 처녀와 같이 쓰임받기를 원하는 모든 의(義)의 일꾼들

▶ 목회자 : 제한된 구속사관을 넘어 오직 성령의 나타나심과 능력의 기름부으심 아래, 균형 있는 말씀과 영성으로 맡겨진 양들을 강력하게 주의 군사로 훈련시키려는 모든 목회자와 목회자 지망생

※ G_Ba코스는 G-Sa와 병행 교육함

영광영성아카데미(G_Sa)
(G_Sa : Glory Spirituality Academy)
온전히 성령의 임재와 기름 부으심 안에서 성령의 나타나심과 능력으로 행함.

영광말씀아카데미(G_Ba)
(G_Ba: Glory Bible Academy)
G_Ba는 하나님의 영광을 위해 주님의 제자들을 말씀과 영성을 조화롭게 훈련하는 전문 Bible Academy 임. 입문, 기본, 응용 3단계로 구성되어 있으며, 말씀과 성령이 하나됨을 경험

[부록6 : "계시적 경륜학교"개강을 알리면서….]

바울은 "모든 사람이 죄를 범하였으매 하나님의 영광에 이르지 못하더니(롬3:23)"라고 진단했다. 확대성경은 이를 "모든 사람이 죄를 지었기 때문에 하나님이 주시고 받으실 명예와 영광에 이르지 못한다"라고 기록했다. 이는 아담으로 죄가 세상에 들어오기 전에는 아담 자신이 하나님의 영광과 명예를 지닌 자란 의미를 강하게 시사한다. 이를 창세기 아담 창조 시에는 "우리의 형상에 따라 우리의 모양대로 우리가 사람(아담)을 만들고…"라 기록한다(창1:26, 2:7). 여기서 우리는 삼위일체 하나님이요, 형상과 그 모양은 각각 하나님의 닮음과 그 역할을 의미한다.

그렇다! 타락 전의 아담은 삼위일체 하나님을 닮은 자로 삼위일체 하나님과 함께 하며 하나님의 생명과 신성을 지녀 그 영광에 매순간 참여하여, 피조세계에 대해 하나님을 계시하며 그 명예를 선포하는 자였음을 암시한다(이를 "그 모양"이란 의미임). 아담의 영성은 삼위일체 하나님의 충만함으로 충만했고, 하나님의 일에 동역하는 자리에 있었다(창2:19-23, 고전3:9, 엡1:23).

롬5:14에서는 "…아담은 오실 분의 모형(pattern)이라"함으로, 아담과 예수님의 관계성을 설정했다. 다시 말하면 말씀이 육신이 되어 오신 예수님의 모습을 아담이 드러내고 있다는 놀라운 말씀이다. 다시 말하면 영원 전에 오시기로 예정되신 주님을 예비하는 자로 묘사되었다. 동시에 에덴동산 즉 아담의 가정을 교회와 그리스도의 비밀임을 바울은 전하네(5:31-32). 바울은 고린도 교회에 편지하기를 "…만물이 다 너희 것이니라…너희는 그리스도의 것이요 그리스도는 하나님의 것이니라(고전3:21-23)"라 했다. 여기서 너희는 주님의 몸된 교회를 의미하며 그리스도의 소유라 말한다. 동시에 만물은 교회의 것이요, 그리스도는 하나님의 것임을 강조하는 것이다. 이 말씀을 조금 다르게 표현하면 그리스도는 하나님을 위해, 교회는 그리스도를 위해, 만물은 교회를 위해 존재함을 의미하는 것이다!

창세기1-2장은 "만물의 창조⇨아담의 창조⇨아담 가정(곧 교회)"의 모습을 전개한다. 그런데 기존의 구속사관 아래서의 아담의 위치는 온 인류를 죄인 되게 한 장본인 그 이상의 의미로는 계시하지 않고 있다. 그래서 원래 아담 그 자체로 담고 있는 엄청난 의미는 송두리째 거의 무시됨으로서 성경의 처음 문을 열어 시작하는 성경전체의 의도를 전하는 개요부분(창세기1,2장)을 간과하고 말았다. 하여 구속사관에서의 "영생(永生)"은 주님을 믿어 죄사함 받은 이들이 얻는 영원한 생명에 한정된 느낌이 강하다. 그런데 주님이 말씀하신 영생은 단순히 잃었던 생명을 다시 갖게 되는 그 이상의 의미를 지니고 있음에 집중해야 할 필요가 있다. 다시 말하면, "영생은 곧 유일하신 참 하나님과 그가 보내신 자 예수 그리스도를 아는 것이니이다(요17:3)"와 "하나님은 모든 사람이 구원을 받으며 진리를 아는 데에 이르기를 원하시느니라(딤전2:4)"며 정확히 진리되신 삼위일체 하나님과 교회의 긴밀한 상관성을 말한다. 이는 아담의 범죄 전에 형성되었던 삼위일체 하나님과의 친밀함과 이에 합당한 지상의 삶이다.

여기에… 하나님께서 영원 전에 의도하신 작정 곧 뜻과 계획과 깊은 연관성이 있다. 죄가 있기도 전에, 악이 세상에 관영하기도 전에 정하신 하나님의 주권과 깊이 연결 돼 있다. 그러나 기존 구속사관은 인간의 범죄함으로 시작하여 인간의 구속을 최종 목적으로 하는 신학체계이다. 하나님의 뜻과 계획에 대한 주권도, 예정과 선택도 아담타락의 문제를 해결하는 것에 주안점을 두고, 이를 창세 전 시간 축으로 역 이동하여 성경을 다룬다. 즉 영원 전에 인간 타락의 문제를 해결하시기 위하여 예수님의 오심과 십자가 죽음/부활을 말하고 있다. 그러나 이마저도 칼빈(主義)과 알미니우스(主義) 양대 산맥에 가로막혀 더 이상 신학의 진전을 보지 못하고 있는 실정이다. 이는 영원 전부터 작정된 교회와 연계된 아담(인류)과 그리스도, 그리스도와 하나님, 만물과 교회의 관계가 제대로 정립되지 못하고 성경을 다루기 시작한 것에서 기인한다.

그러기에 구속사관하에서는 주님께서 요12:27-32에서 유언처럼 말씀하신 십자가의 잔의 의미를 제대로 설명하기 어렵다. 십자가의 사건이 단순이 사단심판(31절)과 인간구원(32절)에 앞서 자신을 보내신 아버지의 이름의 영광을 말씀하고 있는 것 말이다(27-28절). 또한 주기도문에서 인간구원도 마귀 심판도 아닌 하나님의 이름과 그의 나라에 대해 우선적으로 선포하고 있는 사실 말이다! 십자가는 구원을 위한 최종 목적이 아닌 구원이란 과정을 통해 회복된 교회가 타락 전의 창조된 목적대로 주(主)를 위해 살아가게 하는 사실을 간과한 것이다! 물론 성경에서 말하고자 하는 교회존재와 그 영적위치에 대한 인식 또한 너무나 제한되어 있음에 동의하는지 의문이다.

하여….여기 "하나님의 계시적 경륜신학"의 이름으로 시작하는 영광말씀아카데미는 영원 전 하나님의 작정과 계획이 결국엔 삼위일체 하나님과 교회의 관계로 연결되는 깊은 말씀과 영성을 다루게 될 것이다(요일1:3-4). 당연한 부요와 자유의 삶은 상속자로서의 자연스러운 계시와 증인의 사명자로 살아가게 한다. 어떻게 말씀과 영성이 분리될 수가 있을까? 누림과 증인의 삶이 어떻게 분리될 수가 있을까?